战争事典

WAR STORY 025

指文烽火工作室　著

台海出版社

图书在版编目（CIP）数据

战争事典 . 025 / 指文烽火工作室著 . -- 北京：台
海出版社，2016.12
　　ISBN 978-7-5168-1196-2

　　Ⅰ . ①战… Ⅱ . ①指… Ⅲ . ①战争史 – 史料 – 世界
Ⅳ . ① E19

中国版本图书馆 CIP 数据核字 (2016) 第 283927 号

战争事典 . 025

著　　者：指文烽火工作室

责任编辑：刘　峰　赵旭雯　　　　　策划制作：指文文化
视觉设计：舒正序　　　　　　　　　责任印制：蔡　旭

出版发行：台海出版社
地　　址：北京市朝阳区劲松南路 1 号　　邮政编码：100021
电　　话：010 – 64041652（发行，邮购）
传　　真：010 – 84045799（总编室）
网　　址：www.taimeng.org.cn/thcbs/default.htm
E – mail：thcbs@126.com

经　　销：全国各地新华书店
印　　刷：重庆共创印务有限公司
本书如有破损、缺页、装订错误，请与本社联系调换

开　　本：787mm×1092mm　　　　　1/16
字　　数：230 千　　　　　　　　　印　　张：13
版　　次：2016 年 11 月第 1 版　　　印　　次：2016 年 11 月第 1 次印刷
书　　号：ISBN 978-7-5168-1196-2

定　　价：39.80 元

目 录
—— CONTENTS ——

前 言
—————— PREFACE ——————

中日甲午战争战败、被迫签订《马关条约》以及随之而来的割地、赔款，可以说是中华民族记忆上的一道伤口。在大多数国人的印象中，关于这场战争的描述，往往侧重于甲午海战中北洋水师的慷慨悲歌。其实在陆战方面，中日双方仍有不少鏖战与较量。《辽东雪、铭军血——甲午陆战之缸瓦寨战斗》所描写的，正是清末淮军头号主力——铭军在辽东大地上曾经的奋战。

2016 年正值第一次世界大战凡尔登战役爆发 100 周年。这一役让此前默默无闻的贝当脱颖而出，成为"法兰西救星"，并晋升为元帅，成为国民心目中的英雄。然而第二次世界大战爆发后，面对纳粹德国的步步紧逼，他选择妥协与合作，这让他背上了"祖国叛徒"的骂名。《凡尔登英雄的双面人生——法国元帅亨利·菲利普·贝当沉浮记》将复述这位极具争议的历史人物的一生，以及其背后的法国兴衰。

北齐是中国南北朝时期的一个短命王朝，与北周、南朝（梁、陈）并存。统治北齐王朝的高氏家族，留下了许多暴虐与淫乱的记载。《眼中战国成争鹿——北齐高氏的开国之路》将着眼于这个饱受争议的家族是如何一步步崛起的。

条顿骑士团作为中世纪三大骑士团之一，因十字军东征而诞生，后又向东欧进军，其作为标志的黑色铁十字更成为德国、瑞典、丹麦、芬兰、挪威、冰岛等现代国家标识中的重要元素。《以铁十字之名——条顿骑士团兴衰简史》一文将简述这个传奇骑士团在中世纪的兴衰历程。

烽火工作室主编：原廓

2016 年 10 月

辽东雪、铭军血

甲午陆战之缸瓦寨战斗

作者 / 张青松

缸瓦寨又称"感王寨"，位于辽宁省海城市西南16公里处的西庙山子北脚。据说，此地很早就有村寨了，以烧制缸瓦而得名。在高句丽统治时期，贵族生活所用器具大多数为缸瓦盆，尤其是缸，不仅造型极为特殊，用量也较大。因此，政府对当地百姓横征暴敛，百姓苦不堪言。后来，唐太宗李世民东征高句丽，重新为此地带来和平，缸瓦寨民众感激唐王恩德，遂将该地更名为"感王寨"，直至今日。

19世纪末的一个隆冬，一场突如其来的灾难打破了这个沉睡千年的古寨的宁静。这里成了清末国防军淮军的头号主力——铭军的奋战之地。铭军也一改甲午开战以来的"畏敌如虎"，谱写了一段江淮子弟抗击外侮的慷慨悲歌！

日军攻陷海城

甲午战争爆发后，日军于1894年10月24日一举突破清军苦心维护的鸭绿江防线，短短数日就连克辽东门户——九连城、安东、凤凰城。接下来，面对广袤的辽东地区，日军的兵锋将指向何处？

11月3日，被称为"日本陆军之父"的第1军司令官山县有朋大将就下一步作战问题，向大本营提出了《征清三策》，极力主张趁河冻时期实行冬季作战：

第一，沿海路至山海关附近再次登陆，建立根据地，以期进行直隶作战。

第二，向旅顺进击，以便将兵站移至不冻港。

第三，向北进攻占据奉天。

▲ *1894年10月，凤凰城陷落（日本浮世绘）*

▲ 日本浮世绘《奉天府破图》。事实上，因摩天岭、草河口一线的清军顽强抗击，日军"奉天度岁"成了可望而不可即的梦

　　大本营认为立即进行直隶作战的条件不成熟，因此第一策不可行。第三策将使战线延长，增加补给困难，且无胜算把握，亦不可行。至于第二策，与总战略不符，加之金州以东无足够的宿营地，且必须放弃一些已占领地区，势必会影响士气。

　　因此，在内阁总理大臣伊藤博文的坚决反对下，大本营断然否决了山县有朋的冒险进攻方案，反而于11月9日命第1军退守九连城一线，在瑷河、大洋河修筑的冬营待命，准备明春进军直隶。山县有朋苦心构思的策略遭到全盘否决，自然对大本营的撤退决定极为不满，更唯恐停止战斗影响士气。为实现直隶作战，确保后路安全，山县有朋决定趁清军还未加强防卫之际，先取岫岩，再打通辽阳东路，以实现"奉天度岁"的既定计划。不料第1军第5师团受挫于辽东摩天岭一线，打通东路无望。恰在11月25日，山县有朋受得知大山岩的第2军已将旅顺收入囊中，不甘落后的他愈加急于进军，意图一举拿下辽南重镇海城。12月1日，他自恃为日本陆军的缔造者，公然不听大本营命令，甚至不待大本营批准，便擅自下令第1军第3师团自安东北上，在岫岩集中，进攻析木城、海城。

　　至于清军方面，自帮办东征军务的宋庆率部败退鸭绿江后，一直在凤凰城—摩天岭—海城一线与日军周旋。11月7日，他突然接到李鸿章要求火速增援旅顺的命令。20日，刘盛休的铭军与宋庆部在金州北会合，大举反攻金州城，从侧翼支援旅顺作战。但至11月22日，宋庆督率两部屡次反攻仍未能收复金州，又获悉旅顺失陷，大批从旅顺口败退下来的清军溃勇被相继收容。27日，宋庆见大势已去，率军转往盖平，与在营口登陆、预定增援旅顺作战的嵩武军合流。

合流后，宋庆将当前各路清军整编：直属毅军步队10营，刘盛休的铭军步队11营2哨，章高元的嵩武军步队8营，徐邦道的拱卫军步队11营，张光前的亲庆军步队5营，合计45营2哨，约2万人。

当时日军第1军第3师团北犯，意侵海城，而海城若失，日军将北窥辽阳、奉天，西窥牛庄、营口，关外锦州、宁远诸城危在旦夕。

12月6日，即日军第3师团自安东出发后第四天，宋庆命总兵刘盛休、宋得胜率铭、毅两军北进，拱卫军、亲庆军及嵩武军仍驻盖平以顾后路，并希冀以此举切断日军第1、第2军的联系。此时，盘踞在金旅地区的日军第2军第1师团动向不明，宋庆感到担心，"未敢轻动"，于是令北援军"赴海、盖适中之处择要驻扎"。同日，日军驻金州的第2军第1师团第1旅团乃木希典所部步兵第1联队占领了复州。

10日，宋庆亲率铭、毅两军进驻大石桥。大石桥居于海城、盖平、营口三角地带的中心，驻在此地则可兼顾三面。此时，清廷连降谕旨："此时北路倭贼渐次撤退，而大股萃于金、复，意图北窜，不日必有大举扑犯之事。"并命宋庆"迎战"。清廷判断金州、复州的日军"意图北窜"自然是对的，但北路日军第3师团并不是"渐次撤退"，而是在12日以伤6人的微小损失占领了析木城。只有师团参谋榊原忠诚少佐在二道河子战斗中"中流弹负重伤，终不再起"。

13日，日军以仅伤4人的微弱代价又轻取了海城，取得"古今罕有之胜利"，"东窥辽阳、西瞰营口、牛庄，关外宁锦诸城大震"。

▲ *1894年12月，日军进攻海城（日本浮世绘）*

▲ *师团参谋榊原忠诚少佐在析木城南作战（日本浮世绘）*

第 3 师团

第 3 师团（名古屋师团）通称：幸。其前身是 1873 年 1 月设置的名古屋镇台，乃是全国六镇台之一，于 1888 年 5 月 14 日改称为"第 3 师团"。第 3 师团最初是由步兵第 6、第 7、第 18、第 19 联队为班底组建，最后定下了第 6（名古屋）、第 18（丰桥）、第 34（静冈）、第 68（岐阜）步兵联队的体制。

第 3 师团几乎参与了日本近代的所有重大战争，包括中日甲午战争、日俄战争、出兵西伯利亚、出兵山东等。甲午战争中，该师团跟随第 1 军（军司令官原为山县有朋大将，中途换为野津道贯中将）在元山、仁川成功登陆后，接连攻下平壤、九连城、海城以及牛庄、田庄台，战死 270 人、战伤死 82 人、病死 1043 人、变死①34 人，共死亡 1429 人；又有伤病 424 人、疾病 287 人、刑罚 9 人，计 720 人；总共计减员达 2149 人。

日俄战争中，该师团隶属于奥保巩大将的第 2 军，参加了南山、辽阳、沙河和奉天会战。之后，第 3 师团被派往西伯利亚干涉俄国革命。

1918—1919 年，它与苏俄红军作战，并参加了救援捷克军的战斗。进入昭和时代后，田中义一内阁掌权，先后三次出兵中国山东（第 1 次在 1927 年 5 月，第 2 次在 1928 年 4 月，第 3 次在 1928 年 5 月），公然干涉中国北伐战争。

1934 年，第 3 师团受命赴满洲驻屯，1936 年回国。"八·一三事变"爆发后，以援救在上海的日本侨民为借口，第 3 师团和第 11 师团（善通寺）在上海吴淞登陆。第 3 师团面对中国军队的顽强死守，稳打稳扎地打开局面，于 10 月 17 日到达苏州河。随着第 10 军在杭州湾登陆突袭侧翼，中国军队的防线崩溃。第 3 师团紧追不舍，继而围攻南京，并导演了南京大屠杀。1938 年 5 月的徐州会战、6 月开始的武汉会战、1939 年 5 月襄东作战及三次长沙会战等中国南战场上的大仗，均有作为侵华急先锋的第 3 师团参加，双手沾满了中国军民的鲜血，战果赫赫的同时亦是恶贯满盈。

太平洋战争爆发后，第 3 师团回驻上海。1944 年，第 3 师团参加了日本帝国陆军战史上最后也是最大的野战：大陆打通作战（一号作战，即

---

① 日文里，"变死"是自杀、事故死亡的统称。

豫湘桂战役）。其中，第 3 师团参加了 5 月 27 日—11 月 10 日的湘桂作战，战死 1064 人、战伤 2699 人、病死 110 人、战病 4208 人，计减员达 8081 人，几乎丧失了战斗力。这个作战的宗旨是：确保从汉口到越南的铁路沿线，破坏在中国华南地区的空军基地。但即使确保了铁路也无法进行物资运输，即使毁掉了机场也不能阻止从成都起飞的 B-29 空袭日本本土。最后，该师团在前往上海的路上，迎来了日本无条件投降的那一天。1945 年 11 月 19 日，该师团主力在镇江向中国军队缴械投降，一部在丹阳缴械。至此，该师团与第 13 师团成为仅有的在中国战场作战 8 年的 2 个师团。

刘盛休

刘盛休（1840—1916 年），字子征，安徽肥西县南分路乡蟠龙墩圩子人。青年时务耕读，后随族叔刘铭传兴办团练。1862 年，加入淮军"铭字营"，到上海镇压太平军，升副将衔。攻南汇时，他只身劝降太平军吴建瀛部。刘铭传认为其有胆略，于是对他深为器重。之后，他随铭军镇压捻军，升总兵、提督。

1875 年，铭军主帅刘铭传、刘盛藻先后辞职归家，刘盛休接统铭军万余众。他经常率军兴修水利，先后在东明挑筑黄河大堤，在寿张挑浚张秋运河，在兴济镇挑筑减河，在葛渔城挑修永定河，屡受清廷嘉奖。1875 年，李鸿章奏表："……所遗铭营，查有记名提督刘盛休，相诚勇敢，晓畅戎机，前曾代统铭军，经理营务，办理妥协，将士亦深悦服，堪以委令接统。"

光绪年中期，外患严重，刘盛休率铭军驻防金州大连，补授南阳镇总兵。他巡视各要隘，筹修战守设施。他先后修筑了大连海口、三山岛、黄家山、徐家山、老龙头炮台。1891 年，清廷补授他河南、河北总兵，赏头品顶戴。

1894 年，刘盛休驻防辽宁虎山一带，扼守鸭绿江，与聂士成军互为掎角。日军入侵时，刘盛休侧后的依克唐阿军溃走，日军从后路直趋虎山，被迫突围。其后参加金州反攻、缸瓦寨之战。缸瓦寨之后，刘盛休辞官归隐。晚年，他专注于研究历史与书法。1916 年 8 月 22 日去世。

▲ 铭军第三代统帅刘盛休

海城失陷后，军机处电寄（"电报寄语"之意）驻守盖平、营口一带的宋庆，谕旨宋"当会合诸军，严密防范，相机堵剿"。宋庆遵旨与辽东北部诸军联络，准备协力收复海城，并加强辽南地区的兵力部署。宋庆决定调蒋希夷统希字军8营守备大石桥，自己则亲率铭、毅两军的20营共9200人，经虎樟屯南的三道岭子折赴牛庄。他先派马队侦察至牛庄的道路，得知由大石桥经虎樟屯、缸瓦寨至牛庄的道路安全，日军固守海城尚无出城情况，于是决心通过海城西南16公里的缸瓦寨，取直路到牛庄。

▲ 在1894年初冬来临时，宁静祥和的海城实际已战云密布

宋庆的援海计划引起了不同的意见。前敌营务处臬司周馥即持反对意见，并于16日致电李鸿章："宋帅率铭、毅各军北剿海城一股，而留章高元、刘世俊等防盖东，兼遏南路，未免兵分力单。指日大战，即胜，而营口以西空虚，恐倭又袭故智，抄宋军后路。现河冻处处可通，守固无益，剿亦不能速。"周馥的考虑不无道理，尽管收复海城事不宜迟，但仅凭铭、毅两军难以攻取海城，此前对防守相对薄弱的金州反攻失利就是明证；若顿挫于坚城下，旷日持久，恐为敌所趁。况且此时河面冰冻，日军畅通无阻。直隶总督、北洋大臣李鸿章则坚决同意宋庆的计划，认为"海（城）失，辽必难保"。李鸿章见连山关已被聂士成部收复，并进袭分水岭日军，乘胜追至草河口，与黑龙江将军依克唐阿部骑兵联合，大败日军，收复草河口，故电嘱宋庆："专马密饬聂（士成）、吕（本元）等作速回顾，与毅军夹攻海股，冀获

▲ 前敌营务处臬司周馥（1837—1922年），跟随李鸿章长达40年，是被埋没的洋务运动的实际倡导者之一。甲午战争后，花甲之年的他地位急剧上升，位列封疆大吏，是淮系后期的第二号人物

一胜。"光绪帝开始对此颇有顾虑,谕曰:"宋庆以孤军处东南两寇之间,关系奉省大局,务当熟筹进止,稳慎图功,毋坠敌人诡谋。"但最后光绪帝审时度势,恐有迁延,还是批准了这个方案,强调"军事变迁非一,必须随时调度,以赴戎机",并谕旨坚守摩天岭一线的提督聂士成、总兵吕本元"移至岫岩、海城,与宋庆合力会剿"。可惜,在摩天岭的清军尚未援抵海城,海城日军就突然主动出击,清军合击海城的计划未能实现。

激战缸瓦寨

日军第1军第3师团侵占海城后,一面设法巩固海城,一面积极扩大周围占领区。

12月17日,宋庆接旨后,令所部辎重队自大石桥经虎樟屯、缸瓦寨向牛庄一带行进,以便就近转运物资,并分遣多批马步小队远出至缸瓦寨东北方的四台子和东、西柳公屯(今西柳镇)以及盖家屯(今西柳镇盖家村)一带,以警戒海城方面的日军。铭军总兵刘盛休所部10营随后继行,宋庆自率本部毅军10营为后卫。宋庆所部自盖平北进的同一天,占领海城的第3师团长桂太郎接报,称宋庆率兵2万余,丰升阿、蒋希夷、马瑞庆、利周等将领相随,"有进逼海城西南之势",但尚摸不清清军的意图。桂太郎据此推测,清军的动向不外乎三种:一是向辽阳撤退,二是渡辽河奔锦州,三是伺机收复海城。他认为,无论清军出于何种目的,均须主动出击,以解除日军盘踞的海城的威胁。

为此,18日晨,桂太郎命所部分两路侦察清军的战略意图:一路以远藤大尉率步兵第6联队第1大队第3中队、骑兵1个小队,前往柳公屯、盖家屯方向侦察,其中远藤大尉亲率山冈中尉等向柳公屯行进;另一路日军由参谋儿岛大尉率领,前往海城西南高地晾甲山观察清军行动。

驻守柳公屯的清军前哨队见日军逼近,遂撤向盖家屯。13点,日军抵达盖家屯附近。尔后,远藤派渡边芳太郎、福田丰吉两人作为尖兵向盖家屯村内搜索侦察。盖家屯是清军前哨的重要阵地,驻守着铭军1个营,其正面、右翼、左翼分别有200余名、100余名、200余名清兵守卫。远藤大尉为摸清清军的布置情况,命日军侦察中队向驻守盖家屯的清军发动突袭,实施火力侦察,结果立即遭到清军的顽强阻击。清军以墙壁为掩护射击日军,使毫无炮火掩护的日军无法靠近。在半小时的激烈对射中,清军以正面吸引日军,并分遣2哨从村的西侧迂回,欲攻袭日军右翼。日军试探性的进攻被击退，6 名士兵受到轻伤（战斗详报则称有 7 人），恐得不偿失便撤出阵地，但由此摸清了驻守清军的兵力，并证实了清军的大致位置是在盖家屯以西地区，完成了侦察任务。于是，此路日军返回海城，向师团长报告了敌情。这就是缸瓦寨之战的序幕。

另一路日军于同日 14 点向第 3 师团长桂太郎做了如下报告：14 点左右，敌军大纵队自上夹河附近向北开来，15 点 30 分进至柳公屯停止，其兵力不下 1000 人，另有骑兵约 100 人，在缸瓦寨则有更多的敌军。

桂太郎根据搜集的情报，判断清军意图已相当明朗：伺机收复海城。当时，海城的日军第 3 师团主力才 6000 余人，加上未修筑防御工事，难以据城防守。如果宋庆军仍继续北上，与辽阳等地清军联合围攻，第 3 师团势必全军覆灭，全局战事必将受到影响。在此形势下，桂太郎被迫冒险离城出击，向宋庆等部寻战，争取先击退一路，打破包围，为加强防御工事赢得时间。21 点，他发出命令：大迫、大岛二位少将分别指挥若干部队于明日 6 点前完成行军准备，在海城西门和北门外整队待命。如果明晨之前敌军位置有变化，可根据最新敌情制定日军的进攻地点和行进方向。

▲ **海城西门——临清门（1905年摄）**

桂太郎

桂太郎（1848—1913 年），山口县人，长州藩士桂与一右卫门次子，"陆军之父"山县有朋的弟子，在山县有朋隐退后成为其代言人，一生曾 3 次出面组阁，是日本有史以来任届最多、任期最长的首相，其政治生涯贯穿整个明治时期。他在任内缔结了英日同盟，进行日俄战争，并策划吞并朝鲜。他与山县有朋反对政党政治，主张藩阀统治，但他后来也出面组建了自己的政党。这一时期因桂太郎与西园寺公望轮流登台组阁而被称为"桂园时期"。

1868 年，桂太郎参加了鸟羽伏见之战和戊辰战争。1870 年，他赴德国留学，学习军事和军制。1873 年，桂太郎归国，出任陆军大尉。他在山县有朋领导下从事日本军事近代化改革工作，被山县视为自己的得意门徒和接班人。他于 1875 年出任驻德国公使馆副武官，1878 年任参谋局谍报提理，1884 年 2 月 16 日随大山岩陆军卿出国，1885 年 5 月 21 日晋升陆军少将，任陆军省总务局长。1886 年，他成为陆军省次官，兼陆军省法官部长和军务局长。甲午战争时，他出任第 3 师团长。1896 年，他接替桦山纪资成为第二任台湾总督、东京防御总督。1898—1900 年，任陆军大臣，并晋升陆军大将。1901 年，他开始第一次组阁，并于 1902 年 2 月 27 日升为伯爵，兼内务大臣、文部大臣，在日英同盟、日俄战争、日韩合并等事件中起到了主导推动作用。日俄战争胜利后，由于没能得到预期的赔款，愤怒的人们焚烧了公园附近的内相官邸、外相官邸、国民新闻社和派出所。桂太郎也受到暗杀的威胁，以致去小妾的外宅寻欢时不得不由军队开道护送。日本政府被迫在东京宣布戒严，实施新闻管制，历史上将此事称为"日比谷烧打事件"。后来，袭击的对象还从日本政客蔓延到英、法、美等国的商人，因为据说是他们威胁日本"如果不签约，今后就借不到外债"。9 月 6 日，4 座美国教堂和 1 座法国教堂被焚毁。暴动还从东京蔓延到大阪、神户、横滨等地。这场政治风暴最后以桂太郎内阁倒台为结束标志。1906 年 1 月 7 日，桂太郎辞去内阁首相一职，任军事参议官，4 月 1 日受大勋位菊花大绶章。1907 年 7 月 14 日，他第二次出任内阁首相兼大藏大臣，9 月 21 日受封侯爵。1911 年 4 月 21 日，桂太郎升为公爵。此时因日俄战争而发行的外债本息已超过年度预算的两倍，达 10 亿日元，

▲ 第3师团长桂太郎

并且日本未得到战争赔款，因此日本为了还本付息，再借外债。而扩军只能依靠增税以及削减行政和财政支出。其结果是，内阁和大藏省极力抑制陆海军的扩军预算要求，以致海军和陆军为争夺有限的预算资源再度发生争吵，桂太郎不得不于1911年8月辞职。明治天皇死后，桂太郎由山县有朋推荐入宫担任内大臣，患脑疾而毫无主政能力的大正天皇完全听任桂太郎摆布，故桂又被称为"躲在龙袖后面的人"，也是日本大正时期9位元老之一。

1912年12月，他第三次组阁，遭到强烈反对，他两次拿出天皇的诏书都无济于事，最终于1913年2月被赶下台，史称"护宪运动"。他于同年10月10日去世，卒年65岁。其死后，享国葬之礼，追授大勋位菊花章项链。他生前还曾获三级金鸱勋章。

　　第5旅团长大迫尚敏系萨摩藩士大迫新藏长子，参加过萨英战争和戊辰战争，是萨摩藩出身的一员猛将，号称"萨摩的乃木大将"。他奉命率塚本胜嘉大佐的步兵第6联队（欠第3大队）、步兵第18联队第1大队；第6旅团长大岛久直率三好成行大佐的步兵第7联队第2大队、粟饭原常世大佐的步兵第19联队第2大队、骑兵第3大队本部及第1中队（欠1个小队）、野炮兵1个中队，于19日凌晨在城门外整队待命。步兵第19联队还派出第2大队（欠2个中队）前往牛庄方向侦察，他们抵达四台子时发现了清军，但双方并未交战。当晚，该队宿营四台子。19日，日军到达八里河子，准备向缸瓦寨进发。

　　此时，清军也在加紧进行备战。18日夜，清军辎重队宿于东西粮窝及东莲花泡一带，刘盛休的铭军10营奉命在缸瓦寨及以南的石桥子村宿营，并在缸瓦寨北、东一带的马圈子、上下夹河和盖家屯村等处驻扎马步小队，以严密监视海城方向的日军，防其来犯。清军总兵马玉昆的毅军在虎樟屯宿营。当日，宋庆接到李鸿章关于与聂士成、吕本元夹攻海城的电令。为此，宋庆愈发认为必须速向西路即牛庄进军，以与辽阳方面的清军取得联系，便电令总兵聂士成、盛军总兵吕本元、总兵孙显寅各部急速"向南夹攻，合并一路，相机攻剿"。吕本元、孙显寅电呈盛京将军裕禄："大高岭亦关紧要，该军一经开拔，此处仅剩耿凤鸣三营，防御太单，电商速调他队助守。"但宋庆又对占领海城的日军不断出城搜索并与铭军发生冲突，威胁海城清军右翼的形势十分忧虑，故急命提督刘盛休所部铭军暂时据守缸瓦寨，加紧构筑临时工事，以随时防备日军来袭。

刘盛休奉宋庆之命，当即下令彻夜构筑工事、布置阵地，利用缸瓦寨村东的树林为掩护，赶造多座掩堡，开挖防御战壕，作为第一道防线；在村东端原有的围墙上，挖有三四寸见方的枪眼，并在土墙顶搭筑桌椅等物防御枪炮，作为第二道防线；令炮兵队打通缸瓦寨至下夹河村的道路，并沿缸瓦寨东围墙向南一侧附近排列火炮2门；再向南稍远处配置火炮4门，以此封锁海城大道，抵御海城东面来犯之敌；派遣步队1个营在马圈子村（今感王镇马圈村）、1个营于祥水泡子村（一作香水泡子）组成左翼防线，派骑兵队1哨在于官屯警戒右翼，这就构成了以缸瓦寨为核心的全方位防御体系。

第3师团长桂太郎为进攻缸瓦寨，加快了攻击步伐。19日拂晓，桂太郎率师团参谋及司令部军官共十五六人出海城登上晾甲山，观察地形和清军的部署。此时，清军已自柳公屯撤至盖家屯。桂太郎令第5旅团长大迫尚敏率部从晾甲山以南行进，进攻清军的右翼；第6旅团长大岛久直率部自晾甲山以北行进，进清军的左翼。桂太郎则亲率师团本部行进在两队中央后面。

桂太郎等走下晾甲山后，徒步西行半公里左右到达八里河子。11点50分，桂太郎在八里河子吃午饭时，听到西南方传来十几响枪声，恰好第19联队长粟饭原大佐派了一支侦察队到八里河子，桂太郎即令该侦察队参加进攻盖家屯清军的战斗。然而，日军并不知盖家屯的清军已经撤走，侦察队只好返回八里河子。

当日11点，第6旅团长大岛久直率领的右翼部队到达盖家屯，午后他们返回师团驻地八里河子。桂太郎集合八里河子的3支侦察队，令1支侦察队留守，其余2支随大岛所部返回海城。突然，第 5 旅团长大迫尚敏所部传令骑兵赶到八里河子向桂太郎报告："有大敌在缸瓦寨，大迫旅团即将对敌军发动进攻。"桂太郎据此报告，立即命大岛久直所部向缸瓦寨方向进发。时将日落，大岛久直所部才接近缸瓦寨。

大迫尚敏的左翼部队正向盖家屯进犯时，接到前卫报告称：盖家屯的清军已撤走。但大迫支队奉命继续向缸瓦寨前进。11 点 50 分，前卫到达下夹河子村西南端，主力到达下夹河子村的北端。

同日 9 点左右，四川提督宋庆率毅军从虎樟屯出发，拟至缸瓦寨与铭军会合。11 点，他抵达缸瓦寨附近时，得报日军已进至盖家屯附近，势将进袭。宋庆飞骑下书，命副将蒋希夷率大同军（希字军）火速由大石桥北上增援，同时令所部向缸瓦寨急进。11 点 50 分，宋庆所部先头部队也恰恰进抵下夹河子村以阻击日军进犯。

中午时分，第 5 旅团长大迫尚敏所部前卫队从下夹河子村西南，与宋庆部前锋交上了火。同时，下夹河子村北部的日军也发起疯狂进攻。进驻下夹河子的清军先头部队腹背受敌，因寡不敌众而撤退。随即大迫尚敏又获得清军行动新动向：清军大纵队从南面开来，经缸瓦寨西行；清军另一支纵队开赴下夹河子西北 2 里处的马圈子，缸瓦寨东北面的祥水泡子仍驻有清军，于官屯也有清军骑兵巡弋。

由于双方相距过远，没有炮兵的掩护难以发起攻击，因此为打击较远清军，大迫尚敏命令部队在下夹河村隐蔽等待，同时派骑兵向桂太郎师团长报告清军调动情况，并请求派驻盖家屯的炮兵进行支援。13 点 15 分，日军驻在盖家屯的炮兵进占下夹河子村，并迅速在村西端布置阵地。即便如此，大迫尚敏仍感到驻守马圈子的清军对日军下夹河子炮兵阵地构成直接威胁，因而令第 18 联队第 1 大队长石田

▲ 甲午陆战中，日军的制式武器：村田13式单发枪、村田18式单发枪、村田22式连发枪（从上到下）

▲ 甲午战争中，清军已装备了当时先进的连发步枪——毛瑟1888式，该枪一直沿用到了抗战时期

正珍少佐率部攻击缸瓦寨东北 1200 米的马圈子。

石田正珍少佐遵照大迫尚敏的命令将所部第 1 大队（缺 1 个中队）的 1 个中队置于下夹河村子边，作为预备队，另 2 个中队向驻守马圈子的清军展开进攻。根据大迫尚敏的请求，驻盖家屯的炮兵先头部队于 13 点 15 分赶赴下夹河村西端待命，准备进攻缸瓦寨。13 时 20 分，当日军向马圈子前进了 200 米时，埋伏在树林里的清军突然向日军左翼猛烈射击，日军战斗队形被打乱。石田正珍急速调整部署，令 2 个中队向埋伏在树林里的清军反击，扫清障碍。中日两军展开激战，清军顽强阻击。当日军再度疯狂进攻时，马圈子村的清军奋勇出击，并从侧面袭击日军右翼，日军不仅进攻受阻，队伍也陷于混乱。石田正珍不顾在阵前多次变更队形的兵家大忌，再次调整队伍，分兵抵御树林里和马圈子村的清军，结果使日军处于被动局面。稍后，石田正珍集中兵力向马圈子的清军进攻，并急令在下夹河子村边作为预备队的 1 个中队投入战斗。原准备直接进攻缸瓦寨的日军炮兵 3 个中队听闻马圈子的战况后，当即于 13 点 35 分逐次赶到下夹河子村西北端抢占阵地，用 18 门火炮猛轰驻守马圈子村的清军，掩护步兵前进。

双方战斗异常激烈，就在石田大队在炮兵的有力支援下，排除万难才进抵马圈子 600 米处时，清军炮兵"弹丸雨注"般地射击日军。日军在没有隐蔽物、无法躲避的情况下，冒死突进至离马圈子 400 米处，"将校兵士伤亡颇多"，"鲜血淋漓，染红了满地积雪"。侥幸活着的日军慌不择路，只好就近跳入道旁与马圈子方向成斜向交叉的沟内躲避炮弹。石田正珍见状气急败坏，担心如此下去白白耽误战机不说，还会使士气沮丧，不如一拥而上，拼死近战。石田正珍盛怒之下，不及多想，立即亲督日军，公然违反常规，"在距马圈子四百米的地方吹响了进军号，以刺刀实行中央突破"，驱赶士兵发起冲锋。石田大队进至村头，被一条沟渠拦住。祸不单行，石田四顾之后竟发现一支清军部队在马圈子以西约 200 米处，这使他一度胆战心寒，做好了垂死挣扎的准备。如果这支清军从侧面射击，将杀伤大量日军。但他们却未能抓住战机，眼睁睁地看着日军在炮兵掩护下越沟，逼近马圈子。正面清军见日军炮火过猛，难以取胜，约 500 人开始从马圈子村北端逐渐向西及西南退向缸瓦寨。先头的第 3 中队曹长崛西发现清军败退，急忙大喊："敌军逃跑了。"日军为之一振，齐声呐喊攻入马圈子，炮兵也不失时机地向撤退的清军射击。至 14 点，第 18 联队第 1 大队攻占了马圈子。日军参战所部付出了五分之一的损失，包括第 1 中队小队长田中时哉中尉在内战死 9 人，有 66 人受伤，包括第 4 中队小队长三宅义任中尉、大村甲松少尉和第 3 中队小队长尾原景敏少尉。

鉴于后援野炮兵部队已抵达下夹河，桂太郎师团长在令石田正珍所部进攻马圈子清军的同时，令第5旅团长大迫尚敏少将率所属各部进攻缸瓦寨的正面清军阵地。大迫尚敏命第6联队第1大队长冈本忠能少佐率部从正面向缸瓦寨进攻，以"创造炮兵在其后方占领阵地的条件"。第6联队第2大队长小野寺实少佐（欠1个中队）率部向缸瓦寨东南于官屯村的清军骑兵发起进攻。

14点，小野寺实少佐率部击退了在于官屯村的清军骑兵1哨，轻取了该村，并于15点10分向缸瓦寨突进。官屯村的清军撤至缸瓦寨，清军其他各部也陆续撤至缸瓦寨一线集中固守。14点10分，为掩护骑兵、步兵向缸瓦寨进攻，日军炮兵第1大队中村振三郎少佐指挥炮兵第1、第3中队集中火力猛轰缸瓦寨。因距离太远，日军炮击未达到预期效果。炮兵在第6联队第1大队协助下将阵地前移。14点20分，12门火炮抵达有效射程的阵地，向缸瓦寨清军连续抵近轰击达一小时。铭军的炮队亦不示弱，用4门速射炮猛烈"回敬"日军炮兵阵地。其中一发炮弹准确命中了日军炮兵第5中队第4炮车，当场击毙炮兵1人，重伤2人，1匹战马也被炸死。据日方记载："我骑兵和炮队都尽全力攻击缸瓦寨敌军，大迫部队的步兵亦进行猛击突进。两军交战正酣，彼我炮声如轰雷，天地为之震撼。敌军依据缸瓦寨和祥水泡子的民家墙壁向我狙击。我兵没有可据之地物，只能在茫茫原野上纵横奔驰，加以积雪厚达两尺余，军队的动作极不自在……我军的确处在苦战的地位。"鉴于日军报复性的炮火轰击太猛，15点50分，一度被压制的清军炮兵"暂时沉默"。但铭军步兵向日军进行了"更猛烈的射击"，迫使日军寸步难行，"步兵潜伏在地物的后面还击"，日军的攻势被清军打退，大迫所部只好"等待大岛部队到来"。

桂太郎见大迫尚敏所部在缸瓦寨前沿阵地受挫，不得不紧急动用总预备队。他令第6旅团第7联队第2大队及炮兵第1、第3中队立即从晾甲山出发，第19联队第2大队从八里河子村出发，踏着没膝的积雪，"几乎是以跑步通过了三里长（指日里，每日里合3.924公里）的路程"。该部日军于16点02分到达下夹河子村，在疲惫不堪的状况下紧急投

▲ 19世纪80年代的淮军军官，他们大多为行伍出身，或者因私人关系进入部队顶缺，完全没有接受过近代化军校的训练

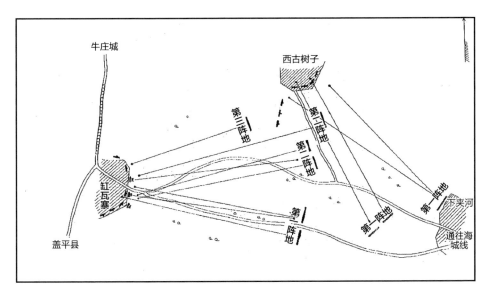

▲ *缸瓦寨附近的日军野战炮兵第3联队列阵简图（1894年12月19日）*

入战斗。这时，清军摆成"一条惊人的长线"，以阻击大迫尚敏旅团的进攻。大迫所部也尽可能在广阔的地区散开，双方展开拉锯战。

第6旅团长大岛久直根据战场形势，命令第7联队长三好成行所部，在下夹河子村至缸瓦寨东西走向的凹道右翼，布置第2大队的3个半中队，在凹道左翼布置1个中队，所有士兵进入指定位置后散开，加强到第5旅团第6联队第1、第2大队中间。大岛还命第19联队第2大队长小野芳次郎，率所部（欠第5中队）沿凹道前进到第7联队的左翼；第7、第8中队呈梯队在清军阵前六七百米处散开，第6中队作为总预备队，留在凹道上。野炮兵第3联队以第1、第3中队实施火力支援。第19联队第1大队则留守八里河子，监视盖平方面。此时，日军12门山炮在下夹河子村西端占领阵地，一齐发炮，轰击清军。

为了让炮兵更好地发挥作用，清军炮队声东击西地自缸瓦寨村中央悄然转移至村南，重新布置阵地，扬长避短，专以猛烈炮火轰击逐渐逼近的日军左翼步兵。与日军左翼的第5旅团第6联队第1中队紧邻的是第19联队的2个中队及第6旅团第7联队的1个中队。清军的炮击准确率之高，就连日军也瞠目结舌地承认："敌弹是瞬发弹，其着发距离测定之精确也是清军从来没有过的。炮弹落在我军各中队的前后左右，我军奋战在弹片与雪泥之中。"一部分清军在炮火的掩护下竟主动向日军炮兵阵地左前方出击，"甚至不再凭借清军善于使用的障碍"，有的直着腰冲向日军，"进行猛烈射击。这真是清军从来没有的勇敢行为"。第7联队左翼的1个中队和第19联队各中队被清军射击线与正面火力夹击，由于"受到交叉火力的射击，（日军）伤亡特别多。这些中队伤亡特别多的原因还在于没有地物"。第6联队长塚本胜嘉大佐的右肩被子弹贯穿，血流如注，并断然拒绝了第1大队冈本忠能少佐要求其撤下火线的请求，简单包扎后继续督阵指挥。

中日两军鏖战正酣之际，清军援兵毅军抵达并及时投入战斗，总兵宋得胜"出力真打"，士兵勇往直前。危急关头，主将"振臂一呼，硝者起，疲者奋，裹创肉搏，赴死不悔"，铭军士气更为振奋。铭、毅两军广大爱国官兵英勇奋战，浴血苦斗，以前所未有的誓死精神发起了令日军"颇为意外"的反冲击。对于清军的英勇精神和不屈表现，日军表示："敌兵亦不愧为闻名的白发将军宋庆的部下，不轻露屈挠之色。"此战，清军利用地形地物作战，除以战场中央的松林当掩护外，还凭借松林下面的坟地以及坟墓后面的堡垒构成了第一道防线。日军则没有地物的遮掩，处于开阔的雪原上，被动挨打，死伤惨重，双方激战数小时，打得难解难分。桂太郎亲自督率日军发起冲锋，至16点20分，不甘蛰伏的清军炮队再次向日军发起怒吼。

最后，经过20分钟的奋战，日军顶住了清军强有力的步炮攻势，突破了第一道防线。清军"撤至第二线固守，抗战不屈"。进攻缸瓦寨正面的日军为第7联队第2大队及第6联队第2大队，该部在抢占下清军第一道防线——松林后，也以松林为掩护攻击缸瓦寨内的清军，双方对射了数十分钟。日将西下，第7联队长三好成行大佐督率所部出击，意欲攻占清军第二道防线，并逼近到清军前沿阵地三四百米处。同时，右翼第18联队第1大队在侵占马圈子后，也向缸瓦寨方向逼近，推进到距清军祥水泡子阵

▲ 据传，靖国神社门前的一对石狮盗取自海城

▲ 缴获自清军的75毫米口径克虏伯造重野炮

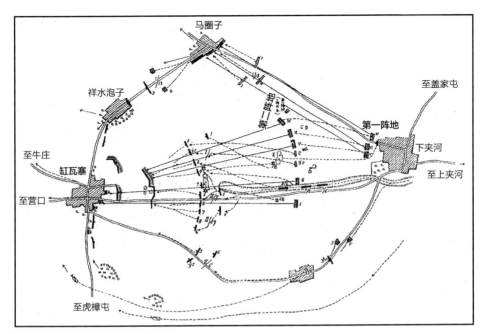

▲ 第3师团缸瓦寨附近战斗略图（1894年12月19日17点）

地仅300米处。此时，日军中央阵地的部队与右翼部队排成一线。作为日军二线预备队的第6联队第2大队第6中队，在大队长小野芳次郎少佐率领下在凹道上等待战机。

坚守在缸瓦寨村内的清军广大官兵"奋激战斗将近三小时"，把日军阻击在村外。双方经过整日浴血鏖战，均已精疲力竭。恰在此决胜的关键时刻，小野芳次郎少佐所率总预备队投入战斗，"急起反击"，各队协同并进，突至阵前200米处。至此，第3师团主力全部投入战斗，清军处于不利地位。

日军预备队悉数参战后，缸瓦寨内的铭军完全处于日军从北、东、南三面合拢的包围圈中。日军在雪地行军后又经过半天的作战，均已疲惫不堪，但他们在军官们的不断激勉下，仍呐喊助威坚持作战。第19联队第2大队第7中队长塚本芳郎大尉肩部被枪弹击穿，却依然率先立于阵前。

当第6联队第2大队长小野寺实少佐令各中队向缸瓦寨冲锋时，铭军被迫从村西南陆续撤退，缸瓦寨周围的清军也陆续撤出战斗，经高坎撤至田庄台、营口一线。17点05分，日军突入缸瓦寨东端的防御工事，与守军展开近战肉搏。至17点30分，守军不敌，从缸瓦寨西面和西北面向田庄台撤退。17点35分，日军宣告攻占缸瓦寨。

在整个激战中，日后参与了日本侵华整个历程的第1军副官闲院宫载仁亲王始终与桂太郎师团长同行观战，并一同越过松林进入缸瓦寨，视察清军遗弃的阵地，认为清军"是讲究安全防御之道的"，"为了防御，在墙壁上临时构筑工事，与平壤船桥里的堡垒相比，其坚固程度有过之而无不及。而我军又没有可以利用的地物，因而这种工事的作用就更大了"。

18点，第3师团长桂太郎率师团部进入缸瓦寨。他担心海城被清军乘虚轻取，得不偿失，故在18点30分命令第5旅团步兵第6联队1个大队、骑兵1个中队（欠1个小队）留守缸瓦寨，并收殓死伤者，第6旅团抽调2个步兵中队协助师团卫生队将伤者护送海城，主力以步兵第5旅团、炮兵联队、工兵大队、步兵第6旅团的行军序列，在骑兵大队本部及第2中队（欠1个小队）掩护下立即连夜返回海城。12月20日11点，刚返回海城的桂太郎师团长在海城及附近村屯贴出告示，其内容如下："大日本第3师团司令桂为出示晓谕事：照得本月十九日即清历十一月二十二日出兵征剿驻防缸瓦寨宋庆所率清兵，大破敌兵，攻占缸瓦寨，派兵驻防，大军即刻凯旋海城县。该寨清兵业已远（遁），并无片甲，地方竟归安稳。为此出示通谕，尔等各民宜安分守业，勿得惊恐扰动，切切特示！右谕通知。明治二十七年十二月二十日。"

1895年1月19日，是日军第3师团伤亡最多的缸瓦寨战斗一整月忌日。第3师团长桂太郎为了安抚部下和鼓舞士气，在海城南小门内举行了招魂祭。

▲ 日军骑兵斥候侦察敌情图（日本浮世绘）

双方损耗

此战，未见宋庆等清军将领的战后损失奏报。同时，清军为了逐次撤出，在缸瓦寨内遗弃了死伤者三四十人。但据战后被日军俘获的宋庆身边的运输兵所言，以及日军对清军撤退中遗弃的装载阵亡将士的大车进行的查验统计，清军阵亡约200人、负伤约300人。仅以毅军而言，伤亡约200人，其中死亡78人。另外，毅军分统总兵宋得胜左腿中弹负伤，"子已取出，腐肉未消，约须半月以外可望收口"，月内短期"恐难赴敌"。若不是日军11点50分才开始作战，占领缸瓦寨时天色将晚，已无时间更无体力追击清军，清军的损失将会更大。

此战，日军伤亡也尤为惨重，据当地"逃出难民声言，倭人战役使抬尸，计点堆数，实有一千二百余"，此外，"手足冻伤者有之，烘火益剧。倭人、韩人因惧自缢者有之"。如此以讹传讹，当然不靠谱，反而容易误导清军，认为日军损失远超过己方，倒是辽阳知州徐庆璋在日记中提及缸瓦寨战后第三天，从盛京将军裕禄处"闻宋帅在盖界缸瓦寨与倭接仗，打死倭贼百余人，宋帅腿受轻伤，即退师田庄台"。此处显然要诚实些，但却将负伤的宋得胜误作宋庆。同时，北洋大臣自伦敦电获悉日本新闻报纸公布："西历十二月十九日，中日在辽阳耿如寨（估计为缸瓦寨的音译之误）大战，中兵死伤三百名，日兵亦死伤达四百七十二人……"这一双方伤亡数据较为接近实情。

《第三师团缸瓦寨战斗详报》所载是日军"死伤408人，内将校12人"。日本认为该战伤亡人数约占战斗人员总数的9%，几乎达到10%的伤亡极限。这"不仅在我国（指日本）是没有先例的，在古今世界战史上也是不多见的"。其实早在平壤首战船桥里，大岛义昌的混成第9旅团主力3600人参战，承认死伤430人，已远超过10%。

当然，需要指出的是，日军伤亡408人的统计数字，并未将冻死、冻伤的人计算在内。据日方自供："部队自清晨在积雪中行动，迄于夜间，一直奔走于数里的道路上，因而有冻死者，其人数惊人。"据日方战后统计，此役

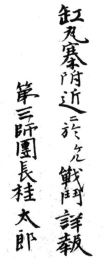

▲ **第3师团缸瓦寨附近战斗详报**

第3师团缸瓦寨战斗伤亡表 *

		明治二十七年十二月十九日										
团队联 伤亡		司令部	第5旅团		第6旅团		骑兵第3大队	野战炮兵第3联队	工兵第3大队	弹药大队	辎重兵大队	野战卫生部	总计
			第6联队	第18联队	第7联队	第19联队							
死	将校	–	–	1	1	–	–	–	–	–	–	–	2
	下士兵卒	–	16	8	24	18	–	1	–	–	–	–	67
	马匹	–	–	–	–	–	–	2	–	–	–	–	2
重伤	将校	–	3	2	1	4	–	–	–	–	–	–	10
	下士兵卒	–	49	50	64	95	–	5	1	–	–	–	264
	马匹	–	–	–	–	–	–	5	–	–	–	–	5
轻伤（尚在队列中）	将校	–	–	1	1	–	–	–	–	–	–	–	2
	下士兵卒	–	15	13	14	13	–	6	2	–	–	–	63
	马匹	–	–	–	–	–	–	–	–	–	–	–	–

★ 本表摘录自《第三师团缸瓦寨战斗详报》。

▲ 日本展示缴获的清军各式战利品（日本浮世绘）

除战斗伤亡的人数外，冻伤者达 1062 人，其中重伤者 539 人。尽管日军只战死 69 人，但战伤、病死者 25 人，合计死亡 94 人。这是因为积雪深达膝盖，伤员未及时救治，导致冻死。"众多的伤员倒在雪地上，卫生队不停地东奔西走，用担架把伤员送进野战医院。不仅伤员众多，而且入夜以后战斗才告停止，夜间，担架队不知伤员所在，为此伤员拼命呼喊担架，其声音凄惨，令人不胜忧伤。"不过，"据说当日伤员因积雪而使伤口冷凝，减少了出血，也避免了尘埃的沾染；医官在施行手术的时候，以积雪代替清水，给处理伤口带来了极大的好处"。

　　另外，一些文章介绍该战时，大体会千篇一律地如此提到发生在祥水泡子的战斗："日军在进攻缸瓦寨的同时，又派出 120 人进攻缸瓦寨以北、马圈子西南的清军驻地祥水泡子，日军生还者仅 40 名，仍未得手。因缸瓦寨陷落，据守祥水泡子的清军也撤出了阵地。"也就是说，祥水泡子一役就致使日军损失 80 人。那么，实情是否如此？追根溯源，这一说法来自《中日战争》第一册 265 页对日军战史的译文节录，并与《日清战争实记》第 19 辑信手拼接，此外找不到其他任何资料的佐证，形同三无产品。同样是《中日战争》第一册 265 页记载日军在缸瓦寨战斗伤亡人数仅为 170 人，却在一个相对不起眼的祥水泡子损失总伤亡人数近半的 80 人，这有点不合常理。再者，对照日军作战地图，马圈子、祥水泡子一线属于步兵第 18 联队第 1 大队的进攻路线，日本随军记者对马圈子的苦战不吝笔墨，对祥水泡子的战斗却轻描淡写一笔带过，不免让人生疑。根据日军战斗详报不难发现，第18联队第1大队攻占马圈子后便偃旗息鼓，而正面日军攻占缸瓦寨后，祥水泡子的清军也相继撤退，莫说是发生激战，连交火都不存在。

根据《第三师团缸瓦寨战斗详报》附录记载：步兵第6联队第1大队耗费子弹16816发、损失步枪10支，第2大队耗费子弹23948发、损失步枪2支；第18联队第1大队耗费子弹5570发、损失步枪10支；第7联队第2大队耗费子弹13700发；第19联队第2大队耗费子弹4260发、损失步枪13支；骑兵第3大队第1中队耗费子弹300发、损失步枪1支，第2中队耗费子弹300发；工兵第3联队第1中队耗费子弹347发；总计耗费子弹65241发、损失步枪36支。野炮兵第3联队第1中队耗费榴弹4发、榴霰弹28发，第3中队耗费榴弹27发、榴霰弹125发，第4中队耗费榴弹64发、榴霰弹421发，第5中队耗费榴弹72发、榴霰弹254发，第6中队耗费榴弹106发、榴霰弹282发，共发射榴弹273发、榴霰弹1110发。与日军巨大的消耗相比，其所得缴获并不大，仅虏马1匹、步枪9支、炮弹67发、子弹16发、刀1把、旗3面、刺刀4把。

述评

缸瓦寨之战，双方都投入了精锐主力，此役被日方战史称为"缸瓦寨的激斗"，而清军方面仅低调提及。日军统帅部在公报中大肆渲染缸瓦寨战斗中日军的英勇"战绩"。12月30日，明治天皇亲自下达了"敕语"予以表彰。多年来，日本参谋本部所编八卷本《日清战史》开辟出专门的章节盛赞缸瓦寨战斗，认为这是日军的奇迹。尽管这一系列的战史编印背景是原第3师团长桂太郎第一次组阁期间，多少有些迎合时政的粉饰成分，但该战确实拯救了海城的日军。

据日方统计，日军共投入步兵4个大队及1个小队，骑兵1个中队及1个半小队，炮兵5个中队，工兵1个中队及1个小队，"战斗人员总数是4537名"，实际参战3960人，山炮30门。据战后日方审问清军俘虏获悉的情报：清军大致投入宋庆部14营约7000人，铭军总兵刘盛休部10营4000人位于石桥子，连同附近的嵩武军总兵刘世俊部8营3000人、大同军总兵蒋希夷部8营等，共18000人左右。这与日军单方面获取的情报出入很大：宋庆部毅军10营，铭军总兵刘盛休部11营3哨，总计9200人、山野炮67门。实际参战的清军约为5000人，火炮5门，兵力略多于日军，但火炮在数量上居绝对劣势。事实证明，清军对自身实力的了解尚不及日军的情报所获。

双方战斗序列

清军方面：

总指挥：四川提督、帮办东征军务宋庆

缸瓦寨守军：铭字军统领刘盛休（11营3哨）

援军：毅字左军总兵宋得胜（5营）

日军方面：

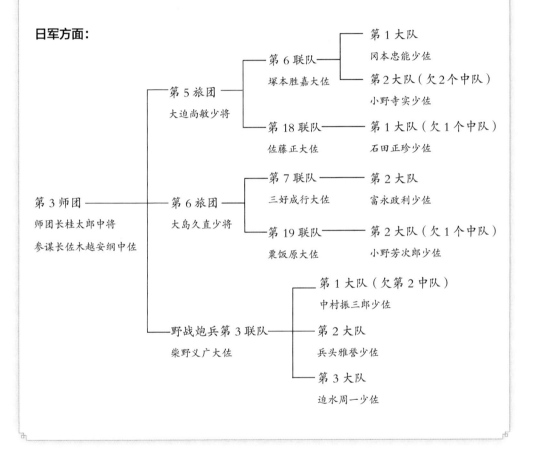

分析此战双方的有利与不利条件，从天时地利看，清军居于绝对有利的地位。第一，清军在本土实行完全的村落防御，据守有利的地物迎击来敌，致使日军在阵前连连受挫；日军则在一片开阔地上发起进攻，既缺少地形之利，又无地物可供隐蔽，而且遍地积雪，极不方便大部队运动。第二，清军集中兵力实行正面防御，没有被敌包抄后路及侧翼之虑，不必分散兵力；日军只能对清军设防的正面强攻，且时刻顾虑清

军攻其侧翼或进行夹击，以致兵力无法集中于一点使用。第三，遍地积雪方便了清军观察来敌的动静，日军在雪地上无遮无掩，清军可随时射击看见的目标；处于明处的日军观察隐蔽的清军则甚难。第四，时近黄昏，清军位于西，日军位于东，清军视日军极易，日军则因被夕阳照射迷眼而无法瞄准射击，甚至无法洞悉清军的行动。第五，清军以逸待劳，而日军在雪地里急行军了 16 公里，主力更是奔波了 28 公里，喘息未定即投入战斗，早已疲惫不堪。既然双方条件相距较大，日军的态势极为不利，清军完全可以打赢这一仗，为何败阵了呢？究其因由，主要有以下几个点：

其一，清军统兵将领不善于充分利用自身的有利条件，存在浓厚的单纯防御思想，不知因势利导，转守为攻。首先，宋庆令铭军巩固缸瓦寨阵地后收复海城的初衷是好的，但未考虑到当时入侵海城的日军已陷入孤境的情况，日军兵械、粮草不济，尚未修筑防御工事，难以据城防守，加之严寒，冻伤的士兵极多，平均每天患病者达 129 人，战斗力减弱。如果宋庆能及时集中全力反攻，或可一举收复海城，可惜他按兵不动，坐失良机，反被日军看出破绽，趁其立足未稳之际，先发制人。日军孤注一掷地向宋庆部发起反击，颇带有几分赌博的色彩，其目的是以破釜沉舟之势，先击退一部，打破合围，争取时间加强防御工事，固守待援。再者，铭军阵地局促，分散于互不支援的缸瓦寨、马圈子、祥水泡子三个村庄，于官屯仅派出少量骑兵，而近在咫尺的下夹河却根本未曾设防。因此，日军得以顺利地占领下夹河村，并以此作为发起进攻的据点。不仅如此，大迫部队进攻受挫呈现动摇之状，蛰伏待援几乎两小时，这段时间是清军主动出击的绝好机会，且大有取胜的希望。可是，清军却没有动静，错失了这一宝贵时机。不久，日军预备队紧急投入作战，清军欲获得胜利就更困难了。最为可悲的是，清军并未及时总结、吸取此战的教训，以致同样的悲剧还将在海城周围的战斗中重复上演。

其二，清军将领谋略不足、调度无方，战术上的失误导致胜机丧失。当时就有人为缸瓦寨之败惋惜哀叹："惜调度未得法，否则全胜。"还有人直接指出：日军"分兵先犯马圈子，宋庆不能乘机夹击，而株守缸瓦寨，坐待其击败我马圈子兵以全力攻缸瓦寨大营，于是大营不能守"。再如不设预备队、不敢实行最令敌人畏惧的侧击，未能采取包抄下夹河村的战术等，都说明了清军将领的调度无方，而调度无方正是谋略不足的具体表现。当时，日军几乎倾巢出动，海城势必空虚，如果此时身为主将的宋庆哪怕能抽调数营以奇兵实行突袭，大胆采取围魏救赵之计，即使不能占领海城，必可打乱敌人的部署，使其不得不回军救援。这样，不仅缸瓦寨之围可解，而且还可趁日军撤退时从后袭击，并预先大胆在半路设伏兵，全胜则无疑矣。宋庆却无此胆识，只有被动挨打的份。故时人评之曰："宋庆武人，能战，无调度，非大将材。"这一针见血的评语还是客观公允的。

其三，从双方的力量对比看，日军除在炮兵方面占优势外，其他方面并不比清军强。1889年，日本颁布《野战教范》，第一次明确规定了炮兵的战斗原则和部队的训练要项，书中着重写了"炮兵是战场的主要兵种，是战斗的骨干"，进一步提高了炮兵的地位。炮兵的射击方法也从原来的目视射击法改为了德意志式的夹叉射击法，使其在甲午战争中占据一定优势。而清军最大的问题是不谙步炮协同作战，炮兵阵地总是分散在"第一线步兵阵地内或其间隙"，因此火炮成为显著的目标，在战斗的初期阶段，屡次被日军炮兵破坏。清军指挥官中也有个别卓有远见的将领在战争实践中总结了教训，并提出改进意见。如早在成欢与日军开战时，有经验的聂士成就曾多次指出："前次失利，皆由我炮未聚一处，各营顾己失机。倭炮不拘多寡，用则一处齐发。"可是以牺牲换取的宝贵建议并未引起应有的重视，清军前敌将领仍旧我行我素。该战中，清军炮兵

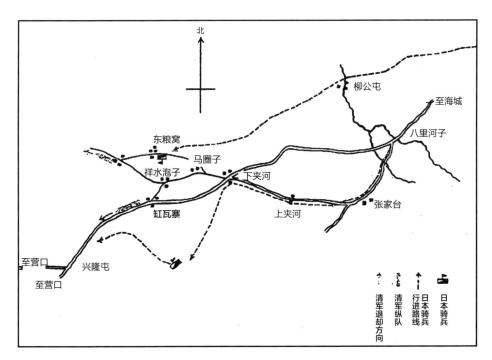

▲ 缸瓦寨战斗期间，日军骑兵第3大队行进线路简图（1894年12月19日）

的表现固然非常出色，但终因使用不当，被日军快炮"照准丛击"，所带 5 门火炮被击毁 4 门，丧失战斗能力。

其四，尽管大多数清军官兵在战斗中表现得相当勇敢顽强，给敌人以沉重打击，但缺乏必要的教育和训练，不能坚持到底。其战斗意志同日军相比，也相形见绌。日军的进攻，往往是靠坚强的战斗意志而取胜的。以日军进攻马圈子为例：日军进至距村 400 米处时，因伤亡严重，士气沮丧，队形大乱，已经无法再进了，但在此关键时刻，日军指挥官秉着"与其这样白白延误时间而使士气沮丧，莫如一拥而上"的想法，发起了冲锋。日本在甲午战后制定的军事条令《步兵操典》规定，以步枪刺刀实行冲锋，须在距敌 150 米内，在 400 米的距离上冲锋，是绝对不允许的。显然，这就是一场战斗意志的较量，日军前线指挥官审时度势，打破陈规，随机应变提前冲锋，终以绝对的气势压倒了清军，靠必胜的信念赢得了胜利。反观清军，尽管在前期作战略有斩获，但在新一轮攻势面前尚不及交锋就全身撤退了，才取得的战果显得苍白无力，其作战意志可见一斑。

日军不仅步兵战力剽悍持久，在战场上发挥了重要作用，骑兵也无一刻松懈，一直在左翼侦察。谷冈大尉的一个中队为防止南路清军对缸瓦寨进行增援，曾长驱挺进到塔山附近警戒。缸瓦寨之战打响后，警戒范围进一步扩大到清军的整个右侧。清军尽管同样在战场外围派了骑兵，但畏敌如虎，在日军进攻马圈子时，甚至未配合当面的守军对日军毫无防备的侧翼发起突袭，竟然直接奔走。此举让危难中的日军化险为夷，从容进攻，导致战局易手，无力回天。

其五，清军互相之间缺乏足够的配合与支援。首先，早在 19 日上午 11 点，宋庆就传令副将蒋希夷率大同希字军 8 营从大石桥驻地北上驰援缸瓦寨，但该军在中途得报缸瓦寨守军已败退至田庄台，遂向西转进，与毅军、铭军会合。事实上，两地相距不过 20 公里，大半天行程仍未赶赴，可见其进援并不积极。随后，该部在营口尚未接敌就先行逃走，却"毫无愧耻"地捏造出血战的谣言。1895 年 4 月 4 日，奉锦

▲ "白发将军"、毅军统帅宋庆（1820—1902年），字祝三，山东蓬莱人，参与了镇压太平天国、捻军以及平定陕甘回乱、甲午战争、庚子之变等，获赐"毅勇巴图鲁""格洪额巴图鲁"勇号，累官至湖南提督，加封太子少保

山海道善联向盛京将军裕禄参劾提督蒋希夷及所部营官蒋广隆等"藉端浮冒，继则闻警先逃，最后以克扣酿变"。由于蒋希夷屡犯军律，裕禄请旨将其革职，拿交刑部治罪，处腰斩极刑。再者，宋庆派毅字左军总兵宋得胜部约 1000 人增援缸瓦寨，仅从毅军投入四分之一的参战兵力来看，人数确实不多，即便连同缸瓦寨、马圈子的刘部铭军，才不过 5000 人，并不比当面日军占多大优势。尽管宋得胜身先士卒、"出力真打"，以致中弹负伤，1000 名援军也拼尽全力战斗，伤亡达 200 人，仍无法改变大局。正如以朝鲜总理交涉通商的身份协助总理前敌营务处的袁世凯在战后第二天的电报中一针见血指出的那样："昨仗本甚好，因宋得胜受伤，且兵力太单，故暂败来台（指田庄台）。"作为守军的铭军统领刘盛休在九连城和反攻金州两役的作战表现虽受淮系首脑李鸿章的严厉训斥，至今仍受史家倍加责难，但在缸瓦寨也曾奋力一战想一雪前耻。最后一小时投入战斗的日军预备队第 19 联队第 2 大队参战人员共 367 名，伤亡仍达 117 人，可见缸瓦寨的铭军始终毫不松懈，战斗到最后。苦战一天侥幸突出重围后，刘盛休得知宋庆所调援军才 1000 人，认为宋庆保存实力，见死不救，甚至借"脚伤复发"未随宋庆赴田庄台，而是向李鸿章请假，愤而去职。12 月 22 日，李鸿章爽快地准假，并撤其统领职务，另委姜桂题接统铭军。至此，行伍出身的刘盛休结束了 33 年的戎马生涯，归隐故里，晚年与妻妾子孙其乐融融，安享天伦，并不遗余力地潜心研究历史、书法，如此 22 年，得以善终。宋庆为什么不全力救援刘盛休，暂不可考，可能是刘盛休没在鸭绿江防战中积极出援，导致宋庆耿耿于怀，借此报复。

尾声

缸瓦寨战斗是辽阳南路保卫战中甚为关键的一战。缸瓦寨之败，加大了清军收复海城的难度，使日军第 3 师团主力以孤军固守海城成为可能，但其三面被围的形势并未得到根本改变，而友军第 5 师团尚被牵制在辽东凤凰城一线，日军第 1 军由此被分割在两个孤立战场，反观清军援兵源源开抵，加重了博弈的筹码。日军大本营对此十分焦虑，争论激烈，甚至一度主张第 3 师团从海城、析木城撤退的紧缩战线的一派占据上风。但在"日本陆军之父"——原第 1 军司令官、现回国任监军的山县有朋的极力坚持下，第 3 师团在缸瓦寨获胜，故大本营仍依原计，并以刚占领金州、旅顺的第 2 军派出第 1 师团混成旅团北上盖平，援救海城。由此，20 天后，在距缸瓦寨不远的盖平又燃起更为惨烈的战火……

附: 铭军沿革简史

铭军的前身是 1854 年刘铭传在合肥西乡大潜山筑堡寨所办的团练，由六安绅士李元华统带。1862 年 2 月在张树声的大力推荐下，被李鸿章招至安庆加入淮军，称铭字营，是为淮军最初的 13 营之一，也最受李鸿章倚重。是年 4 月，铭字营赴沪与太平军作战，与鼎字营协守浦东的周浦。8 月北新泾之战时，铭、建 4 营回援。11 月四江口之战中，铭字、树字、桂字及抚标亲兵各营，挡中路之敌。这已是除了驻守浦东的鼎、庆二营外，李鸿章最初自募六营之四。该年底，铭军又在合肥新募 2 营，扩编为 3 营。

在 1863 年 5 月攻占江阴县属的杨库之役中，铭军中由法兵教练的 3 门开花炮已初见功效。同月，在胁降南汇守将吴建瀛、刘玉林所部时，铭军已有 5 营，并节制得字、有字 2 营。又与鼎军、常胜军先后攻占奉贤、金山卫等处，尽取浦东，深得李鸿章赏识。8 月，淮军进攻江阴时，铭军已有正、副、左、右、前、后共 6 营，另有水师 2 营。9 月 20 日攻打无锡时，铭军已扩充至 9 营，由刘铭传、刘盛藻（刘铭传族侄）、唐殿魁分别统领，由赵宗道总理营务。12 月 15 日，攻打常州时，铭军并统骆国忠部忠字 2 营、荣字 2 营、张桂芳的桂字 1 营。1864 年 5 月 16 日，攻克常州后，铭军计有步队 10 营、水师 2 营（由冯席珍、靳春统率），计 7000 余人、4000 支洋枪。刘铭传已从两年前的千总，积功升为记名提督。12 月，铭军北上剿捻，李鸿章命唐殿魁新募 6 营，编为铭右军；刘盛藻统领原铭军步队 5 营，称铭左军；刘铭传统剩余 5 营，为铭中军，计 16 营，一举超越开字营，成为淮军中独一无二的大营头。其兵力、营数均相当于除鼎字外其他大枝营头的两倍。1865 年，出于剿捻战争的需要，铭军新募 5 营马队，由陈振邦统领。

1867 年 2 月 19 日，铭军 20 营万余人在湖北尹隆河大败，总兵唐殿魁、田履安、记名提督刘朝熙、中国籍法人教习毕乃尔、副将胡衡章、吴维章、刘朝珣等也力战阵亡，伤亡达 2000 余人。刘铭传本已坐以待毙，幸被鲍超大军救出，这是铭军失败得最为惨烈的一次。之后，铭字右军 6 营由唐殿魁五弟唐定奎接统。4 月，淮系树军统领张树珊阵亡后，李鸿章分拆树军步队 6 营、马队 1 营归入铭军序列，编为铭字左军，由黄桂兰统领，并将河南调来的善庆马勇 2 营，及吉林、黑龙江马队 3 营拨归刘铭传统带。铭军马营增加尤为迅速，在淮军 28 个马营 7000 多匹战马

▲ 铭军缔造者刘铭传

中，约有 13 营 3500 多匹隶属铭军，可谓垂青之极。该年 11 月山东安丘、潍县交界之战爆发时，铭军已成为马队 12 营、步队 20 营、水师 1 营的特大枝营头。1868 年初，刘铭传因平灭东捻军功大赏轻，仅被授予三等轻车都尉世职、获赐白玉柄小刀等物品而大闹脾气，又因未能及时赴援京畿堵截西捻军回师直捣直隶，受清廷严厉苛责，遂借伤病为由，告假回籍。李鸿章只得将善庆、温德的马队 5 营调随鼎军北援，而将铭军剩余 28 营交铭军营务处道员丁寿昌代统，驻防江苏邳州，后调山东东昌。同时，李鸿章为刘铭传争取到一等男爵之封。

1868 年，铭军共有马队 5 营、步队 24 营，分为唐定奎右军 6 营、刘克仁中军 5 营、刘盛藻左军 5 营、亲兵 2 营、兼树军 6 营，另有水师 2 营。4 月 12 日，马队统领陈振邦、副将刘正同在滑县阵亡，所部马队 4 营并入盛军。12 月 23 日大裁军时，铭军另 1 营马队被象征性裁撤。步队 24 营由刘盛藻统领，铭军仍是淮军乃至全国兵力最为雄厚的营头。1870 年 11 月 12 日，铭军西调赴陕，共有马步 28 营，李鸿章又调拨毅军步队 10 营、鄂军亲军马队徐邦道 2 营归刘铭传指挥，并入铭军序列，至此，铭军计 40 营，2 万余众。1871年底，刘铭传请假离队，由湘军将领曹克忠接统铭军 20 营。1872 年，唐定奎所部铭字武毅军（简称"铭武军"）马步 16 营与楚军马队 2 营回防徐州，分为铭军武毅左军和铭军武毅右军。1873 年，刘盛藻接掌铭军，留置保定的亲兵枪炮 2 营归建。1874 年 6 月，因日本入侵台湾，驻扎徐州的唐定奎部铭武军抽调 13 营步队 6500 人赴台湾作战，留陈凤楼马队 3 营 1 哨继续巡抚徐州、宿迁一带。7 月 22 日，李鸿章调铭军刘盛藻部马步 22 营由陕西回防济宁、徐州一带。所余军队除由潘万才、徐邦道各统铭军马队 2 营外，另有 1 营亲兵马队。1875 年，刘盛藻回籍守制，铭军由刘盛藻的同族刘盛休接统，拨吴宏洛部 5 营赴上海驻防吴淞口。8 月，赴台的铭武军回归，驻扬州一带休整，后驻江阴，步、马队分离。

1878 年，清廷裁军，铭军裁正勇两成，计裁 4 营。至 9 月，裁刘盛休部 1 营、铭武军 3 营，剩余铭军 16 营、铭武军 10 营。1880 年 4 月，铭军被调往直隶天津一带驻防，补足前裁两成正勇。1883 年 8 月，淮系将领张树声出任两广总督，调驻防吴淞的吴宏洛 5 营赴两广，作为两广总督督标亲军。

1884 年 6 月，中法关系紧张，刘铭传奉命督办台湾事务，7 月调铭武

▲ 自镇压太平天国以来百试不爽的清军圆阵型

军章高元、李世鸿2营赴台，时驻江阴的铭武军剩余8营。9月，铭军步队10营、亲兵马队1营调赴台湾永平驻防。所余徐邦道部铭军另招募步队2营，合原来的马队2营，共4营，单列为拱卫军，从铭军序列分出。1885年1月，李鸿章命令从铭、盛两军中各抽1营，由聂士成统领增援台湾。年底，调往两广的吴宏洛部5营被从铭军中撤编，编制归于两广总督督标亲军。1886年4月，吴宏洛新募4营，赴澎湖驻防。1887年2月，留在大陆的铭军马步11营由刘盛休统领，开赴大连湾炮台驻防，所承担的炮台、建港、水雷营工程建设，于1891年8月同期竣工。1891年11月23日，铭军潘万才部马队2营赴热河剿匪。

1894年9月12日，刘盛休率驻防大连湾的铭军10营2哨，共4150人赴大东沟，支援朝鲜平壤后路，以步队10营1哨、马队1营1哨计4400人参加鸭绿江防战。余部骑兵6哨400人由赵怀业统领，改称怀字军。11月6日，大连湾失守，赵怀业部铭军归徐邦道兼统。时铭军潘万才马队2营驻防秦皇岛，扩充至4营。驻防江阴的铭武军扩编为8营。旅顺失守后，徐邦道奉命改编赵怀业的怀字、卫汝成的成字两军，连同本部拱卫军步队4营、马队2营，合为拱卫军马步11营，计4000余人。11月27日，配合宋庆的毅军回援旅顺，得知金州、旅顺已失，发起反攻，损失惨重，退守盖平。至12月19日缸瓦寨之战后，铭军统领刘盛休借"脚伤复发"，并未随宋庆赴田庄台，而是向李鸿章请假，愤而去职。12月22日，李鸿章爽快准假，并撤其统领职务，另委临元镇总兵姜桂题接统铭军。是年，潘万才部4营和铭武军8营被全部裁撤。1895年初，姜桂题率部移驻辽河下游牛庄、高坎、营口、田庄台一带，先后参加进援盖平、大平山、田庄台诸役。甲午战后，随着袁世凯小站练兵缔造了新式陆军后，以铭军为代表的淮军失去了国防军的地位，变为次要的巡防队。光绪、宣统之交，革命军图谋在长江起义，清廷乃调淮军巡防队一部移防长江，后来张勋曾指挥这支部队在南京与革命军作战。淮军巡防队迄清亡而尚存。

除铭军本身外，曾受铭军指挥或被编入铭军的其他营头还有：

一、忠字营。原太平军骆国忠部，1863年1月17日投降淮军后，编为忠字2营，由骆国忠、骆国孝统带，后并入铭军。

二、荣字营。原太平军常熟降军，投降后编为2营，由骆国忠之子骆金荣统领，后并入铭军。

三、桂字营。它是李鸿章在安徽老家办理的团练，由张桂芳统领。1862年10月攻打嘉定时归李鹤章指挥，1863年攻打常州时，归刘铭传指挥。1865年10月27日，桂字营扩充为3营，随松字营北上剿捻，后改为李鸿章亲军。剿捻结束后裁撤。

四、建字营。1863年5月，与李秀成义子、主将李容发不合的南汇守将吴建瀛率部万余人投降，其中一部被编为建字营，共3000人。

五、玉字营。为太平军南汇守将刘玉林部降军，投降后编为 2 营 1000 人，刘玉林阵亡后编制取消，人员并入铭军。

六、升字营。鲍超霆军部将覃联升 1862 年 6 月在上海与太平军作战时成立的升字营，划归淮军系统，驻扎在奉贤。覃联升阵亡后编制取消，所部并入铭军。

七、拱卫军。1884 年 9 月，李鸿章命令原铭军马队统领徐邦道在马队 2 营基础上扩编步队 2 营，单列为拱卫军，驻守天津军粮城。中法战争结束后，拱卫军步队被裁撤，仅剩马队 2 营、炮队 2 哨。1894 年，徐邦道新募步队 2 营，炮队扩编为 1 营，连原有马队 2 营，驻防大连湾后路。此后经历大连湾、旅顺、辽东诸战。战后，逐渐裁并。

参考文献

[1] 中国档案.清光绪朝中日交涉史料 [M]：第 27、28 卷.北京：故宫博物院文献馆,1932

[2] 戚其章,主编；中国近代史资料丛刊,续编.中日战争（第 7 册）[M].上海：中华书局,1993

[3] 戚其章,主编；中国近代史资料丛刊,续编.中日战争（第 8 册）[M].上海：中华书局,1993

[4] 关捷,主编.中日甲午战争全史（第二、三卷战争篇)[M].长春：吉林人民出版社,2005

[5] 戚其章,王如绘,主编.甲午战争 100 周年国际学术讨论会文集 [M].北京：人民出版社,1995

[6] 徐庆璋.辽阳防守日记 [M].北京：科学出版社,1962

[7] 文廷式.中日甲午战争 [M].上海：广文书局,1967

[8] 樊百川.淮军史 [M].成都：四川人民出版社,1994

[9] 沈云龙,主编.甲午战争辑要 [M].台北：文海出版社,1966

[10] 大英图书馆,藏.日清战争版画集 [M].不详

[11] 桂太郎.第 3 师团缸瓦寨附近に於ける战斗详报 [M].东京：亚洲历史资料中心,1894

[12] 第一军司令部.明治 27 年 12 月栃木城海城及び缸瓦寨付近に於ける第 1 军战斗详报 [M].东京：亚洲历史资料中心,1894

凡尔登英雄的双面人生

法国元帅亨利·菲利普·贝当沉浮记

作者 / 李海宁

1916 年 2 月 19 日夜间，法国东北部的香槟与阿尔贡地区开始放晴，此前该地区一直被雨、雾、雪所笼罩。21 日，大地开始颤动，天际辉映着多彩闪光。连远在北方埃纳河畔地下掩体里的法国士兵们也听到了混沌的嘈杂声，感受到了地面的震动，甚至比他们一年前攻击阿图瓦时还要强烈。次日，他们得知，这是德国人正在猛攻 100 公里外的凡尔登地区，凡尔登战役就此爆发！

　　从那时起，到 6 月间，德法双方反复拉锯，炮火不分白天黑夜地轰炸，双方都希望尽可能多地消耗对方的有生力量。后来随着英军展开索姆河战役，凡尔登的德军最终于 7 月转入防御，战役最激烈的时段虽然已经过去，但战斗仍在继续。12 月中旬，法军将战线基本恢复到战前水平，终结了持续 300 多天的苦战。

　　在这场持续了 10 个月的厮杀中，两军士兵遭遇了前所未有的火力，目睹了未曾料想的破坏。当一切结束后，受伤致残以及失去性命的法、德士兵有近百万之多。在英美观察家看来，这是"难以比拟的现代工业化冲突的恐怖性象征"。战争结束后，英国史学家利德尔·哈特将此役比拟为"绞肉机"，声称"很大一部分法军被拖进德军炮兵的绞肉机"。这一生动说法不胫而走，令"绞肉机"成为凡尔登的代名词。26年后，当苏德两军在斯大林格勒的断壁残垣中搏杀时，《纽约时报》将其称为"红色凡尔登"，德军也称其为"伏尔加河畔的凡尔登"。

▲ *2016年5月29日，纪念凡尔登战役100周年的主要仪式在杜奥蒙公墓举行，这里埋葬着13万德国和法国士兵的遗骨*

▲ 在这张1926年的肖像上，贝当元帅目光坚定、器宇轩昂

到 2016 年，这场战役已经爆发 100 周年了。回首当年那场血战，其对战争史与世界的深远影响，从几位法军参战者——尼韦尔、马奇诺、戴高乐以及著名的贝当身上便可管中窥豹：尼韦尔在战役期间提出的著名口号——"他们不得通过"，成为法军整场大战的象征；以"马奇诺"为名的那条著名防线也是受此战影响的产物；在战斗中受伤被俘的戴高乐以共和国总统的身份出席了此役 50 周年纪念仪式；此战更让先前默默无闻的贝当脱颖而出，成为"法兰西救星"。

一战结束后，贝当的影响力直线上升，一度进入国家内阁，被国人所敬仰。然而英雄的称号只保持了 24 年，1940 年，贝当的人生发生了剧烈转变。在此之前，他是一战中为法国立下赫赫战功的民族英雄；在此之后，他则因在二战中与纳粹德国"合作"，背上了叛国的罪嫌，被剥夺一切荣誉，成为人们口中臭名昭著的叛徒。

从英雄到叛徒，可以说，贝当的人生充满了戏剧性。诚如潘塞特大使在 1953 年接替贝当所留下的法兰西科学院院士遗缺时所说："贝当元帅在法国历史上所经历的某些部分仍然是光荣的，尽管另有若干部分截然相反，并曾引起人们的怒火。但我们对于前者应该感到欣慰，对于后者却也不能忽视。"

本文所要讲述的，正是这位颇具争议的法兰西元帅的矛盾一生。

怀才不遇

亨利·菲利普·奥梅尔·贝诺尼·约瑟夫·贝当的家族原籍在阿图瓦南部佩纳桑附近的弗洛兰根村。17 世纪末，其先祖巴蒂斯特在阿拉斯的诺朗—丰特镇杜林根村[①]当上

---

① 这个村子的名字意思是"图尔儿子之家"。1797 年，该村更名为科希—拉图尔，简称"科希"。

了该村大法官的副官。1856年4月24日22点30分，贝当出生在这个仅有400名居民的小村里一座平凡的农舍中。他的父亲奥梅尔（生于1816年）从小就在杜埃中学接受严格的正规教育，后在巴黎同摄影术的发明人雅克·达盖尔一起工作了10年才回到故乡，耕种着10公顷土地。为此，奥梅尔的父亲伯努瓦·约瑟夫和母亲弗朗索瓦兹让出了自己的房子，给儿子成家。

奥梅尔前后结过两次婚，头一回是在1851年2月11日，妻子名叫克洛蒂尔德·勃格朗，贝当是他们的第四个孩子。他上面有三个姐姐——玛丽·弗朗索瓦兹（1852年生）、阿黛拉伊德（1853年生）和萨拉（1855年生），他还曾有过一个妹妹，取名若斯菲娜（1857—1862年）。贝当的母亲死于1857年，年仅37岁。两年后，奥梅尔再婚，续弦名叫雷纳·樊尚，她又生了三个孩子——伊丽莎白、安托万和洛尔。后母对前任留下的子女态度生硬，小贝当常常跑到祖父母家哭泣，慢慢地他对家庭失去了感情。

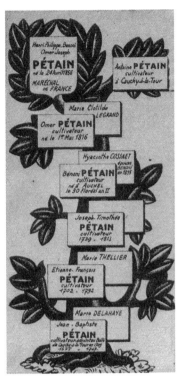

▲ 这张家谱记载了从17世纪末巴蒂斯特一直到贝当本人的家族传承

1867年，11岁的贝当进入圣奥梅尔教会学校，念了8年书。他虽不是位顶级聪明的学生，但学习勤奋，成绩稳居上游，每年都能获得500法郎的奖学金。这期间，他早起晚睡，喜欢在夜间翻阅历史性的图画书，研究那些在过去几个世纪中曾留下痕迹的著名人物。

此时，统治法国的早已不是那位接管了共和国，又为自己戴上皇冠的拿破仑一世。虽然他是天生的统帅，用武力帮助法国获得了空前绝后的强大地位，甚至在其事业的顶峰，法国几乎控制了整个欧洲，但这个帝国最终消散了。

经历1848年革命之后，拿破仑的侄子路易·拿破仑，凭借着拿破仑这个姓氏，以绝对占优势的票数当选为共和国总统，并以伯父为榜样在1852年采用了皇帝称号——拿破仑三世。他一心想恢复法国以前在欧洲享有的荣光和威望，也渴望像伟大的拿破仑那样用战争来实现这个野心。

在 1854 年的克里米亚战争中,法国和英国联合起来,取得了对俄国的作战胜利。1859 年,法国又援助了意大利的统一战争,并得到了萨沃依和尼斯城作为报酬。但之后为获得莱茵河西(左)岸靠近法国这边的土地,拿破仑三世却掉进了普鲁士首相奥托·冯·俾斯麦设下的圈套。后者施展出的高超外交手腕不仅孤立了法国,激怒法国人及其皇帝,还燃起了德意志民族炽热的爱国激情。1870 年 7 月,过于低估对手实力的法国政府向普鲁士宣战。但是在这场战争中,普军摧毁了法军的主力,连拿破仑三世本人也沦为了战俘。战败的法国被迫在巴黎订立城下之盟,不仅割让了阿尔萨斯和洛林两省,还要偿付一笔 50 亿法郎的巨额赔款。

1871 年,俾斯麦在路易十四精心打造的凡尔赛宫中最奢华的明镜大厅里,宣布了德意志帝国的诞生,普鲁士君主还取得了德国皇帝这一头衔。这种羞辱是高傲的法国人难以忍受的,他们希望并相信,向德国报仇、收复失地和荣誉的那个时候定会到来。

受此影响,贝当决定投笔从戎。

贝当从圣奥梅尔教会学校毕业后来到南锡,不久便考取了培养步兵军官的巴黎圣西尔军校,那年他 20 岁。

贝当出自朴实的农村家庭,其家族并无军事背景,只有小学教员出身的伯父西里耶[1]曾投笔从戎,但他后来定居俄国,当了法文老师。不过在历史上,贝当的远房曾

◀ 在普法战争后签署的和约中,法国被迫将阿尔萨斯、洛林割让给了德国。战败的屈辱以及失去国土的创痛是如此强烈,以致两国失去了任何和解的可能。从此,收复这两块土地就成了所有法国人的梦想

① 西里耶的儿子维克多于 1921 年在坦波夫州开业行医,这一支系至今还生活在那里。

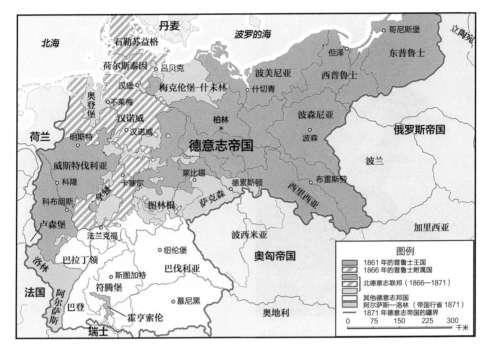

▲ *1871年的德意志帝国版图，阿尔萨斯、洛林亦被囊括其中*

叔祖父弗朗索瓦·约瑟夫·勒菲弗曾官至法兰西元帅。勒菲弗于 1755 年出生在阿尔萨斯，其父约瑟夫是位磨坊主，以前曾参过军，做过骑兵军官。勒菲弗本打算成为一名牧师，但由于对军事有着浓厚的兴趣，遂在 1773 年当了兵，之后便经历了 47 年的漫长戎马生涯。勒菲弗曾率军勇敢地追随拿破仑征战各地。他本人不仅是位很有才华的指挥官、杰出的战术家和纪律严明的执行者，还是位关心下属的好上司，很受手下将士们的尊敬和称颂。

有了勒菲弗事例的鼓舞，贝当从军的信念更加义无反顾。不过贝当从圣西尔毕业时，他的成绩并不算理想，在全年级 386 人中，名列第 229 名。年轻的贝当拥有满头金发、湛蓝的眼珠和宽大的前额。他爱好游泳、骑马和蹬自行车等体育活动。他几乎从来不生病，在练兵场上很难见到比他更健美的军人。不过虽然贝当极为勤勉，身体素质一流，但官运却欠佳。他一开始加入新成立的阿尔卑斯山地兵团，在滨海的维尔弗朗什第 24 营当了 5 年少尉，后又调到步兵单位，当了 7 年中尉。1888 年，他进入法国军队最高学府——战争学院深造，两年后离校时的成绩是"优等"。贝当的教官，后来成为法

▲ 尽管出身卑微，但贝当看上去却像一位贵族

兰西元帅的斐迪南·福煦当时评价他："优秀分子……具有罕见的爽直性格，脑子清醒，思维有条不紊。"走出战争学院后，贝当先是来到了马赛，在第15团任见习参谋，后被调到万森，指挥第29轻骑兵营的一个连。1894年，他在巴黎军事长官的参谋部里服务。等到1899年，贝当好不容易升为亚眠轻骑兵第8营少校营长时，他已经44岁，当了10年上尉了。

贝当之所以升迁缓慢，一方面是由于其农民出身，缺乏军界背景；但另一方面他的思想和态度都深受其农民背景和当时政治环境的影响，似乎对任何政治人物和文职官员都毫无敬畏之意，也从来不注重培养这方面的关系，自然在政界中没有后台。

之前拿破仑三世被普鲁士人俘虏后，巴黎就爆发了起义，再次宣布成立共和国。1875年，法国又通过一项宪法法令，设立了一个由总理领导的部长会议，即内阁。国民议会采取两院制：参议院由间接选举产生，众议院则经全国成年男子普选直接选出。法国还规定共和国总统由国会参众两院议员投票选出而非普通选民选出，但总统只是名义上的国家元首并非真正的执政者。从原则上讲，总统拥有巨大的权力，可事实上却少得可怜，国家大事由总理及其内阁直接对议会负责。总统只有在发生叛乱时才肩负责任，平时他的任何行动都需要得到有关部门的赞同，没有参众两院的事先同意，他也无权对外宣战。

1879年，"马赛曲"成为法国的正式国歌。次年7月14日，攻克巴士底狱的纪念日也被定为国庆节。1889年，巴黎举办了一场国际博览会，其中最壮观的是由古斯塔夫·埃菲尔设计建造的铁塔。为纪念大革命爆发100周年，一面三色旗被插在这座超过300米的铁塔塔尖上，它标志着共和国对革命传统的尊敬和依恋。

不幸的是，共和国的政局始终动荡不安。宪法制造出一个软弱的总统，国政实际上被政党把持，但与英国只有两三个政党的情况大不相同，法国往往有一打左右的党

◀ 正如1806年普鲁士在耶拿战败后学习法国，1870年色当战败后法国也处处模仿普鲁士。当然，法军仍然十分重视过去继承的感情准则，它的骑兵所占比例仍相当大，还违反一般常识继续保持红色军裤，导致在战场上易被发现和击中

派存在，所以总是四分五裂、争吵不休。若想要形成一股力量占据主导地位，往往只能依靠暂时的、变幻莫测的党派联合，这就导致在共和国成立后的40年里，政府更迭和英国比较起来是如此频繁，先后产生过大约60届政府。同时，对上层统治集团卑鄙丑行的揭露，始终困扰着共和国，不断败坏它的声誉，削弱其领导集团的公信力和公众对这一制度的信心。1888年，一个假名叫"威尔逊"的议员被发现秘密高价兜售荣誉勋位，此事连累他的岳父——总统儒勒·格雷维成了众矢之的。在走投无路的情况下，格雷维总统只好辞去职务。但由此产生的困境和反感，使许多法国人，尤其是职业军官，对共和制抱有深深的疑惑和成见。"布朗热事件"就是这种思想状况的最好证明。

乔治·布朗热将军是个打过多次仗、胸前挂满勋章的老兵，天生喜欢出风头。他于1888年就任了陆军部长一职，开始致力于全面改革和加强法国陆军的工作。他清除了狂热的保王党军官，颁布了一项征兵法令，将旧王朝的职业军队转变成以普遍服役为基础，更加全民化且不允许任何豁免的、属于人民的共和国军队。他还努力改变部队的生活条件，比如将驻军的饭盒改为盘子，准许军人留胡子等，并且努力使军事训练和武器装备现代化。这些措施既提高了官兵的士气，也使他在军队中树立了威信。公众很快知道，这位将军正将法国陆军重塑为一支未来可以挑战德国的军队，他们狂热地为他欢呼，称其为"复仇将军"！

▲ 布朗热是个思想浅薄，没有坚定政治信念的人，终究不是块做英雄的料，也没勇气成为殉道者。他张皇失措地潜逃国外两年后，在染上肺结核而死的情妇墓前，因悲伤过度开枪自杀。他在遗书中写道："没有她我活不下去……"有人尖刻地评论他："死去和活着时一样，始终只是个少尉而已。"

利用"威尔逊丑闻"的机会，布朗热将矛头直接指向了法国政坛，几乎就要建立起一个类似于拿破仑一世的独裁政权。他登上国会讲坛，抛出了一个要求修改宪法的激进宣言："几年来，法国饱受物质与精神折磨之苦，不能再这样下去了，否则，所有人将受到伤害。"他接着强调，国民议会不过是个进行无谓争论的舞台，对国家毫无帮助，并劝议员们自行解散，推举一个强有力的执政官作为共和国首脑。布朗热毫不怀疑自己是这个职位唯一可能的候选人，因此他拒绝使用武力，希望像拿破仑三世那样，由人民选举上台。可当政权唾手可得之际，布朗热没有抓住机会。他不是前往总统府独掌权力，而是回家和情妇待在一起。结果一则纯属道听途说的小道消息——官方打算由参议院代行最高法院的职权，以"阴谋推翻共和国"的罪名将布朗热逮捕审判，就让他仓皇潜逃。不久他便被人遗忘，从此销声匿迹。

到了1892年，又爆出一则更惊人的消息：一家法国公司在1878年获得了巴拿马运河的开凿权，但在开工后因资金和技术上遇到的极大困难濒临停业。一些内阁部长、政府官员及大批议员接受了他们的贿赂，以掩盖公司的困境达十年之久，使之进行证券投机，以便发行按期抽签还本的债券。但该公司依然未能挽回颓势，1888年，巴拿马公司及其股东们宣告破产。1891年，司法部长下令调查，真相才得以公诸于世。与丑闻有牵连的埃米尔·卢贝特总统走在街上，被人嗤之以鼻，他们高声起哄："巴拿马一世万岁！"后来在隆尚的赛马场上，众目睽睽之下，卢贝特又被一个青年保王党分子用手杖击伤。后者被捕后，在受审时高呼："军队万岁！对，军队万岁！它是我们的最后荣誉，我们的最后希望，我们的最高保障！"

在那段动荡时期里，贝当始终站在一旁，既不介入也未受影响。贝当不愿与那些官僚和政客来往，更不要说是深交了。还在任中尉时，他曾把手下一位触犯军纪的服预备役的国会议员关了禁闭，要是换作其他人，一定会抓住机会向那位政客大卖交情。

成年的贝当，看上去严肃沉着、十分谨慎，不轻易暴露自己内心的想法，对别人总是怀有戒心，跟好打听的人始终保持一定距离。贝当蔑视官场上的繁文缛节，不喜欢大场面和大人物，甚至可以说有一点害怕和害羞。政客对贝当同样也缺乏好感。随着年龄的增长，贝当越来越固执己见，他同政治家的恶劣关系也一直持续到死为止。

贝当花了大量精力训练部队，提高士兵们的军事素养。在一次第8营山地演习中，他有意露一手，终于引起了上级军官的注意。1900年，对贝当十分赏识的上司把他调到马恩河畔夏龙的射击学校任教。他摒弃原有的"制造火力点，以密集火力射击一点"的理论，提出了炮火分布理念，并得到校长的好评。在后者的推荐下，贝当被任命为驻巴黎拉杜尔·摩堡兵营的第5步兵团营长。6个月后，他又被派到战争学院当教官，讲授步兵战术。贝当的课讲得甚是精彩，学员们反响良好，院长博纳尔将军也给了他热情的赞扬。1903年，贝当调任第104步兵团营长。1907年升为中校时，贝当已是陆军中公认的火力专家。当约瑟夫·莫努里将军出任战争学院院长时，贝当被再次召回，当上了步兵战术教研室主任。

贝当的一生，表现出了惊人的学习能力，而以其年龄来说，这种适应性是很少见的。在那个年代，几乎每个兵种都有闭关自守的趋势，对于其他兵种的任务不仅一无所知，甚至怀有藐视心理。但步兵出身的贝当所具备的火炮使用知识，连许多炮兵专家都自

▲ 法国军队使用的75毫米野战炮是19世纪最精良的火炮，也是20世纪火炮的原型。但他们轻视中型和重型火炮，反而使德国人占有更大优势。1914年，法军仅有大约300门口径在75毫米以上的火炮，德军却有3500门

叹弗如。贝当从不忽视新武器所具有的潜力和威力，除了大炮外，哈乞开斯机枪，甚至连新式勒贝尔步枪，也都受到了他的重视。事实上，贝当本人就是一位杰出的射手。他的思想和理念亦有超越时代之感。通过研究当时南非和远东发生的军事冲突——布尔战争和日俄战争，他发现防御仍具价值。

贝当的结论是：以火力为核心，组织良好的防御能够击败准备不周的攻击。只有当敌方的防御已经遭到决定性的削弱后，才可以发动全面进攻。这种减弱敌方防御的工作不能依赖代价高昂的消耗性步兵冲击，必须使用一种高度集中的炮兵火力，这就求炮兵与步兵之间必须有密切的联络。在当年，这种设想是闻所未闻的。

早在 1884 年，贝当就认为当时法军《步兵操典》中的一个假定——"步兵在面对自位置良好的堑壕中所射出的猛烈火力时仍能前进"，是不正确的。1894 年，他又对新的《步兵操典》命令步兵营组成一波肩并肩的"攻击波"，对炮兵火力支援完全不予重视的思路，予以了批评。两度出任战争学院的教官，使贝当有了一抒己见的场所。其冷静而又合乎常识的思路所具有的说服力，曾使他在某种程度上获得了短暂的成功。1904 年版的法军《步兵操典》就允许步兵在攻击时有"弹性"地疏开队形，并合理运用火力和掩体。在贝当的弟子中间，有一位好学深思的青年军官，名叫夏尔·戴高乐。他对教官的理论简直佩服得五体投地，所以当他毕业后得知贝当又被调去指挥步兵第 33 团时，便主动申请加入老师的麾下服役，任少尉之职。贝当在一项命令中夸奖这位学生："戴高乐从一开始就显示出了非凡的军事才能，这是一位很有希望的军官，他极为聪颖，酷爱自己的职业……值得众人的赞许和钦佩。"

1910 年 12 月 31 日，54 岁的贝当终于晋升为上校，可他的许多军校同学或军队同事此时都已经是将军了。然而更不幸的是，此时法国陆军中大多数的领袖人物正如痴如醉地提倡进攻至上主义。在普法战争惨败后的最初阶段里，虚弱的国力和军力迫使战败的法国把防御作为战略基础。法军总参谋部沿着法德新的边境地区建筑了一系列堡垒，计划扼守这一要塞体系，先把入侵者挡住，经过消耗和削弱后再来个决定性的反击。不过，随着国家的重建和实力的恢复，法国的经济再度繁荣起来，在殖民方面更是颇有建树，创建了一个在面积和人口上仅次于英国的海外帝国。但是民族仇恨依然在法国人，特别是军人心头燃烧。尽管国内政治上纠纷不断，但能把所有法国人全都团结起来的，便是孚日山脉那边的苍翠——阿尔萨斯和洛林。

可惜的是，德国只要还是俾斯麦掌权，法国就很难找到强大的盟友并有机会实施报复。然而，当好大喜功却缺乏经验的德皇威廉二世，解除了不支持他称霸世界幻想

▲ 戴高乐从12岁起就梦想当一名军官。15岁时他曾写过一篇作文，描写的是想象中的法德战争，文中的法军统帅就叫"戴高乐将军"。虽然老师希望他能升入理工学校深造，但他还是选择报考圣西尔军校

▲ 这张宣传画使用了三位女性形象——玛丽亚娜（左）、祖国母亲（中）和不列颠尼娅（右），分别代表协约国的三个主要成员：法国、俄国和英国。其中，玛丽亚娜是自"大革命"以来强调团结、统一的法兰西共和国的象征，巴黎的共和国广场以及法国各市镇厅都安放有她的半身像

的老首相的职务后，法国终于找到机会增加其在欧洲大陆上的盟友。1894 年，法国毫不犹豫地和俄国沙皇结成联盟。1904 年，德国因扩充海军，进行海外扩张而与英国关系恶化，法国则以在商业竞争和殖民地划分上的友好谅解，与英国达成了"亲切的协约"。法国还用同样的方式，排解了英国和俄国的分歧，使二者联合起来。意大利虽是德国的同盟，却也和法国达成了秘密谅解。这样一来，奥匈帝国便成为德国最后的重要同盟了。

在这种情况下，越来越多血气方刚的年轻军官对法国年复一年地困处守势，滋长了厌倦情绪，跃跃欲试地开始提出疑问。他们认为防御违背了法兰西的传统精神，进攻才是最适合法国国民的气质。这种说法最早源于一位在普法战争中阵亡的上校阿尔当·迪皮克，他所著的《战斗之研究》在其死后得到出版。即使面对工业化与现代火力，迪皮克依然断言：人仍然是战斗中起决定性作用的力量。他曾仔细研究了哪些因素能

使人积极作战，并写过一篇相当好的关于作战心理学方面的论文。但令人遗憾的是，他认为在战争中精神因素压倒物质因素，即思想可以征服物质。因此，他认为胜败完全是思想状态的产物，而非取决于物质力量，赢得战争胜利靠的是参战个人的勇猛。

后来斐迪南·福煦在战争学院的授课中对这些观点进行了宣扬与补充。他也强调心理方面的特殊重要性，说战争是一幕充满恐怖的戏剧，胜负将由精神因素来决定。战斗的目的不是摧毁敌军的物质，而是打击其士气。哪一方有较大的勇气，不向任何失败的观念屈服，就能击败决心较差的敌人："一场胜仗就是一次决不服输的战斗"，"胜利即意志"。他还指出，只有进攻战才能在战争中奏效，因为进攻者享有精神上的优势，集中兵力加上高速运动就是通向胜利的主要途径。动摇敌人意志的最理想战略是机动作战，因为这种作战模式既能达到突然性，又能瓦解敌方士气。

不过福煦也提出警告，认为那种光凭士气便能克敌制胜的想法是一种"幼稚的见解"。在他的两本著作《战争原理》和《作战指导》中，他细述了前卫部队布置、安全措施或警戒部署、火力诸要素、服从与纪律的必要性等。但福煦错误估计了自动武器的作用，甚至辩解说火力增强对进攻而不是对防御有利。这种观点加上对精神力量的推崇，导致福煦在法国总参谋部的信徒们得出法国步兵在进攻中是不可抗拒的结论。可惜，他们所掌握的只是福煦军事原理的末节而非基础。

这些人找到了"一位心肠火热，才华出众的军官"——路易·卢瓦佐·德·格朗梅松上校作为代言人，他是总参谋部任第三处（作战处）处长。1911年，他在战争学院做了两次演讲，向听众们指明了法兰西的制胜之道。他所大谈特谈的"冲动"，其精义在于殊死进攻："一经交战，就不容三心二意，必须全力以赴，死拼到底，把人的耐力发挥到极限。"他还说："在攻势中，鲁莽就是最好的保证……我们宁可过度，而绝不要不及……对于攻击只有两件事是必要的，知道敌人在哪里，和决定我们应做什么，至于敌人的意图根本不必加以考虑。"对于1871年法国被迫割地赔款的悲惨回忆，他则灌输以硬性教条，即每一寸国土都必须死守到底，如果领土已经丧失，那就必须立即发动进攻来夺回，不管当时机会是如何不恰当。

那些"无论如何都要进攻"的军人必胜意志影响了1912年出任法军总参谋长的约瑟夫·霞飞将军，随即这个"进攻到底"的学说便被军方高层正式接受了，于是这个思想的"门徒"也构成了霞飞的左右亲信，从而控制了整个法国陆军，并使他们的新学派有了付诸实践的机会。这批人摒弃了原先的防御方针，另起炉灶重新制定了一个全新的进攻方案，即被称为"第17号"的计划，因为它是1871年以来被批准的第

▲ 攻势原则的倡导者福煦。他那些狂热的追随者曲解、滥用了他的理论，片面主张不论任何条件、任何时间，都要不惜任何代价盲目实施攻击

▶ 霞飞大腹便便、一脸慈祥，被亲切地称为"老爹"。但外表掩盖了其坚强的个性，他平静、有耐心，做事有条不紊，而且为人勇敢、坚定，不过他有时也非常固执，思维和决策迟钝，讨厌那些试图改变他想法的企图。他确实不算才华出众，可也不会被吓倒，更不会惊慌失措

17个计划。第17号计划于1913年4月制订完成，未经讨论，也没有征求意见就草草通过了。这项计划以直接的正面进攻为基础，主张集中所有的兵力，全力发起猛烈攻势，重新夺回法国东部被强占的阿尔萨斯和洛林，然后跨过莱茵河攻入德国的心脏地带直到其首都柏林为止。但事实上，与德国相比，法国军队在人数上处于劣势。因此对法军那些高级将领来说，最大的难题就是找到一条能够平衡对手数量优势的取胜之道，而不是盲目地冲上去。

与此同时，法军总参谋部也收到所属第二处（情报处）搜集的许多情报，充分证实了德国人要动用强大兵力经比利时对法国军队实施迂回包围的意图。法国人不得不

重视这一重大威胁，不过他们认为德军在其右翼投入的兵力越大，他们在左翼和中央的兵力就会相应减少，法军也就可以在这一带达成突破。法军副总参谋长诺埃尔·爱德华·德·卡斯特尔诺将军认为，德国必定会在东面投入较多兵力对付俄国人，因此可用于法国战场的军队人数就会相对有限，如果他们再在比利时投入大量兵力，"对我方就越是有利"，法军对德军中央和左翼就会具有优势，可以"把他们拦腰切断"。

法国最伟大的军事家拿破仑·波拿巴认为，求胜的意志是战场上取得成功的根本因素。不言而喻，这点在18—19世纪无疑是正确的。但是到了20世纪，这种思想就与技术不断发展的现实和残酷的实战经验日趋脱节了。可法军将领们却仍把它视为实现胜利的唯一途径，并将之推向了可笑而又可悲的极端。和第17号计划同时通过并颁布的新版《野战条例》，开头便是豪言壮语："法国陆军现已恢复其传统，自今往后除进攻外，不知其他律令。"它宣布："唯有进攻战才能达到积极的战果。利用每一个机会发动进攻乃是可靠的取胜之道。"条例还教导士兵说："军心士气重于一切，一切战争都是军心士气的较量。一旦失去征服敌人的希望，失败便不可避免。胜利并不属于蒙受伤亡最少的一方，而是归于意志最坚强、士气最旺盛的一方。"

条例把防御战踩在脚下不屑一顾，所列的8条军令杀气腾腾："决战""锐意进攻，毫不犹豫""勇猛凶狠、坚忍不拔""摧毁敌方斗志""无情追击，不顾疲劳"……却没有一处述及火力、物资，甚至不包括临时凑合的土木工事和筑垒的规定。它的制定者并不认为敌方火炮和机枪可以产生更大威力，也没有采取措施设法减少可能因此造成的惨重伤亡。接下来的几个月里，法国便在这一计划及条例的基础上改编法国陆军。在1913年的夏季演习中，法军仍是以19世纪早期的队形出现，士兵们手握装备着刺刀的步枪，以密集队形展开进攻，而且没有任何炮兵做射击准备。伴随他们的是鲜艳的军旗和热闹的军乐队。英国人在布尔战争之后便已采用卡其色军服，德国也正把蓝军装改成土灰色，但法国士兵仍然是一身华而不实的花哨穿着——暗蓝色短上衣和猩红色的军帽、裤子，军官还带着白手套，修饰得漂漂亮亮地走在队伍前面。

▲ **20世纪初的法军仍是以几十年前的队形出现在战场上**

到 1914 年 2 月，第 17 号计划已准备就绪。法国陆军从上到下，几乎都受到这种狂热思想的传染，完全沉醉其中。唯有贝当独力反抗这股潮流，还一度受到排挤。第 33 团也参加了 1913 年的那次演习，之后贝当对此进行了批评，给被"精神绝对胜过物质"的狂热理论冲昏了头脑的人们兜头浇了一桶冷水。这当然不为他们所喜，因而贝当的言论被视为异端邪说。所以毫不奇怪，到 1914 年夏天时，贝当依旧还只是一个退休在即的 58 岁老上校。当时，他已经在圣阿穆尔买了一所小屋准备养老，并且宣称退休之后将以务农为本。他喜欢待在花园中消磨难得的闲暇时光，还常到自己的家禽养殖场去，一边休息，一边料理鸡鸭。但谁会想到，就在之后短短 18 个月中，他便迅速从旅长一跃升到了集团军司令的高位。

时来运转

早年，俾斯麦曾预言："巴尔干发生的一些混账事儿，迟早会点燃下一次战火。"德国的同盟奥匈帝国在这一半岛上陷入了一个极不稳定的政治局面。在这一地区，信仰不同宗教的各种族为赢得独立发动了一系列战争，终于从摇摇欲坠的奥斯曼土耳其帝国手中获得了自由。在这些民族里，属于南斯拉夫人的塞尔维亚人建立了塞尔维亚王国。在与之交界的奥地利省份中，或多或少地居住着一些塞尔维亚人，以及大量其他南斯拉夫人。这些人逐渐意识到，与奥地利比邻的塞尔维亚王国事实上和他们是同属一个民族，他们希望有朝一日能够不再受制于人，摆脱奥地利的统治，越过边界和塞尔维亚联合在一起。塞尔维亚也发誓，要将所有南斯拉夫人全都从奥地利人的压迫之下解放出来，建立自己的独立国家。

于是导火线被点燃了。1914 年 6 月 28 日，塞尔维亚激进民族主义者暗杀了奥匈帝国皇储夫妇。最初这似乎只是两国之间的有限冲突，但乱上添乱的是，东斯拉夫人统治的俄国跟巴尔干地区的南斯拉夫人有相同的血缘关系，提出要保护他们的"兄弟"。实际上，它已与塞尔维亚签订了一个针对奥匈帝国的军事协定。同样，奥匈帝国不肯妥协的态度，德国对盟友毫无保留的绝对支持，都将欧洲无可挽回地拖到了战火中去。

在这一连串的事态发展中，法国人起初没怎么注意这场危机的进展。时值夏季，天气酷热，全国各阶层的家庭都期待着假期，多维尔成为巴黎人周末短途旅游的去处，而蔚蓝海岸则成了南部的旅游胜地。同时，人们都在关注一桩桃色丑闻：前任财政部长约瑟夫·卡约的第二任妻子开枪射杀了对她以及她丈夫进行人身攻击的《费加罗报》

报社的编辑。

1914 年初夏，法国举行大选，选出新一届众议院和下一任总理。法国财政部长卡约是奉行对德强硬政策的时任总统雷蒙·普恩加莱阵营的主要对手，一旦他获胜，他将重新评估国策，甚至可能使法国与德国达成和解，因而被政敌指责向德国屈服，还大肆攻击他的私生活。尽管如此，卡约仍然赢得了大选，按理本应出任总理。但由于卡约与第二任妻子亨丽特结婚前的婚外情信件被《费加罗报》披露，卡约夫人竟闯入《费加罗报》办公大楼射杀了该报主编，这迫使他退出政坛。在后来众多有关当年的假设中，有一种可能是：如果卡约夫人没有开枪，那么大战也许就能避免。

法庭对"卡约夫人杀人案"的审讯工作从 7 月初展开，法国报纸主要版面都被这条新闻所垄断。媒体对财界、新闻界、法庭和政府种种不体面的弊端都有新的披露，有关"萨拉热窝行刺事件"的后续报道反而被挤到了最后几版。

7 月 15 日，共和国总统普恩加莱登上"法兰西"号装甲舰，巡航到圣彼得堡，做已被推迟了多次的国事访问。这是他继上年 8 月以来的第二次俄国之行，为的是进一步加强法俄联盟。

法国贵宾于 7 月 20 日抵达喀琅施塔得，在港口受到了沙皇的热烈欢迎和殷勤款待。

法国人于 7 月 23 日下午开始返航，但就在他们开船远离俄国海岸后，奥匈帝国起草了一份条件苛刻的最后通牒发给塞尔维亚。普恩加莱在瑞典靠岸做短暂停留时，得知了这一消息。他深知这必然会导致灾难性的后果，很可能意味着要在战场上同德国人见面。这位出身洛林的总统仍清晰地记得普鲁士兵占领家乡时的残暴情景，因此他在接受了这一事实后，准备与之决一死战。于是他取消了原定对丹麦和挪威的访问，在斯德哥尔摩匆匆拜会了瑞典王后，马上启程回国。

▲ 卡约夫人闯入《费加罗报》办公大楼射杀了该报主编

▲ 在规模盛大的欢迎仪式上，尼古拉二世（右）陪同普恩加莱（左）检阅由俄国水兵组成的仪仗队。金玉其外的美髯掩盖了沙皇优柔寡断的性格，沙皇没有意识到在签署全国总动员令时，也等于签下他的家族和王朝的死亡通知书

  7月28日，奥匈帝国对塞尔维亚宣战。次日，巴黎的陪审团判定卡约夫人"无罪"。之后法国舆论这才苏醒过来，发现自己已临近战争的边缘，全国顿时为一种爱国情怀所主宰。同一天，普恩加莱一行终于回到了法国。他们进入巴黎时，围观的群众反复呼喊着："法兰西万岁！"7月30日，俄国发布了全国总动员令。第二天19点，德国驻巴黎大使来到法国外交部，他带来了最后通牒，提出德国想知道法国意欲采取何种方针的要求，并威胁说："动员就无可避免地意味着战争。"柏林给巴黎18个小时考虑，德国大使声称第二天13点再来听取答复。那天深夜2点，普恩加莱被按捺不住的俄国大使从床上唤醒，后者"非常伤心，非常焦虑"，要求知道"法国作何打算"。

  8月1日上午11点，德国大使迫不及待地提早到达法国外交部，听取法国对上一天所提问题的答复。法国方面回答说："将按它（法国）的利益采取行动。"德国人刚走，俄国大使就奔了进来，带来了德国给俄国下达最后通牒的消息。俄国被命令，"在12小时内停止对奥匈帝国和我们（德国）的每项战争措施"，并"明确地通知我们"。法国内阁最终同意军队进行动员。当天 16 点，第一张动员令的布告出现在巴黎街头。所有的饭店、乐队都高奏着法、俄、英的国歌。在协和广场，一群人把花束放在代表着法国失去土地的斯特拉斯堡雕像脚下。他们高呼："阿尔萨斯万岁！"并拉下了从 1871 年以来一直披在它身上的黑纱。一队队的后备役军人，带着包裹和送别的花束前往火车站。志愿兵扛着写有口号的旗帜和横幅表示决心，其中一条上写着"阿尔萨斯人打回老家去"，这一行为受到了人们的喝彩。

大战已经迫在眉睫，部长们就是否要请出"B 手册"付诸实施，展开了唇枪舌剑。这是一份黑名单，上面罗列的全是法国政府掌握的所谓煽动分子、无政府主义者以及间谍嫌疑分子，这些人都得在动员那天被逮捕。但出于维护国家团结的需要，内阁只批准逮捕了若干有间谍嫌疑的外国人，而没有一个法国人被捕。法国的军事领导人估计，可能会有约 53% 的法国人将拒绝征募。但实际上，拒绝征兵的人数比例仅比 1% 多一点，狂热的战争氛围不断膨胀，人们盼望着报 1870 年之仇。成群结队冲进新兵征募办事处的志愿兵，超过 35 万人。更让人感到惊异的是，和平时期的 3000 名逃兵

自动返回他们的部队，就连"B 手册"上所列的 2501 人中，最后有 80% 的人都志愿参军作战去了。

8 月 1 日 19 点，在圣彼得堡的俄国外交部，德国大使三次要求俄国外交大臣对最后通牒作出答复，在三次都得到否定的回答之后，德国大使便按照指示递交了宣战通知。法国是在 8 月 3 日 6 点 15 分得到开战信号的，那时外交部接到通报说德国大使来访。后者打开手中文件，宣读了里面的内容，声称鉴于法国一连串侵犯边界的"有组织的敌对"行动，以及所谓法国飞机对纽伦堡及卡尔斯鲁厄的铁路实施的空袭，"德意志帝国认为自己已处于与法国交战的状态"。事实上，德国巡逻队早已越境进入法国了。8 月 2 日早晨，贝耳福的

▲ 第一张动员布告出现在巴黎协和广场和王家路的转角，它至今仍被保存在玻璃框里

法国哨兵安德烈·珀若下士，在查问一支由中尉率领的德国巡逻队的口令时，对方向他开了枪。珀若下士被击中后，举起步枪连续射击三次，打死了那个中尉。然后他丢下枪，摇摇晃晃地走了几步，就倒下来死去了。这是"西线"上被杀的第一个法国士兵。

8月4日，德国开始了实际的战争行动。德国军队开进了中立国比利时，以便借道对法国发起攻击。这一侵略行为为英国对德宣战提供了一个很好的借口。同一天在巴黎，在参众两院的联席会议上，政府宣布：由于"外国战争或武装侵略引起的迫近危险"，国家进入"戒严状态"。尽管法国政治家长期以来对军队将领抱怀疑态度，但并没人对此提出质询，没有辩论就通过了在全国实行戒严的法令，从而把法国的命运托付给了将军们。普恩加莱未能亲莅议会，因为法律明文规定总统不参加议会会议，他同两院的交流都由信件沟通，所以由别人代他宣读了演说词。宣读时，全体听众均离座肃立，不断发出欢呼和喝彩。普恩加莱还特意将法国传统的座右铭——"自由、平等、博爱"，改成了"自由、正义、理智"，勉励所有法国人不管政见异同，团结成一个"神圣联盟"，并"在共同的爱国信念中像兄弟般联合起来"。

与此同时，霞飞"镇定自若、信心十足"地向总统辞行，然后奔赴前线。一整天里，人马辎重川流不息，军队走过巴黎的街道时，沿途市民均挥手欢呼。他们满怀信心地期待着一场短暂而胜利的战争。但不久，所有人便发现，自己卷入了一场持久的残酷战争之中，损失的财富和伤亡的人数是前所未有的。从8月中旬开始，德法沿着比利时至阿尔萨斯一线，分别打了四仗，即所谓的"边境之战"。法国第1和第2集团军急于收复他们失去的省份，于8月14日越过边界进入阿尔萨斯—洛林，结果却被赶了回来。法国的第3和第4集团军，奉命于8月22日经由阿登森林前进。法国统帅部深信，德军将避免那里复杂的地形，于是没有进行侦察，也没有做任准备。一份命令说："预料不会有什么严重的对抗行动……"但不幸的是，德军不像法军那样盲目，德国前进部队进行了侦察，并在主力进入森林时布置了哨兵。侦察告诫他们，法军正在迫近。在一次侧翼进攻中，德军攻击了毫无警觉的法军，迫使他们蒙受重大损失后迅速退却。

8月22日—23日，法国第5集团军又在桑布尔河与默兹河交汇处，对已入侵比利时、正转向法国继续前进的德军右翼部队，发动了一场大攻势。经过两天的浴血苦战后，法军再次遭到痛击，被迫撤退。到8月底，"边境之战"宣告结束，初期的战斗表明第17号计划糟糕得很。曾经被法国人殷勤瞩望的强大攻势告吹，法军的伤亡人数共达30余万。战场上尸横遍野，血流成渠。格朗梅松上校也在一次轻率的步兵冲锋中被打死，他那弹痕累累的尸体成了激进进攻的陪葬品。在付出了生命和领土损失的可怕代价后，法军总参谋部终于不得不承认，在现代战争中，防御措施起到了不可或缺的作用。由于格朗梅松的战死及其计划的彻底破产，霞飞希望重新组织部队，并改组指挥部。他毫不犹豫地大量淘汰了那些不称职的将领，使许多能力较佳的人员获得了迅速升迁的机会，贝当就是其中名列前茅的一位。

战争刚爆发时，贝当上校奉命指挥第5集团军的一个旅。挥师支援比利时，贝当初战告捷，占领了迪南，但旋即在德军的打击下被迫陷入了疲惫的后卫战。他一方面率领部属每天做艰苦的强行军——每人负荷25公斤之多；另一方面又进行顽强的防御。其部队的火力有效而密集，给敌友双方都留下了深刻印象。在从国界上撤退的过程中，即8月27日—28日那个晚上，贝当在埃纳省的伊维埃获悉，自己已被任命为准将。由于消息来得如此突然，他借宿民宅中的老太太，只好从她父亲遗留的军服上拆下几颗星来替他补上。

8月23日和26日，德军在蒙斯和勒卡托两度击退了赶来支援法军左翼的英国远征军。为减缓英军压力，霞飞命令同样遭受着巨大压力的第5集团军向西调转90度，攻击德军。8月29日，贝当所部参加了在吉斯的战役。在这次规模虽小却颇有价值

▲ 一战开始时，德国已把传统的蓝军服改成了土灰色（左），可法国士兵（右）仍然穿着显眼的红军帽、红军裤。战前曾有人提议采用蓝灰色或青灰色军装，但立即惹来一阵抗议。"取消红裤子？"一位前任陆军部长大声疾呼："绝对不行！红裤子就是法兰西！"

的迟滞行动中，贝当的部队在火力的使用与机动上表现突出。9月2日，贝当升任第6师师长。该师的士气十分低迷，于是他一边严申纪律，一边表现出优秀的领导才能。在战斗中，当步兵在德军猛烈炮击下匍匐时，贝当亲临火线同他们在一起，而不像其他将领那样躲在远离前线的指挥部里，命令部下拼命送死。到马恩河决战时，这个师的士气已经得到恢复，还扮演了一个重要的角色。其师属炮兵的火力集中而又有效，表现十分出色。

在法国的防务中，巴黎长期以来起着极其重要的战略地位，所有主要铁路线都集中在这一政治文化中心周围。但在法军被迫退却以前，很少有人想到要保卫它。人们一心希望速战速决，对从比利时传来的令人不安的消息置若罔闻。因此当德国人抵达索姆河的消息传来时，巴黎顿时陷入一片恐慌，大批平民抛弃一切，逃出巴黎。法国政府也惶惶不安，但还未陷入惊慌失措的境地，放弃首都的建议遭到拒绝，因为巴黎的陷落将预示着法国的崩溃。陆军部于8月25日命令霞飞派遣"一支至少有3个军的军队……到巴黎的掘壕野营去保证防卫"，可后者拒不执行，坚决主张他需要每一个士兵来阻止德军的前进。稍后他答应派遣军队，但言明只有在巴黎受到直接威胁时才会出兵。实际上，霞飞建议宣布巴黎为不设防城市，倘若德军兵临城下则不同其斗争直接投降。

到了8月31日，法国政府又计划迁往波尔多，让首都处于军事区域，归霞飞指挥。但霞飞对于向他提出的需要更多部队的迫切要求，也只是回答："德军不是几天时间到得了巴黎的。"法军最高指挥部已经意识到了危险，但霞飞并未惊慌，仍沉着地准备实施反击。第1、第2集团军将不惜一切代价依托原有堡垒线实施坚守，第3、第4、第5集团军以及英国远征军将继续向西南撤退，一直退到马恩河为止。同时霞飞抽调部队组建了两个新集团军：第6集团军在巴黎城内和周围集结，准备向德军右翼发起进攻；第9集团军将位于第4、第5集团军之间，实施支援并准备反攻。两支部队分别由贝当过去的两位恩师——莫努里和福煦负责指挥。与此同时，德国人除了错上加错以外，几乎无所作为。

本来德军的战略，是故意削弱左翼，引诱法军右翼从筑垒的堑壕中出击，使其受到绕着轴线旋转过来的德军右翼从背后发起的攻击。但德军左翼将领高估了他们取得的胜利，在雄心勃勃且劲头十足的乐观主义迷惑下，极力劝说总参谋部加强自己的队伍以便发起进攻。这一违反原计划的改变，却使法国士兵安全地守在他们的地下据点里。此外，德军还抽调了两个军到东线去对付俄国人。当德军于9月2日进抵马恩河畔开始渡河时，兵力已不足以从北面、西面和南面迂回包围巴黎，也无法转向东进从后方打击集结在德法边境上的法军。于是，德军采取较短的路线，改道径直向巴黎城东进发。一位法军飞行员在9月3日报告说，德军纵队正在改变他们的进军路线。第二天清晨，空中侦察和骑兵侦察都证实，德国人的确修改了他们从正面攻击巴黎的计划，已经转向首都东南郊。

对地图的简短研究显示，德军的新路线为法军提供了一个侧翼攻击的大好机会。9月4日，霞飞下达反攻命令，各集团军指挥官"将在马恩河进行战斗"。9月3日正午，当德军右翼抵达巴黎东面，可以望见埃菲尔铁塔时，他们的右后方侧翼受到了莫努里的袭击。双方打了一场前者没有预料到的遭遇战。这一战触发了关乎法国命运的马恩河战役。当德军掉头全神贯注于击退莫努里的兵力时，英军和法国第5集团军迅速于9月6日停止撤退并转入进攻。尽管法军的行动不够及时，但大有使德国人陷于孤立并被包围歼灭的危险。在9月8日这至为关键的一天，被派来调查情况的德军总参谋部代表意识到灾难正在降临，于是慌忙以上级的名义，命令部队撤往埃纳河。就这样，巴黎逃过一劫，法国坚守了下来。

现在轮到德军的进攻处处受挫了。他们的左翼和中央各集团军的情况也很糟糕，无法援助右翼在马恩河畔陷于苦战的战友。从法国东部各堡垒发射的密集炮火，准确而致命地扫射着每一次潮涌进攻的德军，使他们的尸体堆积如山。与此同时，德军中央也在圣贡德沼泽地带遭遇了福煦所部的猛攻。德国人曾实施大规模白刃战将法军一部击溃，但福煦立即加强进攻力度予以打击。据传，他向霞飞发出过一份传奇式的电报："我的侧翼被迂回了，我的中央正在撤退，但形势极好，我要进攻！"

尽管"马恩河奇迹"具有决定性意义，但并不意味着战争已近结束。德军遭遇了挫折，可程度并不大，士气依然良好，退却也显得井井有条。他们一渡过埃纳河，就立即挖掘战壕、转入防守，并挡住了追击的法军及英国远征军的一切进攻。不久，大家就都清楚，双方没有一方能推倒另一方。没有人再想退却，于是就形成了相持不下的僵局，法国和英国军队也只得采取同样的防守势态。这种意想不到的变化对交战双方来说都是新鲜的，因为他们的训练和装备都旨在打一场迅速的运动战而非阵地战，不过他们还是很快就都适应了新的形势。士兵们到附近的村庄和农场搜集可用的挖掘工具。最初只不过是匆忙在地上挖可提供掩蔽的浅坑，以防敌人的观察和炮火。不久战壕就越挖越深，然后还用木头支撑起来，在壕沟墙上开出射击孔，并在上面和外围分别设置伪装和带刺铁丝网。堑壕战就这样开始了。

此时，两军的主力都集中在巴黎以北的法国东部，但在这片阵地到英吉利海峡之间，双方几乎没有投入任何兵力。于是，法德两军都放弃了正面攻击，将部队调往各自防线的北端，企图迂回包围对手的侧翼。可每当一方实施这种调动时，却发现对方也在进行同样的行动。从9月末到11月间，"这种对称运动的结果，"福煦对此评论道，"北翼越来越加速向北海前进。这样下去，大海标志着运动的终点，尽管大海从未成为运动的目标。"双方一路上又挖掘了新的战壕，因此形成了呈锯齿状的连续数百公里的固定战线：从比利时海岸城市纽波特向南延伸到努瓦荣，再折向东经兰斯和南锡，然后转向东直到瑞士北部边界。运动战暂时结束了，随着疲惫不堪的幸存者爬回战壕下的狭小掩体内，整个西部战线进入到相持阶段，阵地战的时代拉开了大幕。

这一时期，贝当因在马恩河战役中的出色表现，于9月14日晋升为少将。17天内，从2颗星增加到3颗星，这样的提升速度在法国军史上是非常罕见的。第二天，他的副官把原属于另一位将军的将军帽戴在了贝当的头上。10月2日，新的升迁接踵而来——贝当被任命为军长，接管了第33军的指挥权。

▲ 霞飞（左）和福煦（右）在很大程度上要为战争初期降临在法军头上近乎灾难性的失败负责，但同时在马恩河畔的胜利也应归功于他们

▲ 阵地战代替了运动战之后，触目的红长裤终于从法国军队中消失了，困守在战壕里法国士兵领到了天蓝色的新军装和防护钢盔

当时的法国士兵满身泥泞、遍体虱子，饱受雨淋、寒冷的折磨，吃着微微有些热气的食物，这种消耗战和阵地战使他们灰心丧气。在后方的人们则努力改善士兵们的处境。法国政府鼓励生产奇缺的重炮，触目的红长裤也从军中消失了，法国士兵领到了天蓝色的新制服和钢盔。在堑壕内度过的第一个冬天里，贝当又一次表现出他对部队生活条件改善的特别关心，尽管他对纪律丝毫也未放松。贝当待在基层的时间很长，深知一般士兵生活所需以及伤兵的痛苦，于是他努力安排特别假，并组织伤兵医院。有一回，有位营长在口粮送到时，接到了备战的命令，于是他下令部队空着肚子立即出发。贝当知道此事后不禁大怒："这个人简直不配当下士！"更重要的是，他停止了那种牺牲颇重却徒劳无功的小型突击。当时还有许多指挥官仍然受到格朗梅松的影响，为了尺寸土地的得失一再发动这种莫名其妙、于事无补的攻击。

战争已经变成了消耗战，因为俄国有广阔的地域和巨大的人力资源，所以德军统帅部决定在 1915 年把大部分军力调往俄国前线作战，而在西欧保持防御态势不再向前推进，只为守住他们在上年夺取的法国东北部领土，其面积接近法国疆域的 10%。这里不仅囊括了法国工业生产的关键地区，还拥有 80% 的煤炭和几乎全部的铁矿资源。法国和英国则决定发动攻势，以收复失地并减轻俄国人所面临的压力。霞飞仍受进攻学派作战思想的影响，他的战略计划是：英军和部分法军在北方的阿图瓦、法军主力单独在巴黎东北方的香槟，同时对德国人采取钳形动作。英法两军的进攻分为三个阶段：第一阶段，从年初到早春（2—3 月）；第二阶段，夏初（5—6 月）；第三个阶段，秋季（9—11 月）。尽管每次交战长达数个星期，但英法两军收效甚微，甚至付出了巨大的伤亡。然而，除了霞飞宣布了一个长久的防御时期到来之外，别无其他结果。

1915 年 5 月 9 日，贝当率部参加了在阿图瓦发动的攻势。这时他已经发展出了他毕生信仰的火力论："攻势是前进的火力，守势是停止的火力。"他又说道："炮兵征服，步兵占领。"据说在战役发起前，他对每一门火炮都曾亲自检视。在一次向一个被击溃的团队训话时，他这样说："你们进攻时高唱着《马赛曲》，那真是伟大。但下回你们可以不用再唱了，因为那时将会有足够的火炮来保证你们的攻击成功！"在阿图瓦，炮兵做了射击准备后，贝当的部队在短时间内从正面突破了德军防线，但他两翼的友军却进攻受挫而且损失惨重，因此贝当不能适时获得增援以扩大战果。尽管他知道攻击已经失败，但在霞飞的严令下，法军仍然咬住德军不松口，结果白白损失了 10 万多人。

6 月 21 日，贝当升任第 2 集团军司令，正好赶上了霞飞准备在秋季于香槟地区发动的新攻势。贝当对他的计划感到不太乐观，他指出：从 5 月起，德军已在前线后方构筑了第二道防线，其打击距离超出了大多数法军火炮的射程，纵使突破第一道防线也无法成功。因此，他建议采取一种有系统的逐步前进方案，以求节约人力，但却被霞飞拒绝，后者仍希望能一举使敌军崩溃。结果不出贝当所料，炮轰之后，进攻者付出了巨大牺牲才夺取了德军的第一道防线，但在敌人的第二道防线前，沿着纵横交错的"交通壕"赶来增援的德国生力军又将他们击退。法军遭受了惨重的损失，终于被迫停止前进。他们死伤了 24 万余人，却只占领了一块坟场而已，德军方面只损失了 14 万人。甚至贝当本人也在此经历了一场他人生中少有的失败。他的严密炮火准备时间太长，以致牺牲了重要的奇袭因素。但至少他比大多数指挥官高明，知道在何时应该停止，不至于为了尝试补救，进一步付出更高昂的成本。

基于这些失败的教训，贝当向上级提交出了一份备忘录，这份备忘录足以表现出他的远见。他指出："现有的战争已经采取消耗战的形式，不再有过去的所谓'决定性会战'。成功将属于剩下最后一人的一方。"根据这种观念，贝当认为必须尽量保存人力，以便等到德国人做出最后的努力之后再决胜负，这也成了他以后所秉持的原则。到 1915 年底，虽然在军界以外还是鲜为人知，但贝当已经是军中获得广泛尊重的集团军司令了。甚至连一向自命不凡的英国远征军司令道格拉斯·黑格也在其日记中称："我发现他学识过人，做事认真且有条不紊。尤其是最后一点，在法国人中非常少见。"虽然有人觉得贝当过分小心了，但事实上他不仅冷静谨慎，而且真正会珍惜部下。他说话算数，部队对他也就产生了信心，知道他如果要发动一次攻击，那一定是有某种理由，绝不会像其他那些雄心勃勃的将军们一样，会为了攻占一小段堑壕而让手下做无意义的牺牲。也许是命运的捉弄，这位最富人情味的将军却将奉命指挥整个战争中最残酷的一次战役。

临危受命

堑壕战带来的伤亡逐日增加，而杀伤性巨大的战斗却从未起过决定性作用。秋季攻势失败后，霞飞再度计划于 1916 年在索姆河上大举进攻，时间可能是 7 月。贝当不赞同这一计划，他指出由于英法联军在重炮方面的不足，不可能突破敌方几道防线。虽然他自己也是消耗战的信徒，但却与霞飞的想法截然不同，后者认为凭着英法两军的数量优势，最终将击败德国人。贝当则认为不应用人命来对抗钢铁，消耗应用炮火达成，而不是没有保护的步兵的血肉之躯。他的办法是，使用一系列有严密计划和明确目标的节约兵力的攻势来消耗敌人，等他们精疲力竭之后才发出最后一击。与此同时，德国人也在计划发动大规模进攻以打破僵局，并且先霞飞一步采取了行动。

1915 年即将结束时，德国有理由指望在未来的一年里赢得胜利：俄国沙皇遭到了使其政权再也无法复原的打击后晕头转向，塞尔维亚则被德国与奥匈帝国一起压倒了。法国和英国急需新的盟友补充损失，于是利诱意大利入伙。意大利在加入据其判断最有可能取胜的阵营之前，已在一旁守候多时了。双方进行了无数次讨价还价后，意大利仅做到先对奥匈帝国宣战，而暂不对德国宣战。事实上，意大利人背弃同盟国的事业并未使协约国的力量得到加强，也没有对战争进程产生具有决定性意义的影响，只是在其与奥匈帝国接壤的边境上制造出了另一个僵局而已。现在，由于俄国陷入内战，德国可以把将近 50 万人的军队调往西线，放手来对付英国和法国了。

德军总参谋部于 1915 年圣诞节前夜，起草了一份备忘录提交德皇，上面准备了德国在军事上可供选择的方案。英法联军在西线的兵力优势仍很明显，并且有扩大的趋势。两国依靠从其殖民地和自治领抽调的军队增加了实力，德国却没有这样的资源可以利用。鉴于无法直接攻击英国给予伤害，另一个解决办法就是集中兵力打击它的盟友法国，它"在军事上的努力差不多已经到了尽头。如果能使它的人民清楚地懂得，就军事意义而论，他们已经再没有什么可以指望的了，破裂点就会到来，英国手中最好的武器就会被打落"。只要法国屈服了，英国自然也就会绝望，才有与德国进行和谈，结束战争的可能。

德国人并不认为大规模突破是必要的，因此对占领法国大片领土不怎么感兴趣，他们的想法是通过消耗战的方式，慢慢"使法国把血流尽"。为此德国设计了一个圈套，打算选择一个在情感上被法国人奉为神圣的地区实施进攻，"为了保护这一地区，法国将不得不投入每一个人"。凡尔登是最符合需要的那个地方。这个约有 1.4 万人口的省属城镇，被南北流向的默兹河一分为二。自 1871 年法德边界向西移动后，该地已成为巴黎的西北入口。法国在此修筑了抵御德国再次入侵的第一道防线，围绕城中心有三圈共 60 个钢筋水泥堡垒，仿佛一个个配置着重炮和机枪的迷宫。各个发射点可以相互支援，构成以这个古老城镇为核心的环形防御体系。如果遭到大规模进攻，法国肯定会竭尽全力顽强抵抗。

这个战役的行动代号是"处决地计划"，预定于 1916 年 2 月 21 日执行。德国为这个庞大的攻势做了大量准备。德国人先是把大炮从俄国、巴尔干半岛和克虏伯工厂等地集中起来，使 1200 多门大炮排列在不到 12 公里长的战线上！在这些大炮中，有650 尊大口径攻城炮。增援部队则从德国久经沙场的军队中抽调，部署在阿尔贡、香槟和洛林中间或周围。围绕凡尔登所进行的精心准备并非没有引起法国的注意，但法国情报军官提供的攻势已在眼前的警讯，被全神贯注于索姆河战役的霞飞所忽视。法军统帅部不去支持凡尔登，使它成为最坚强的要塞，反而撤除了它的大部分防御措施！

霞飞注意到了开战以来大口径火炮所展示出的惊人破坏力，以致对堡垒的军事价值失去了信心，认为它们毫无用处。遵照他的指示，很多大炮被从凡尔登的炮台上拆下，用于其他地方。凡尔登的守军兵力也大为削弱，有些堡垒甚至直接被放弃，准备实行爆破拆除。新的防御基本依托默兹河两岸的复杂地形，并借助不规则的野战堑壕、土木掩体和地下掩蔽部。

1915 年底，由国会议员和军事分析家埃米尔·德里昂所写的一份报告，被送到了巴黎陆军部，其中强调，凡尔登迫切需要更多的火炮、人力和补给，包括带刺铁丝网。一战爆发后，已经 60 多岁的德里昂回归军队，但由于年纪的缘故，只获得了中校的

▲ *1916年，凡尔登的历史是用鲜血写成的。它的重要性源自其地理位置：它是连接莱茵河、法国中部河、巴黎的枢纽。在西欧大陆历史上，每个穷兵黩武的骑士、诸侯、君主和民族国家，总会不约而同地来到这个兵家必争之地*

▶ *由于德里昂是布朗热的侍从武官和女婿，这层关系给他带来了麻烦，使他成为法国军界怀疑的对象，以致到50岁时还只是个少校，毫无提升的希望。于是他离开军队转入政界并开始写作，之后，他被选为国会议员，还写了几本畅销书*

职务,恰巧就在凡尔登服役。他指挥着两个步兵营,阵地位置在一块名叫"波依斯—德—卡斯"的林地附近,对面就是德军。直觉告诉他德国人迟早会进攻,而自己的阵地根本没有准备好。

德里昂此时还保留着议员的职位,便给国民议会议长写信,并引起了对方的注意。由于对凡尔登是否不可战胜的预测与霞飞的估计有冲突,政府组织了一个委员会去凡尔登实地考察,进行现场调研。他们认同了德里昂的警告,于是将信和报告转给霞飞,要求他做出回答。霞飞以罕见的愤怒斥责说:"我统帅下的军人,越级把有关执行我命令的怨言或抗议送到政府面前……蓄意深切地扰乱陆军的纪律精神……"可能是考虑到德里昂有许多政治关系,霞飞才没有用撤职送上军事法庭的办法来对付他。

1916 年 2 月 21 日清晨 7 点 15 分,德国人沿着凡尔登以北长达 13 公里的前线,集中了所有的大炮突然向默兹河东(右)岸的法军阵地发动了猛烈轰击。隐蔽的德军炮群以每小时 10 万发的速度,将 200 多万发炮弹射向方圆只有 31 平方公里的狭窄三角地中。一名法国守军说,德军的炮火像是"一场风暴,一场狂风,一场不断增加的暴风雨,它不下别的什么,只是下泥土、石头"。密密麻麻、不断落下的炮弹夷平了法军的前沿堑壕,炸毁了碉堡,并把森林炸成了碎片。之后,德国搜索部队在黑暗里匍匐前进,以试探法军的抵抗力。只要看到幸存的法国士兵把头探出地面,他们便会指引炮火轰击有法国人出现的地方。

在保卫凡尔登的最初时刻,德里昂英勇殉职了。在波依斯—德—卡斯,德国人第一天向这个宽 457 米、长 914 米的地方发射了 38 万发炮弹。德里昂损失了许多士兵,大部分掩体都被炸光了。但当德军前进时,他指挥残存的 800 名守军架起机枪猛烈开火。他们在两天的时间里打死了 4000 名敌人,挡住了对手的进攻势头。当侧翼出现了迂回的敌军,弹药也快要用光时,德里昂才放弃阵地。他冷静地焚烧了文件,之后命令部队撤退,但在途中不幸中弹身亡。根据随从人员的说法,子弹击中了德里昂的前额。法军官兵们表现出了令人难以置信的不屈精神,坚决不投降或者后撤,以未曾预料到的顽强精神守住了阵地,并尽可能地发动反攻,企图夺回失地,却陷入德军专门设计的屠杀陷阱,直至战死。

2 月 25 日,凡尔登附近 12 个主要法军堡垒中最大的两个之一、被认为是凡尔登防御体系关键点的杜奥蒙炮台意外落入德军之手。它始建于 1885 年,足有 400 米长,墙体有 2.4 米厚,用水泥加固的防护壳覆盖着,可以说当时世界上最重型的大炮也不能将其摧毁。其周围环绕着 27 米宽的带刺铁丝网和 8 米宽、7 米深有陡斜坡的干壕河,那里布置有机枪点。但在这座巨大的炮台上，大部分火炮都已根据霞飞的命令拆下运走了。守军也减少到400人，在经受过12万发德国炮弹的连续重击后，多数已经溃散。最后堡垒里只剩下60人，全都躲进地下室以逃避上面不断射来的猛烈炮火。

德军的一支9人巡逻队，在硝烟弥漫的风雨天气里，跋涉到几乎无人把守、被放弃了的杜奥蒙堡垒外。他们没有遇到抵抗，就通过放下来的吊桥，进入了堡垒内部。后续部队也迅速跟进，在坑道里搜索。最后，德军未发一弹就占领了它，并俘虏了躲在地下室里的法国守军。德国报纸用夸张的词汇向全世界宣扬，他们"靠强攻"攻占了杜奥蒙，但实际上却是几个士兵挥舞着手中的枪就完成了任务。

虽然形势到了紧要关头，但霞飞仍保持每天至少要吃两顿美餐、一到22点就休息的习惯。很少有将军敢打扰他晚上入睡，即使传送德国人发动凡尔登战役消息的信使卡斯特尔诺也被简短地告知，总司令已经就寝不能被打搅。卡斯特尔诺对这种越来越深的危机感到吃惊，直接越过提醒他的副官，敲响房门告诉霞飞正在恶化的战局。

从梦中醒来的霞飞神情冷漠地听完报告，表示同意调遣贝当及其指挥的第2集团军救援凡尔登东部，然后就回房继续睡觉。卡斯特尔诺则驱车亲自前往凡尔登，整顿混乱的秩序，暗中清点损失。此时，第2集团军经过上年艰苦的夏秋两季战役后，正在诺曼底休整。可当调令用电报发到贝当设在诺阿耶的司令部时，他却并不在那里，离开时也没有告诉任何人自己的去向。只有一位侍从副官知道他的长官突然"失踪"的隐情，在一个秘密的香巢中找到他，并把他从女人的怀抱里拖了出来。

▲ 战前从空中拍摄到的杜奥蒙炮台。用贝当的话来说，它是"整个凡尔登防御系统的希望"。但战斗刚开始，这座堡垒就迅速失陷了，这沉重地打击了法军的士气

▲ 战后再次拍摄的杜奥蒙炮台。长达8个月的炮轰和战斗，已使它成为一座人间地狱，变得像月球表面那样荒凉凄惨

出现在战场上的贝当可谓老当益壮、精力过人。有人说他仿佛是博物馆中一尊古罗马元老的大理石雕塑,其风度令人一见难忘,至少对女人而言的确如此。那时,贝当还是个单身汉,轻浮多情,非常风流。即使年逾古稀,他也很少没有一个情人,其风流韵事常为人津津乐道。他青年时期也曾想过结婚。在阿图瓦,他曾向一个比自己大9岁的女子塞利娜·布拉萨尔求爱,却遭到了拒绝。在贝桑松,他先是同一位公路分公司经理的女儿昂热丽娜·纪尧姆。1888年,贝当又同一位富商的女儿玛丽·路易斯交好,但由于她父亲雷加先生要求他辞去军职才能继承家业,贝当便中途放弃了。到1900年,贝当又同后来成为女诗人的露西·德拉律结识,可她嫌贝当年龄太大,两人便分手了。

最后在1901年,贝当和在儒连学院读书的24岁的阿尔方齐娜·欧仁妮·贝尔特·阿尔东有过一段短暂的来往。1903年2月19日,欧仁妮在巴黎同一位住院实习医生弗朗索瓦·德埃兰结婚了。后者是个美男子,他不久就放弃了医务工作,重操画家的旧业。他俩在1906年生下了一个儿子,名叫皮埃尔。但是在1913年,贝当重新接触了欧仁妮。这样,她与丈夫的感情便出现了裂痕,于是在1914年正式宣布离婚。此后的两年里,欧仁妮成了贝当没有正式结婚的事实上的妻子。

贝当调令下发当晚,那位副官连夜驱车奔向巴黎。到达时已是次日凌晨3点,整个首都都沉浸在睡梦中。他让汽车驶往北火车站旅馆,叫醒夜班经理。但后者并不承认将军就在此地,副官便开始在旅馆的顶上几层寻找。结果证明他是对的,在一间客房门外,他发现了贝当的黄色军靴,旁边还有一双秀丽的女式拖鞋。敲门后,来开门的正是穿着睡衣的贝当。副官说明来意后,把要求在早上8点去见霞飞的电报拿给他。这时,屋子里传出了欧仁妮的哭泣声。贝当冷静地让副官先找个房间休息,早上7点再在旅馆大厅碰面,一起去见霞飞。

贝当同高深莫测的总司令进行了一次正式会晤。霞飞在政府的政治压迫下,不准贝当在凡尔登后退一步,"在目前情况下,下令退却的任何指挥官将受到军事法庭的审判"。接着,贝当一行在寒冷的冬天赶路,抵达凡尔登时已是午夜,他似乎还患上了重感冒。卡斯特尔诺向他简单介绍了情况,同时宣布了一项决定:贝当全权指挥默兹河东岸的作战,同时负责整个凡尔登战区。然后卡斯特尔诺从自己的笔记本上撕下一页纸,写下一道德国人殷切期盼的命令:实施反击,夺回"失去的每一寸土地";如果没有机会进攻,就必须不惜一切代价死守阵地。贝当面有难色,表示尚未进入状态。假使按照他的原则,则可能采取一种退却战的方式,一面减少己方的损失,一面使进攻者付出最大代价。甚至贝当甘冒放弃保卫凡尔登的风险，而不顾其在法国人心中的精神价值。但卡斯特尔诺不为所动，仍坚持原令，然后就离开了。

贝当靠在椅子上睡了几个小时，由于房间里没有暖气，醒来时他发现自己正在发烧。医生匆忙检查后，宣布他得了肺炎。当时还没有发明抗生素，贝当或将有生命危险，而他已经60岁了，完全有足够的理由宣布自己无法继续完成任务。但他命令左右严格保守患病的秘密，法国人民对从凡尔登传来的败讯感到非常沮丧，如果再知道贝当生病，恐怕将给他们带来极大的精神冲击。在这个关键时刻，虽然还发着高烧，虚弱得连走路都感到困难，但他依然坚持躺在病床上指挥部队，这在后来被传为一时美谈。贝当将手下的人员组织起来，作为自己的"眼睛""耳朵"和"声音"，这样他就不必离开病房，便能够把战斗的线索全都掌握在手中，并以其战术技巧和决定赋予防御以新的生命。贝当逐步认清了，至少在战术上情况并不像从第一眼看到的那样危急，最重要的堡垒也只丧失了一个杜奥蒙。"在2月25日那一天，凡尔登还留在我们手里，可以算是一个真正的成功。若能再坚持两三天，凡尔登就安全了。不过我们的正面已经受到强烈冲击，几乎随时都有崩溃的危险。"

贝当认为凡尔登最大的弱点在于补给线薄弱，若没有补给，保卫凡尔登是不可能的。凡尔登位于一个"死胡同"中，是个凸入德国防线内的突出部，三面为德军火力所包围，从后方输送给养弹药的唯一通道，只有西南一条与巴勒杜克之间的64公里长的小公路。这条路在1915年被加宽，但也仅够两辆大卡车并排行驶。它旁边还有一条单向窄轨铁路，为和平时期的守军运输补给，但现在远远不够。贝当的参谋们从全法国寻找能用的大卡车，开始只能找到700辆，最后找到3500辆。所有车辆都要不分昼

▲ 在这座战后修建的纪念碑上，法文"VOIE SACREE"意为"神圣之路"。在凡尔登战役的某些阶段，法国军队中几乎有四分之三的士兵就是沿着这条路奔赴前线的

夜地运行，每 24 小时就有 6000 辆卡车可以通过这条道路，源源不断地将增援部队和军火物资送到前线，卸下人货后再装满伤兵原路返回。

凡尔登是第一个几乎完全依赖卡车运输补给的大规模战役，而这条著名的小公路在历史上也就被誉为"神圣之路"。先后有 50 多万部队沿着这条"神圣之路"被运往前线。这该归功于贝当在后勤工作上的革新。无论何时，都有 1.5 万人负责维护这条路，使之始终保持畅通无阻。公路旁还开辟了采石场，成群的士兵和民工一起工作，用镐和锹修缮、拓宽路面。德军本可用远程炮火使这条异常拥堵、临近极限的道路陷入混乱，但他们并没有利用这个机会。因为如果不让法军运送士兵和武器进入凡尔登，"使法国把血流尽"的战略就不能实现了。

与此同时，贝当重组了凡尔登的防御力量。他把前线分成若干防区，以分配重炮、枪弹和其他补给。他告诉手下的指挥官尽量保存实力，因为反攻之期尚早。他实施了一种叫"恐慌线"的制度，即一旦德军突破防线，法军士兵可以后撤足够距离，以便组织起有效的抵抗。目前最重要的事情，就是利用炮兵的火力来阻滞和消耗进攻的敌人。为了最大限度地摧毁敌军，法国大炮的位置被重新设定，火力也进行了调整。贝当要求部下每天做的第一件事，就是决定炮兵应该做什么。除此之外，一切都可以缓办。贝当注意到德军只在默兹河的东岸进攻，便嘲讽说："（那些绅士们）并不知道他们的任务是什么。"

很快，贝当安排在默兹河西岸、得到大量增援的法军炮兵开始起到作用。一个法国炮手无意中击中了一座存有 45 万颗大口径炮弹的德国弹药库，引起了这次大战中最大的一次爆炸。这批法军并不知道的弹药，被隐藏在斯潘库尔森林里，但不小心装上了引信。德军重炮经此变故马上出现弹药短缺的现象，不久就被法军远程炮兵有步骤地摧毁了。法国军事分析和历史学家断定，在最后击败入侵者的战斗中，这件事情和"神圣之路"起到了决定性的作用。

2 月 27 日，德军激战一天竟毫无进展，这种状况在开战以来还是首次出现。次日，他们第一轮进攻高潮平息下来。法军士兵立即意识到了战场局势的变化，士气迅速高涨。

根据德国人的记载，他们陷入默兹河对岸高地上法军火炮阵地的凶猛交叉射击，造成了严重损失，不得不向西延长战线。经过几天短暂的平静后，德军于 3 月 5 日向默兹河的西岸重新发起进攻。为了阻止法军的火力杀伤，德国人极勉强地改变了用德国的钢铁跟法国的士兵相斗的原计划，不仅像过去一样用大炮猛轰，也发动步兵进攻，而且变得不顾代价，希望能占领那里的重要制高点。贝当自然欢迎这一战术上的失策，因为那条防线已由最新开到并获得充足补给的部队防守。

　　德军的主攻目标先是定在被称为"勒—莫特—奥姆"的陡岸周围，之后他们将攻击正面拓宽到 304 高地。在接下来的两个月里，这两个地名可谓家喻户晓。争夺西岸控制权的拉锯式血战，就是围绕这两座小山为中心展开的，它们不断被进攻、反攻，被占领，又被夺回。双方相持不下，可谓寸土不让，都付出了可怕的代价。战场转眼间变为一个巨大的屠宰场，密集的高爆炮弹把人和装备像谷壳似的掷飞到空中。地面呈现出月球表面的形状，密密麻麻布满了弹坑。有些弹坑非常巨大，爆炸的热浪把积雪都融化了，使坑里灌满了水，许多伤兵被淹死在里面。304 高地的山顶被削低了 7.6米。"奥姆"的法文意为"死人丘"，事实证明这一名称实在是再恰当不过了，在那里随处可见人和马的尸体毫无遮挡地暴露在被密集炮火翻腾过的泥土上。

　　随着天气逐渐变暖，尸体腐烂散发出的恶臭味也越发难闻了。长期生活在地狱中的士兵异常苍老，他们眼珠深陷，面目憔悴。贝当深受这种惨况的影响，他在回忆录中这样写道："当我看见那些 20 岁的青年子弟向凡尔登的火海跳下去，内心的痛苦无可形容。"为了防止法军士气进一步低落，他一度说服霞飞采取"轮换制"。也就是说，每当一个单位参加了这场惨烈的战斗，就应该回到后方休整。因此，德军只有少量军队参加了在凡尔登的战斗，而法国陆军则几乎有 75％的士兵都经历过那次考验，其中许多人还曾多次被派往那里。每位战士都是沿着同一条崎岖、狭窄、

▲ 一门口径为230毫米的法国重型榴弹炮正在发射。面对德国在炮兵火力上占有的优势，法国人迅速填补了空白，生产出了多种对野战防御工事非常有用的重型火炮

▲ 在短暂的战斗间隙，法国士兵隐蔽在304高地一带的战壕中小憩。一眼望去，到处都是被炮火掀翻的焦土，堑壕几乎已无法辨认

拥挤但却至关重要的生命线——"神圣之路"奔向战场的,但也有许多人再也没有能够活着回来。

尽管贝当所部做了顽强的防御,但德军的战线还是缓慢地向西推进。3月底,普恩加莱总统前往凡尔登视察贝当的指挥部。他发现后者眼神呆滞、面有倦色,不免深感忧虑,而更令他震惊的是这位将军的言论。贝当告诉总统说:"我不知道我是否应该放弃凡尔登,但假使我认为此种措施是必要的,我会毫不犹豫地做此考虑。"普恩加莱回答道:"将军,不要去想它,那将在国会中引起重大灾难。"总统在他的专列上设宴款待贝当时,后者建议说,必须实行军事独裁,国家机构的各个齿轮才能协调运转。普恩加莱回答:"可是,你将宪法置于何地?!"总统结束巡视时,贝当埋怨他没有向士兵们说些鼓励的话,对于普恩加莱,贝当刻薄地说:"无人会比总统本人更加深知,法国既无领导也无管理。"

贝当认为,自己之所以能抵御德军对默兹河西岸的冲击,纯属运气。他喜欢防守,不愿进攻,还不停抵抗霞飞让他发动进攻的催促,他宁可让德国人在不断的进攻中遭受重创。到了4月,霞飞已经相当不满贝当的战略,对他失去了耐心。但贝当已是法国公众心目中的英雄了,霞飞无法轻易撤他的职。霞飞的解决办法是于5月1日提升贝当的职位,调他去指挥中央集团军群,而以罗贝尔·尼韦尔来代替他。尼韦尔出生在一个军事家庭,在被任命时也已60岁了。他进过索米尔的骑兵学校,后改学炮兵,成绩优良。大战开始时,尼韦尔的军阶是中校。在马恩河,他的大口径火炮知识有了用武之地。当前面的法国步兵崩溃时,他便命令炮兵穿过被破坏的防线向前推进,对德军进行近距离射击,因而名声大振。

成功击退德军对巴黎的进攻后,尼韦尔像贝当一样,迅速崛起。他跟随霞飞征战一年半,逐渐成为其亲信和进攻学派的忠实信徒。初到凡尔登时,他先是被任命为第3军军长,镇守默兹河东岸。当时德军正集中兵力攻击默兹河西岸,东岸的战况并不激烈。于是,尼韦尔不顾贝当的反对想发动进攻。同他一起来的夏尔·芒让将军,统帅第3军的第5师。49岁的他是个职业战士,似乎专为战争而活。从青年时代起,他就把一生中很多时间消磨在海外殖民地,以"平定"不安分的土著。他藐视生命,从来不关心士兵的伤亡,毫无内疚地命令部队冲向猛烈的机枪火力,因而手下给他起了这样的绰号:"吃人的人""屠夫"。此后,这两人的命运就纠缠在了一起。

接过凡尔登战区的指挥权不久后,尼韦尔这位炮兵专家就中止了贝当的部队轮换制,开始重新灌输坚决进攻的理论,着手反攻以使德国人停止前进。5月22日,芒让信心十足地发动了对杜奥蒙的攻击，企图重新夺回堡垒，以使自己实现一份耀眼的荣耀，但终以失败告终。6月初，德国人仍由密集的炮火开道，再次向前推进，兵临他们的另一目标——伏奥炮台。3个月前，一个搞错了的电话曾使德国误称于3月9日攻占了它。兴高采烈的德皇把帝国最高荣誉——"功勋"勋章颁给了报告消息的指挥官及其并未占领炮台的部下。如今600名法国守军在斯维恩尤金·雷纳尔少校的指挥下，进行着艰苦的战斗，堡垒几乎被炸成废墟。德国人用毒气和火焰喷射器把法国士兵赶到了炮台的地下室里，但他们仍在散发着尸臭的地下坚持战斗，并给德军造成了3000人的伤亡。最后因为饮用水耗尽，雷纳尔不忍看到他的士兵渴死，才于6月7日投降。

6月22日，德国人再度发动新一轮进攻。此时，凡尔登似乎已难逃沦陷的厄运了。尼韦尔于次日发布了一项特别命令，其中有句话，后来成了著名的战斗口号："他们不得通过。"最终，法国人坚守了下来。这期间，他们一直在孤军奋战，直到英国在索姆河畔的攻势准备就绪，并于7月1日发动攻击，迫使德国改变了他们派遣兵力和

▲ 1916年3月底，普恩加莱总统曾前往凡尔登视察，在与贝当的交流中，双方都未给彼此留下良好印象

▲ 雷纳尔被俘虏后，曾被带到指挥进攻凡尔登的德国皇储面前，后者向他表达了敬意，赞扬了他在伏奥炮台的英勇防御，并把自己的佩剑赠予了他。这位法国军官则回敬说，皇储"不像我们的漫画家画的那样是只猴子"

▲ *1927年9月8日，人们来到杜奥蒙一座储藏战死法国士兵尸骨的建筑物前进行悼念*

输送物资的方向。从那时起，德国既没有新的师，也没有大量弹药再运往凡尔登。不仅如此，它还不得不从那里抽调部队去加强索姆河战区的防御。对德国人来说，凡尔登的战斗已经变得毫无意义。到了仲夏，德皇已经明白，总参谋部的战术同样使德国自身流尽鲜血，所以从8月底开始，他停止了德军在凡尔登一带的所有进攻，转为防御。

不过，这并不意味着这场战役就此结束。法国人没有罢手的意思，因为他们仍想重新夺回失去的地盘。尼韦尔和芒让制定了一个计划：集中17万部队和700多门火炮，准备进行大规模反击以夺回杜奥蒙。他们把大炮布置在可以俯瞰那座炮台的高地上，把运来的经过战斗考验的精锐部队分成若干突击队，并为每支突击队制定了目标。尼韦尔和芒让事先在一个地形相似的地区，让他们围绕一个与杜奥蒙类似的模型反复进行操练，直到所有人都能在黑夜里认出目标的方位为止。以前的战术都被摒弃，现在不需要侧翼，因为在黑夜里军队是无须保护的。他们只需紧紧跟在迅速推进的炮兵后面，然后出击。

一切准备就绪后，杜奥蒙炮台被巨大的爆炸弹幕笼罩，几乎长达一周之久。10月22日14点，炮火突然改变为部队前进前发射的徐进弹幕。于是伪装起来的630门德国重炮开始猛烈轰击，但并没有法军部队出现，他们的炮轰是吸引德军暴露炮位的诈术。两天后，半数以上的德国炮群都被法国炮手炸得粉碎。同时，法国突击部队借助罗盘，在破晓之前用迫击炮掩护前进，没有遇到反抗。两小时内，法国的三色旗就又重新飘扬在杜奥蒙的上空。这是1914年8月以来的首次大捷，付出的生命代价相对较少。9天后，法军又重新占领了伏奥炮台。从那时起，德军不断地被一步步赶了回去。到12月18日，精疲力竭的入侵者退回到数月前他们发起攻击时的防线后方，凡尔登战役落下帷幕。

力挽狂澜

在凡尔登历时 10 个月的残酷厮杀中，法国死亡、负伤、被俘和失踪的人数，合计在 55 万人以上。德国也损失了 45 万人以上。这种消耗战使法国士兵灰心丧气，但很少发生潜逃或放弃职守的现象。前线还在坚持，泄气的却是后方。休假回来的士兵对老百姓的情绪很反感，他们什么也不缺，还一味地发牢骚。报刊也因战局进展迟缓感到惊讶，大家都要求发动进攻。在国会里，议员们更是不耐烦，他们用手中的权力建立了一些委员会，以监督战时政府的行为。他们希望知道一切，但霞飞显然不信任他们，不想说出任何情况。双方互相猜疑，对立情绪有增无减。

可对尼韦尔来说，这正是鸿运高照的时刻。霞飞使法国付出了极其高昂的代价，他的影响和声望已今非昔比，正在迅速下降。法国人渴望有一位英雄，于是就把尼韦尔称为"胜利的缔造者"。在国民议会举行的讨论军事挫折的秘密会议里，霞飞由于伤亡人员增加和对议员的冷漠，备受抨击。愤怒的议员反映了大众的情绪：必要时准备推翻政界和军界的最高层人物。之后以撤换霞飞为条件，政府才勉强获得了信任。尼韦尔是适当的代替者，于是霞飞被不动声色地削了职权，"升迁"为元帅。政府建议给这位马恩河战役的胜利者一个荣誉职务，但他表示拒绝，随后便卸甲归田了。

尼韦尔于 1916 年 12 月 12 日前往尚蒂伊担任法国陆军的最高统帅时，充满了信心。自 1917 年 1 月起，他便开始向议员们宣称，计划集中前所未有的战争手段，在 3 月份调集英军从北面、法军从南面对努瓦荣周围的德军突出部，实施一次大规模侧翼突击。其中，英军先法军一周进攻，以吸引防守者向北移动；法军则攻击无掩护的德军南翼，在德国堑壕系统中打开一个缺口，然后冲过去

▲ 尼韦尔充满热情且极为自信，是位好军长和集团军司令。但他缺乏远见以及将思想转化成行动的能力，这使他完全不适合担任最高指挥官。由于策划的攻势惨遭失败，而他又拒绝接受谴责，遂难逃失宠和被解职的命运

以决定性的胜利结束战争。他夸口说，自己掌握着胜利的钥匙。他的"凡尔登战法"似乎是没有争议的："我的战法已经过试验。我可以向你们保证，一定胜利。"

不像霞飞和贝当，尼韦尔是个能说会道之人，这使他说服了许多政客。议会陆军委员会的一位年轻成员写道："尼韦尔给人印象良好，清澈的眼睛直视着你。他的思想清楚而精确，说话不虚张声势，对每件事都通情达理。"普恩加莱总统尽管也不信任军人，但仍被尼韦尔的风度所迷惑。尼韦尔还谒见了当时的英国首相大卫·劳合·乔治，提出他的新攻势计划。英国领导人了解这位将军夺回杜奥蒙炮台的战略，对他想大规模应用同一方法表示赞同。可是，英军总参谋部的一些成员却并不认为这有什么吸引力。他们认为，把对杜奥蒙这类单独的要塞进行的个别的、成功的进攻，重复用来对付像德国主要堑壕系统这样疏开的战线，是不一定有效的。但尼韦尔说服了劳合·乔治，他对这位英俊的将军印象良好。后者的母亲是个英国人，这又构成了另一种联系。首相深信他有大胆的想象力。

尼韦尔加快了攻势准备。他的将领不断接到他关于这个战役的指令，其基调十分明确："暴力、残忍和迅速必须成为你们攻势的特征。尤其是，第一步的突破必须一举夺取敌人阵地和他们靠炮兵占领的所有地区。"好几个师被调往德国突出部的南面，以接受凡尔登战法的训练。法军还得到了施耐德这种新式坦克，与徐进弹幕射击配合作战。后勤工作是惊人的，堆积如山的补给被运往前方，巨大的炮位排列得整整齐齐，望不到尽头。

闪电般的速度是尼韦尔取胜的基础，指挥官们被要求估算在徐进弹幕掩护下其部队的前进速度。芒让用乐观代替了判断，制定出了不可能实现的速度。他夸口说，他的部下能以每分钟30米以上的速度跑步前进，并且能继续保持这种步伐至少几公里。尼韦尔把这种速度定为标准，而那些对部队身肩重负仍能保持这种速度表示怀疑的军官则都受到了压制。部队被没完没了地灌输"不断前进"这个中心口号。训练时，士兵显然不能保持规定的速度行军，因此不得不换班前进，由生力军走在疲乏的部队前面。法军指望在攻击开始后7小时内就能渗透至德军最后方的阵地。

尼韦尔的计划并不是没有优点的。但是，如果德军事先得知这个计划，就不可能摘得胜利果实。在凡尔登，尼韦尔是靠对进攻计划进行充分的说明，来鼓动部队献身的。这一次，尼韦尔担心不那样做他的部队就会背叛他，于是下令进行鼓动工作。他将战略和目标提纲挈领地发给士兵，还让军官对士兵做宣传讲话，以引导他们对胜利抱有信心。于是无可避免地，德军也得到了这个情报。在西线互相对峙的，是协约国的 180 个师和德国的 150 个师。德军知道自己经受不住对方的钳形攻势，于是又先法军行动了，不过这回是撤退而非进攻。现在他们的前线呈直线，避免了来自两翼夹击的危险。新阵地有极其坚固的纵深防御工事，而且缩短了的防线，只用不到 13 个师即可防守，多出来的部队可以用作后备随时增援。

尼韦尔过于沉浸于他的方案，从未想到他的敌人会自动放弃，他也忽视了去收集德国军事行动的情报。当前线的指挥官建议，立即进攻这条因正在撤退而受到削弱的德军防线时，尼韦尔和他的僚属认为这些报告近似煽动。于是法国总参谋部发出命令，禁止这类"不服从谣言"的传播。到 3 月 19 日，德军的撤退没有损失地完成了。但尼韦尔仍认为德军撤走是微不足道的事情，宣称只要对原计划做一些战术上的修改战役就可以继续进行，不过主要打击方向将是德军新防线南端被称为"谢曼—德—达姆"的山脊。这是一座峻岭，按路易十四为他女儿造的一条道路命名。

在计划付诸实施之前，还有一个阻碍需要解决。新近接任法国陆军部长的保罗·潘勒韦会见了尼韦尔。简短的寒暄后，率直的潘勒韦宣称，如果他在霞飞被解职时担任部长，他将选择贝当担任总司令。话题转到军事问题上，他告诉尼韦尔，整个巴黎的沙龙和咖啡馆都在谈论尼韦尔的作战计划，包括再次进攻的准确日期为 4 月 16 日，

▲ 芒让（左三）是位精力充沛、无比自信，有极高进取心的将领，但他刻板并且很少关心士兵的生命。旁人对他评价是："没有人能像他那样使你卷入麻烦……也没有人能像他那样使人摆脱困境。"1918 年，芒让指挥一个集团军协助美军阻止了德军的最后一次大攻势

▲ 德军知道自己经受不住尼韦尔的钳形攻势，放弃了他们苦战得来的地区，并把该地化为废墟和焦土，还到处设下陷阱，连水井都下了毒

他为此感到不安。除敌人有可能知道细节和确切日期外，这位部长还认为，随着德军撤走，计划应当被取消。而且，俄国沙皇已于3月退位，国家权力转移到分属不同派别的革命者手中。俄国陷入内战和混乱，从而使许多德国师解脱出来，可以支援西线。当尼韦尔还是肯定攻势只稍做变动时，潘勒韦惊讶得直眨眼睛。尼韦尔解释道，法国的大炮将在德军新防线上打开缺口，然后部队在敌人后面扇形展开。他继续说，法国的损失将是微不足道的。"我不担心人数，人数越多，胜利越大。"

潘勒韦感到迷惑不解，开始仔细审查尼韦尔的计划，它看上去像是霞飞在西线两年造成的灾难重演。潘勒韦有一种大祸将临的感觉，拼命想解决这个问题。他故意将他的看法散布开来，各方面的指挥官立即向他提供了许多判断。甚至一些平民，也把备忘录送给他，指出进行这次攻势的愚蠢。他们说，由于德国人已撤退，尼韦尔的全部战略都需要修改。美国对德国日益敌对的态度，也被引证为放弃尼韦尔计划的关键性理由。法国不需要单独流血，而应等到美国参战为止，那足以抵消俄国退出战争所

▲ 在尼韦尔策划的大规模攻势的最初阶段，法国士兵穿过密布铁丝网的地带向前推进。尼韦尔大言不惭地声称他掌握了赢得战争的秘诀，但在严阵以待的德军防线面前，他的乐观计划很快流产，他完蛋了

产生的影响。只要协约国得到增援，就能彻底粉碎德国军队。

潘勒韦又召见了尼韦尔手下的三位指挥官，请他们各自提出自己的意见。他们同样不赞成这次进攻，都表示前景不容乐观。其中一位被接见的就是贝当，他也直言看不出新上司的计划会取得成功。潘勒韦遂于 4 月 3 日请尼韦尔到陆军部赴宴，向他说明了所有不利于该计划的事实，并强调了等待美国参战的巨大利益。尼韦尔则重复了他决定进攻的理由。此时离美国宣战只有 3 天，尼韦尔显然低估了这个国家所起到的作用，说美国提供的任何军事援助不会马上到来，至少要等到下一年。话题回到突破德国的防御时，尼韦尔充满信心，始终坚称只需对他的计划做些小变动即可，还表示任何相反的观点都是无知的表现。他强调，德军防线在第一次猛攻下就会崩溃。他再次向自己的听众保证，这场大规模进攻将在数周内结束此次大战。

4 月 6 日上午 10 点，潘勒韦就尼韦尔的计划安排了最后一次会议，该会议只有政界和军界的最高层人物参加。普恩加莱也出席了会议，与会人员集合在贡比涅的总统私人专列火车上。为鼓励众人坦率发言，会议不做任何记录。普恩加莱给尼韦尔提供了一个放弃计划但仍可保持权力和威信的机会。他表明，在人力已感贫乏的法国，应当避免这个很可能发生的风险，如果失败，国家将遭受重大损失。潘勒韦也讲了同样语调的话。在所有人对这一提议表示赞同之后，尼韦尔做了答词。他知道会议的目的，因此态度冷淡而超然。他并不企图去回答众人的反对意见，而是再一次做了甚至连他自己也知道不可能实现的许诺。

尼韦尔的集团军群指挥官被要求发表他们的意见。在总司令的冷眼凝视下，可以理解，他们不敢表达真实的想法。只有贝当是个例外，他毫不迟疑地回答："我们没有执行这个计划的人力物力……即使成功，也不能扩大战果。我们有 50 万生力军来做这样一次进攻吗？没有！那么这是不可能的。"尼韦尔打断他说："既然我不能得到政府的同意，又不能得到我部下的支持，摆在我面前的唯一道路就是辞职。"与会的部长们知道，政府已经摇摇欲坠，在这种关键时刻，他们无法为总司令的辞职向百姓做出合理解释。尼韦尔如果离去，有人将随之提出组建新内阁的要求。部长们显然更关心保住自己的职位，为了缓和对丧失人力的担心，他们自圆其说：即使只获得一点点胜利，风险将自行消灭。再说尼韦尔已经答应，如果在 48 小时内不能取胜，便放弃进攻，终止战斗，并撤回所有部队，不再做无谓的牺牲。

4 月 15 日进攻前夕，冰冷的雨点开始转为雨夹雪，气温迅速下降。法国士兵步履维艰地走向阵地。到达进攻位置后，他们在雨雪中缩成一团，上衣被打得透湿。同时，连队指挥官开始宣读尼韦尔的命令："时间到了！保持勇敢和信心！法兰西万岁！"在炮兵通宵进行弹幕射击期间，法军数十万部队向前移动。尽管冻雨刺骨，士兵们仍感到一种新的力量：对巨大的武力炫耀感到的敬畏。当天，两边的天蓝色军服一直延伸到地平线，自1914年8月以来，法国士兵的士气从来没有这样高昂过。拂晓前，当突击的哨子吹响时，部队攀登壕内的梯子"登上壕顶"，经过大肆渲染的进攻开始了！

尽管法国大炮和弹药数量庞大——1700门火炮和1100万发炮弹，但这样密集的火力散布在将近64公里的战线上，大大减轻了它的打击力度。而且，以芒让的计算为依据，徐进弹幕快过士兵的前进速度，失去炮火掩护的法国士兵为之付出了极大的代价。在法国炮弹轰击不到的地方，带刺铁丝网仍旧执行着阻拦任务，德国人迅速燃起火焰照亮了战场四周。在黄色的火光笼罩下，进攻部队成群地被德军火炮和机枪火力击倒。法国士兵不能绕过防守严密的战术据点进攻后方的德军阵地，只得倒伏在灌满泥浆的弹坑里，德军的炮弹和机枪子弹向他们倾泻而来。到上午7点，尼韦尔的时间表已乱成一团。法军各个营预定每隔15分钟就进入进攻堑壕，但由于前面的部队步履蹒跚，甚至被炮火击退回来，那些在后面堑壕里的人无法前进，而跟上来的人又撞到了他们身上。

在法军指挥部里，参谋人员还没看清法军已陷入绝境。尼韦尔原来的计划假定，他的44个师将大大胜过对手的9个师，但德军从俄国和其他战线抽调了足够的兵力，总共集中了43个师！到中午，由于雨雪下得很密，使目视、通讯和空中观察受阻。法国炮手看不到他们的前进部队。根据混淆的报告而行动的炮兵指挥官，以为士兵们还没有离开堑壕，就把掩护弹幕拉回到出发点，并把数以吨计的炮弹向前进中的法国部队倾泻。

这也是法国人第一次大规模使用坦克进行战斗，但200辆坦克大部分陷入泥沼，

◀ 施耐德坦克的设计缺乏想象力，像个安装在拖拉机上的装甲箱子。法国人希望炮兵能伴随步兵攻击，所以为它安置了一门可以侧射的75毫米炮。因此与其说它是坦克，不如说是一种自行火炮。而且由于装甲箱超出了履带之外，导致它翻越障碍和通过崎岖地形的能力受到了限制

成了炮火打击的目标，损毁严重。到黄昏时，法军根本没有实现什么突破，只前进了500米，而不是尼韦尔和芒让计划中的5公里。

48小时倏忽逝去，到了放弃进攻的时候了，但尼韦尔不甘心这么做。他自食其言，违背了战前对国家和他的士兵做过的承诺，再次命令部队前进以夺取他想象的胜利。此后两周，法德两军在几乎是固定的战线上一直激烈地进行着战斗。法国官方历史列出的法军保守伤亡人数为9.6万人，实际的损失可能是18万人，甚至在20万人以上。至于德军，他们给予法军的杀伤比自己承受的多得多，而他们承认的伤亡为16万人。最为悲惨的是，效率向来很低的法国医疗勤务完全垮台。本来法国已经为1.5万名伤员做好准备，但第一天的伤亡人数就达9万人。结果法国缺乏最起码的医疗设备来照顾伤员：一所医院只有4只体温表，却要供3500张病床使用，至于更多的伤兵只得让他们躺在泥沼中。法国士兵都是勇敢的，对战争所引起的苦难也是有思想准备的，但他们再也不能容忍为成全一个人的虚荣而被驱赶去惨遭屠杀！在谋求补救的一切合法手段遭到否定之后，法军部队爆发了"反抗"。

4月29日，哗变首先发生在苏瓦松、兰斯之间曾经参加过尼韦尔攻势的部队中。很快，其他战区便受到波及和影响，尤其是凡尔登。在此后两个月中，法国陆军几乎处于瘫痪状态。当一支经过苦战的部队，只获得短暂的休息就得奉命回到前线时，士兵不服从的情绪就更加明显了。他们喝着抢来的酒，吊儿郎当地走过军官面前时，故意不敬礼，还轻蔑地向他们瞪眼。别的士兵虽听命前进，但在穿过城镇街道时低声抱怨，就像被赶到屠宰场去的羊群发出的咩咩哀号一样。历史家认为："……积极反抗的至少有10万人，也许更多。"哗变影响了占前线三分之二的80多个师。在那段日子里，可能只有两个可靠的师屹立在巴黎和德军之间。另外一些部队选择留下来坚守阵地，但拒绝向前发动进攻白白送死。德军一点也不知道这种令人震惊的混乱现象。假如此时他们发动进攻，法军势必一败涂地。法国最高统帅部担心德军可能向俘虏搜集重要情报，但事实上，所有被俘的士兵连提也没有提到过这次反抗事件。法国士兵反抗无能的领导，但他们不是叛国者。

就连军官也开始对尼韦尔的战略提出抗议。连队指挥官们对某些事情装作看不见，也不训斥他那不修边幅的士兵。而士兵们对这些下级军官也并不表示敌意，因为他们只是传递命令，自己也遭受堑壕战的苦楚。但士兵对参谋军官公开敌视，抨击其为"喝血的人"。当潘勒韦巡视埃纳防区时，他最坏的预想被证实了。他从军官们那里得到了第一手的报告，人们向这位部长申诉道："这是倒退，我们没有学到一样东西！我们还在坚持 1915 年的战法。当然，我们将得到传令嘉奖和勋章，但是我们不在乎。我们宁愿把它们扔到领导人的头上。我们关心的不是荣誉，而是可以节约更多人命的较明智的政策。"

惊恐的法国政府得出结论，如果国家要生存下去，尼韦尔必须滚蛋。有资格代替他的人选只有两个：贝当和福煦。结果很侥幸，他们选择了贝当。这对法国而言实乃一大幸事，因为只有贝当对法国军人仍具信心而非福煦。诚然，后者也具有巨大的精神力量，但在那个时候，真正需要的不是勇气而是战略造诣。没有大吹大擂或仪式，贝当被任命为总参谋长和"政府的技术顾问"，办公处就设在陆军部。对尼韦尔来说，这一项宣布是他完蛋的预兆。于是，他原形毕露了，企图推卸责任寻找替罪羊，他向潘勒韦暗示这次溃败是芒让的过失，但遭到无情的拒绝。芒让与他的上级一起垮台了，他要求准许他作为一名普通士兵继续作战，这一要求无疑是真诚的，但也被拒绝了。

5 月 15 日，陆军部长正式提名贝当为总司令，福煦接任总参谋长。这对于在大战开始时还是个离退休不远的无名老上校而言，无疑是十分炫目的提升速度。贝当一上台立刻采取了有力的措施，就像 1916 年在凡尔登一样。他把他尼韦尔的参谋解职，代之以炮兵人员，他们和他的观点相同，认为赢得战争要靠大量使用大口径火炮并节约人力。在他取得指挥权之前，炮兵被重视程度是次于步兵突击的。大部分炮术训练学校都已停办，以便把干部放出来投入尼韦尔攻势。现在贝当建立了一个炮兵研究中心，在那里把步炮协同作为军事科学的一个组成部分来教授。在他的统帅下，法国陆军新的指导口号是："多用钢铁，少流鲜血。"同时，贝当把注意力转向军队的内部危机。作为"陆军的医师"，他开始着手医治已病入膏肓的法国军队。为了恢复它的

◀ 贝当对下属十分宽厚，优抚有加，以"士兵保护者"著称，受到他们的尊敬和爱戴。他告诉士兵最想听的东西，即不会再白白牺牲他们的生命冒险进攻，从而使哗变很快得以平息

健康,他采取了一种恩威并施的政策,实施了一大堆改革,对法国做出了他最大的贡献。

贝当是个有着士兵意识的将军,也许法国指挥官中没有谁比他更了解部队的了。贝当尊重士兵,注意维护他们的尊严,照顾他们的个人需求。当时在苏瓦松,有几个团挥舞着红旗,举行示威游行,到处呼喊"打倒战争""打倒笨蛋将军"的口号。另一些回家休假的士兵则在火车上高唱《国际歌》要求和平。还有的团队模仿俄国选举了"士兵委员会"。很多人担心,法国士兵发生的"集体哗变"会像俄国一样,变成政治行为,结果引发革命。但贝当表现出精准的判断力,他认为除极少数例外,法军兵变的本质不是革命的冲动,目标也并非推翻政府,这实际上是种无人领导的自发罢工,士兵只想用这种方式表明不愿再做无谓的牺牲。此外,法国士兵多年来生活在难以容忍的条件下,有些似乎是很小的问题,但因年复一年地被忽视,使士兵积累了深刻的怨恨。所以,解决的方法是对他们的委屈进行补偿,尽量改善士兵的基本生存条件,降低他们的困苦程度,使之能够继续忍耐。

贝当首先处理了士兵不满的主要根源——休假。从理论上讲,在前线每作战4个月,士兵就可以休假一星期。但日益增加的伤亡导致人力缺乏,于是就只能靠削减假期来克服。许多士兵在前线过了18个月,也未得到一次休假的机会。在进攻前3个月或更长时间内,所有部队都取消了假期。休假成了特权而不是权利,给假也很吝啬。即便那些好不容易才侥幸获准休假7天的士兵,不知道仅仅回家一次就要消耗多少时间。他们背着步枪和行囊,拖着沉重的步子,缓慢地走到最近的铁路线,可能要等上几小时甚至几天才能坐上火车。车站上连最起码的住宿和洗澡设备都没有,士兵就在寒风中闲荡或睡觉。除了暂时离开敌人的火力外,其他条件都和前线一样。法国士兵觉得受了虐待,自己的权利被损害了。

贝当命令他的指挥官们密切监督准假的人次和给养问题,必须"保证每个人每4个月有7天休假……要极小心地制定出休假时间表……并公布出来让那些有关的人检查"。接着他下达了另外一些命令。在听不到炮声的后方,贝当开始设立休息营,安排作战部队轮换以便进行充分休整,他还在前线上加速建造了厕所、淋浴室和寝室。医疗勤务也被完全改组,部队指挥官要对它们能够有效率地工作亲自负责。要为休假部队准备充分、可靠的卡车运输,把他们从前线运往火车站。同时增开列车来减少他们等候的时间,并在火车站设置专供士兵使用的设备——理发店、盥洗室和舒适的床铺。还供应低价膳食,因为战时飞涨的物价使士兵无力购买大部分食物。法国人对饮食很讲究,但军队中的伙食一向不好,喝的红酒品质也极为糟糕,所以在食物、酒的质量和配给数量上都有了改进，直到令人感到满意。

当然，一支军队出现哗变的情况是不能容忍的，对于真正的叛变领袖，贝当绝不宽恕，予以严惩。数千兵变领导者被逮捕，接受审判。在贝当亲自指挥下，镇压仅限于极小范围。官方报告中称，有412名反抗者被判处死刑，其中23人（一说55人）被枪毙。就卷入的部队规模和参与的人数而论，这种惩罚难以置信的轻。贝当知道过度的暴力只会刺激士兵萌生更强烈的抵抗情绪，他说："不要忘记，那些兵变者与我们一起在战壕里已经忍受了3年，他们是我们的士兵。"但仍必须保留最低程度的死刑，否则哗变还有可能继续发生。至于有多少人未经军事法庭审判就被处死，就不得而知了。另外，还有不少人被放逐到法德两军阵地之间的无人地带，不发武器也不给食物与饮水，任其自生自灭。其他参加反抗的人不是被关进监狱就是被流放到法国在南美洲或北非的劳役营，后经政府大赦，才在1924年回到祖国。

最后，更为重要的是，贝当决定亲自去视察法军的每一个师。他是个勤奋而不知疲倦的人，担任统帅的第一个月里，就先后走访了将近90个师。他一面劝诫军官加强领导，激励他们亲自掌握部下；一面耐心听取士兵的抱怨和意见，并给予直截了当的回答，或干脆用行动打消士兵的忧虑。如果一项被证明是正确的控诉受到了忽视，贝当将会指责该师的最高长官。他也会站在汽车上向士兵们喊话，解释战争的意义，并说明自己的意图。虽然他的态度冷静而矜持，且从不表示亲热，但他的出现却具有

▲ **在这次大规模哗变事件中，只有极少数领导者被处决了**

魔力。贝当对部下侃侃而谈，声调饱含诚恳和认真，以致无人会怀疑他的话。尽管他不愿意流露感情，可每当遇到一辆救护车，他还是难免表露出真情来。贝当所做的郑重承诺，就是决不会再有尼韦尔式的攻势，他的战略依据是美国的人力。他一再告诉部下他们最想听的东西："我们必须等待美国人和坦克的到来。"只有得到更多的重型武器才有望取得胜利。

这样简单的关心，效果好到不可思议。全体法国官兵的感受，正如贝当过去在凡尔登指挥的第2集团军一样，他们知道这位新任总司令不会视生命如草芥，致使他们无谓牺牲。5月底6月初时，每天还有十几起骚动，有人谈论政治革命，以期迫使战争结束。但是从6月底到7月中旬，哗变行为基本消失了，法国军队的秩序得到了恢复。不过，部队的战斗素质尚未恢复，还没达到正常水平，休养元气仍需几个月。由于俄国爆发革命，德军可以腾出大量人手增援西线，此时西线的整个重压都是由英国远征军一力承担的，其损失同样很大。贝当意识到他的军队仍很脆弱，于是只发动了有限的行动进行襄助。当年夏末和秋季，贝当发动了目标有限的两次小规模攻势。两次进攻都很谨慎，显然经过了精心准备。

8月下旬，法军先在凡尔登发起进攻，抓获了几千俘虏并占领了俯瞰凡尔登的一个高地，但当遭遇德军激烈抵抗时，贝当立即止步。10月底到11月初，正是在尼韦尔6个月前遭受惨败的地方，法军又发起了另一次具有较大雄心的作战。这一次所采取的，是贝当长期发展的那种成功战术模式：所有火力都集中在一个点上，其密度为正面平均每5米放一门炮。在火力准备阶段，法军一共射出了200万发75毫米炮弹和85万发重炮弹，并且借助了坦克以及精心演练过的诸兵种协同作战。结果是整个谢曼—德—达姆阵地都落入了贝当手中。此战德军损失了约4万人，包括被俘的1.15万人在内；法军的全部损失仅为1.47万人。这些成绩使法军士气获得了相当程度的恢复，但很明显，这样的攻击在短期内是不可能取得决定性胜利的。此时德军已在准备孤注一掷的全面攻势了。

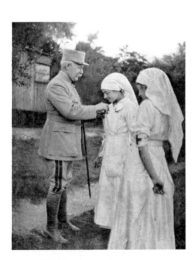

▲ 为了激励士气，贝当还设立了一些新的勋章制度，如发给战争十字章、联队"绶带"等。但贝当（左）不喜欢戴勋章，他唯一常佩带的就是"军人奖章"，那是每个士兵都可以得到的纪念章

功成身退

德国决定使 1918 年成为决定性的一年。美国参战将使协约国的力量更加强大，但据推测其派出的远征军主力不可能在夏季到来之前抵达西线战区。他们认为必须与时间赛跑，在美国人大举介入并发挥作用之前，孤注一掷地发动最后的攻势，赢得战争胜利。由于俄国专注于内战基本已退出了大战，德国因此可以把大批军队从东线抽调回来，从而在数量上比法国和英国略占优势。到这年 2 月，同盟国与协约国的兵力对比是 178 个师对 173 个师。贝当和福煦都预见到德国人将发动袭击，但对于如何应付，两人之间存在根本性的分歧。旧有的格朗梅松教条死而不僵，福煦主张发动一个强大的反攻，贝当却认为应该采取弹性的纵深防御。假使采纳了前者的意见，那么协约国联军的预备队一定会被过早消耗掉，所幸，后来的战略大致都是根据实际情况而定的。

从 1918 年 3 月 10 日开始，德军炮轰香槟地区的法军防御工事，并对凡尔登和兰斯两地发动牵制性突击。同时，大量德军通过火车轨道和公路向与英军防区对峙的北方运动。德国人做出了正确的判断：协约国军队最薄弱的环节就在于它们不能形成密切而默契的配合。在法国的优先程序中，竭尽全力阻止德军向巴黎进犯始终居于首位；英国人主要关心的则是确保与其本土隔英吉利海峡相望的法国港口的安全。这些不同的利益将会把任何联合行动的需求置于一边。德军的目的是打击法英两军的结合部，切断他们的联系，使双方再也无法相互支援，并席卷英国军队将他们向海峡压迫，围而歼之。

◀ 为迷惑法国人，从1918年3月23日起，德军的远程火炮开始从105公里外圣班戈森林里的发射阵地对巴黎实施零星炮击。到7月底炮击终于结束时，造成了876人伤亡，但对战争进程却未产生重大影响。它发射的约370发炮弹落在公园、公共建筑物、住宅、医院和教堂里，却从未击中过军事设施

德国的准备工作到 3 月 19 日就已完成，突击于两日后发起。经过一整天的炮击和战斗，英军全线崩溃，阵地被撕开了一个大缺口，不得不向北后撤。到 25 日，德国人向前推进了约 40 公里，这是自 1914 年底长期处于静态战斗以来创纪录的一次行动。黑格再三催促法国人救援他，贝当派遣了 7 个师的兵力，但英国人非但不感谢，反而要求再增加 20 个师。贝当答复不可能，不过他还是又追加了 6 个师。贝当做的比他承诺的更多，可以说他的行动是相当无私的。然而黑格仍不满意，怨恨贝当，他们之间的关系十分紧张。虽然黑格理解维系英军同法军关系的重要性，可是不知何故总是认为贝当应该为此事负责任。

两位将军在 3 月 24 日晚上见面时，黑格从贝当那了解到一个新情况：如果德军继续进攻，法军计划向南后撤。他的反应混杂着愤怒和恐慌，并谴责贝当。但贝当在此事上别无选择，给他下命令的是法国政府，要求他不惜一切代价也要保护巴黎的安全，其余目标都可以不顾。贝当给法国政府发了一份电报，请求他们出面让英军尽量靠近南面，避免他为了维系两军之间的联系不得不过度出击。这种利益冲突使黑格认清了应采取何种补救措施。只有一种方法可以制止贝当的撤退。他估计福煦很可能比贝当更愿意向北进攻而不是向南撤退，因此他在那天晚上给伦敦发电，要求考虑任命一位协约国最高军事领导人，比如由福煦或其他有决心一战的将领获得作战指挥权。碰巧几个小时前，法国政府也在福煦的催促下，向英国政府发去了与黑格类似的建议。

第二天，贝当、福煦和法国政府领导人在贡比涅开会，谈论如何既向黑格提供援助，同时又能防守巴黎。黑格这时也在离此不远的小镇杜朗开会，他手下的大部分指挥官都参加了会议。法国人表示愿意参与他们次日的会议，英国人立即答应了。3 月 26 日，英法两国的政府和军事领袖匆匆聚于杜朗，普恩加莱总统主持了会议。福煦高兴于法国政府决定转守为攻。黑格及其部下的将领们与法国人握手以示欢迎，表示决心死守阵地，不再向北撤退。黑格后来在他的日记中记载道："贝当的样子很难看。他好像是一位已经陷于窘境中的指挥官。"贝当曾在会上判断，他怀疑德国将在苏瓦松和兰斯之间对巴黎发动大规模进攻，说如有必要，法军及其后备军将部署在那里。黑格担心这样的决定将在两军之间留下一个大缺口，为德军扇形展开把他们分而歼之创造机会。贝当听了无动于衷。

黑格极力主张授权福煦全权统帅西线的全部协约国军队。同普恩加莱等人商榷后，会议宣布："福煦将军负责协调亚眠周围战线英军和法军行动。"除了贝当外，其他人都热情支持。提升福煦，某种程度上是以含蓄的方式批评贝当应对德军进攻的方式不当。福煦获得任命后，马上就开始抱怨给他的任务是去打一场注定失败的战役。其实他完全错了。截至那天，德军的兵力伤亡很大，精力也消耗得太多，已不能有效地追击退却中的英军了。当气喘吁吁的英国士兵停下来休息时，许多追击的德国士兵也在附近躺下，疲乏得无论如何都难以再发动进攻了。于是，双方又开始挖掘战壕，恢复对峙状态。但是，对福煦的任命意义是重大的。从这时起，协约国方面终于开始了真正有效的合作和统一的指挥。

德国人发现继续进攻已经毫无用处，便于 4 月 5 日停止了攻势。由于德军的推进已使英法军队濒临被分割的绝境，德军决定在更北方加强突击。经过数日重组后，他们在 4 月 9 日向伊普雷地区发起了新一轮突击。英国守军顽强抵抗，勉强守住了自己的阵地。4 月 14 日，协约国对福煦的职位又做了相应的调整。他被正式任命为在法国的所有协约国军的总司令，其责任将覆盖整个西线战区。福煦立即派出法国援军赶赴那些危急的战区，帮助英国人挽救危局。到 4 月 29 日，德军的攻势收效甚微，再次被迫放弃攻击，可他们仍不想就此罢手。他们判定屡受重创的英国人不可能在又一次的失败中生存下来。于是，德国人策划了一个新的方案，想设法把大部分法国兵力吸引到别处去，从而有利于在北面的佛兰德再次发起最后一击。他们选择了谢曼—德—达姆，也就是上年尼韦尔遭遇惨败，同时也是贝当取得胜利的地方。

5 月 27 日午夜，德军的又一轮猛烈突击开始了。装进不同剂量毒剂和高爆炸药的德国炮弹从空中划过，把整个谢曼—德—达姆笼罩在德国炮火和毒气下。3 小时后，当熹微的晨光映照出滚滚烟火时，大量德国步兵出现在弹幕后面。法军防线全面瓦解，他们甚至没有时间炸毁横跨埃纳河上的桥梁——上面早已挤满大量步行赶赴南岸的德军。到日暮时，德军向前推进了 48 公里，比堑壕战开始以来的哪一天都多。这时按照时间表的要求，这场牵制性挺进应停下来了。德军的原定计划是，当法国后备军急忙抽调上来阻止时，德军应做好一切准备，向空虚的佛兰德防区发起打击。但谁能抵得住摘取惊人胜利的诱惑？德军允许前线指挥官全权负责，于是部队滚滚向前，继续进攻。3 天后，他们再次冲到了 4 年前被赶走的马恩河畔，距离巴黎不到 40 公里，几乎又可以望见埃菲尔铁塔的塔尖。

这次法国受到奇袭，贝当和福煦似乎都难辞其咎。贝当曾担心德国人企图攻占谢曼—德—达姆，但最终还是打消了这个设想，认为这段陡峭的山脊依然会是个“平静的防区”。像霞飞在凡尔登所做的那样，贝当削减了该地的驻防部队以支援其他战区。4 个由毫无经验的新兵补充的英国师，因遭受重创被派到这个地方来休整。离德军突

▲ 贝当（右）痛恨成为摄影的对象，福煦（左）却恰好相反。后者富有才华，具有极为优秀的品质，在压力之下仍能保持冷静，是位能鼓舞人心的领导者。虽然因崇尚进攻而遭到批评，但正如他日后取得的成功所展示的那样，他的理论并非如此简单

▲ 美军（穿褐色军服）在1918年夏季开始大批到达欧洲，向处境艰难的法军（天蓝色）提供了有效的援助。尽管美军在战术上显得还不够成熟，但高昂的士气和充沛的精力极大地鼓舞了盟友的斗志，逐渐改变了当时西线难以确定的僵持状态

击不到两周时，美国远征军战斗部署处的哈伯德少校提出过告诫，他推断德军将选择那里为下一目标。由于协约国并不认为此地会受到进攻，因此这里实际上已成为伤员和精疲力竭之人的休养营，防守非常薄弱。尽管哈伯德说服了法军情报处首脑库安特上校，可后者却未能说服他的上级。福煦和贝当都把哈伯德看作是个未经战斗考验的新手，竟敢在复杂的情报方面妄言。

贝当本人还面临一个更深层次的问题，那就是包括福煦在内的许多法军将领都反对他的任何决定。贝当能非常开放地采用各种战术，愿意从过去的经历中总结经验，汲取教训。但那些人仍然相信，打仗就是进攻，而且可以不顾战场上的具体情况发动冲锋。他们还确信，如果遇见敌人进攻，唯一的应对之策便是坚守阵地、绝不后撤，直至战死。他们看不惯贝当的做法，将其看作是软弱的象征。贝当曾要求法军部队保持具有灵活性的纵深防御，可他的命令被忽略了。福煦已被任命为最高军事指挥官，

他在 5 月 4 日发布了另一道新的指令：要求法军指挥官在面对敌人进攻时不许后退，哪怕连临时性的也不行。这样就明显削弱了贝当前令的影响。负责整个谢曼—德—达姆地区防守的法方司令不顾贝当的指示，墨守成规地把大部分兵力放在未经认真修筑的前沿战壕，结果全都成了德军猛烈炮火下的第一批"炮灰"，以至于在德国步兵前进之前法国守军就已死伤累累了。

幸存下来的法军士兵惊惶失措、士气涣散，纷纷扔掉武器和军装，丢下巴黎向南逃跑，任由它暴露在来势汹汹的敌人面前。恐慌像瘟疫一样迅速蔓延，数以万计的市民仓皇逃离首都。在西线东端的法军也想放弃那些坚守了 3 年的堡垒线，开始制定向西撤退的计划。而北面的黑格也正在准备撤回英国的方案。甚至平素难以被压服的福煦也受到了影响，向法国政府建议应再次准备转移出巴黎，撤退到波尔多去。唯有那个之前看上去总是过度谨慎的贝当，已大致恢复了他的神经和安然的心态。他认为德国人因战线过分扩张已成强弩之末，如果法军能坚守住阵地，德国攻势的破灭只是时间问题。

就在法军即将崩溃时，局势发生了逆转。美国军队已开始大规模到达法国。自 3 月德军发动第一次进攻之后，协约国就向华盛顿紧急求援，于是美国加快了部队的输送速度。从 4 月底起，美军每月抵达 30 万人。美国人把人力上等于 8 个法国或英国师的 4 个训练较好的美军师交由贝当调度。6 月 1 日，他们乘火车和卡车火速赶赴马恩河，以艰苦的血战堵住了缺口。之后 72 小时，起初吃惊、继而目瞪口呆的德军渡河的企图被阻止了。德军受到了严重的打击，不得不于 6 日结束攻势。很久以来，贝当就希望美军能够发挥作用，现在总算不负他的期望。根据记录，他曾相当精确地预测说："假使我们可以支撑到 6 月底，我们的情况将会好转。7 月间我们可以转入攻势，此后胜利就是我们的了。"

德国人十分清楚，必须靠进攻来保持自己的优势，于是又先后发动了两次大规模进攻：6 月 9 日在蒙迪迪耶，7 月 15 日在兰斯。但经过这三次进攻后，他们付出了80 万人伤亡的代价。那些新补充的德国兵员毫无经验和斗志，而源源到来的美军则轻易补足了法军和英军各 50 万人的损失。一位疲惫不堪的法国军官将他们比喻为："就像给我们注入了神奇的新鲜血液。"德军的后两次进攻总是开始一两天还比较顺利，能够向前推进几步，但随之势头就逐渐减弱了，被人力壮大了的协约国联军轻松遏制，被迫采取守势。原定对佛兰德的进攻一再被推迟，后来干脆放弃了。但德军未能有喘息的机会，就连续遭受猛击。在这一阶段内，贝当所扮演的角色有所降低，部分原因是接下来攻势的全面战略指挥权都掌握在身为协约国军最高统帅的福煦手中，进攻任务也都是由美英两军来执行的。这时主动权已转移到协约国手中，福煦一直牢牢地抓住它，而德国人则被失败紧紧跟随。

德军连续4个月的大规模进攻，在对手的防线上制造了3个大小不一的突出部，此时这些突出部反而形成三面受敌的尴尬局面，成了易遭反击的目标。福煦发现了敌人的这一致命弱点，策划抢在德国人回撤之前发动一系列攻击。7月18日，协约国攻打5月形成的埃纳—马恩突出部；8月8日，进攻3月形成的亚眠突出部。这些进攻都取得了振奋人心的胜利，尤其是把德国人赶出埃纳—马恩突出部，给巴黎吃了一颗定心丸，这座城市再也不用遭受被入侵的威胁了。8月6日那一天，感激的法国政府授予福煦法兰西元帅的司令杖。到9月中旬，协约国在整个西线上的全面推进已经收复了上半年丢失的所有土地。德国人退回到原先的出发阵地，决定在那里进行固守，希望能度过冬天，坚持更长的时间，一直到能够迫使对手接受一个有利于德国的和平协议。

▼ 美国士兵正在顽强作战，把德军赶出阿尔贡森林。美军参战时极其缺乏准备，重武器都是向协约国购买的，用食物和其他物资支付

对此，贝当认为只能发动局部进攻，采取蚕食方式，直到 1919 年。但 7 月下旬以来德军的连连败北，使福煦深信胜利完全可以在 1918 年赢得，而不是贝当预期的一年以后的秋天。这时他拥有充足的兵力和大炮、坦克等军火，希望迅速发动全面攻势，不停地进行一次又一次的猛攻，使德军不能巩固阵地。"人人都投入战斗！"这是福煦的战斗口号。福煦的计划是，美军和英军分别组成协约国联军的两翼，实施主要的进攻，形成两路钳形攻势：美军从凡尔登以西的默兹—阿尔贡地区向北发起进攻，目标是梅济埃尔和色当；英军从西向东推进，夺取奥努瓦和莫伯日。目的是切断德军赖以调动部队和运输补给的铁路系统，把楔入比利时和法国境内的德军同其本土隔绝开来。

这次攻势预定在 9 月 26 日由美军发动，英军则在第二天跟进。此外，他们还可获得佛兰德的比利时军队，以及在战线中部香槟地区的法国各集团军发动的辅助性进攻。经过三天至一个星期的激烈鏖战，在付出了高昂的代价之后，美英两军终于突破了德军防线最牢固的地段。德国人感到十分震惊，仿佛末日到来，他们的精神再也支撑不住了，坚决要求德国政府立即寻求停战，以挽救危如累卵的军事形势，而后者也于 10 月 3 日这样做了。但是前线德军缓慢而有序地撤退着，倔强地以后卫战迟滞着协约国军。10 月 18 日，贝当主张将攻击目标转移到默兹河以东去，力求造成围歼已退出比利时西部的德军之势。福煦则打算发动对洛林的进攻，这将是第一场在德国土地上进行的战斗。

到 10 月底，德军统帅部稍微恢复了一些信心，但后方的局势却已成为眼下最令人担忧的事情。物资匮乏的阴影早已笼罩了全国，罢工和暴动频繁发生。军事领袖的失败情绪更是进一步影响了国内民众的意志力。他们疲惫、饥饿、沮丧、绝望，本能地渴望和平，难以再鼓起斗志。10 月 28 日，德国海军中出现了哗变，水兵们仿效 1917 年俄国和法国那样开始组织起来进行反抗，并迅速席卷附近的城镇。不满的工人、市民和士兵一起加入了他们的行列。就在这时，德国的同盟奥匈帝国也被持续的战争消耗弄得国力枯竭，被迫于 11 月 3 日投降，它的多民族的政治体制随之发生了分裂。一系列新的国家，如捷克斯洛伐克和南斯拉夫等，纷纷宣布独立。

到 11 月 4 日，德国的革命已像野火一般，席卷了这个国家的北部地区，并疾速蔓延到整个西部和南部。唯一的解决办法就是尽快结束战争，以使远在前沿还忠于德皇的军队可以回师德国帮助政府进行镇压。11 月 8 日，在贡比涅森林中的一个车站里，奉命来到福煦总部的德国代表团，走进他的指挥专列，来到一节餐车中。在一片寂静之中，元帅的参谋长马克西姆·魏刚宣读了一份包括 34 项条款的文件：德国必须从 1914 年入侵的比利时和法国的所有领土撤出，并交出 1871 年从法国吞并的阿尔萨斯和洛林；协约国军队将进驻莱茵河西岸被称为"莱茵兰"的所有地区；德方保证遣返它所拘留的协约国军人和平民俘虏，而不要求立即交换己方战俘；德国海军的主力战舰连同全部潜艇都要开到英国扣留起来；此外，还要交出大量军火和物资。

宣读完毕后，德国人要求立即停火，但被福煦一口回绝。他告诉对方，只有接受全部条件，才有停火的可能，否则就继续打下去，没有什么商量的余地。第二天，德国的革命终于波及首都柏林。德国政府没有选择的余地，不得不宣布在国会的基础上成立一个共和国。当晚，德皇退位，逃往荷兰避难。像俄国和奥匈帝国的皇朝一样，德国王室也成了大战的牺牲品。当德皇被护送到法国边境上的一个火车站时，在月台上被人认了出来。"这家伙完蛋啦！"有人喊了起来，另一些人则高呼："法兰西万岁！"两天后，即 1918 年 11 月 11 日，德国新政府的代表在贡比涅福煦的指挥车上，签署了停战协定。当天上午 11 点，该文件正式生效。在经历了空前的浩劫之后，突然间，

▲ **1871年1月18日，普鲁士国王在凡尔赛宫明镜大厅被拥立为帝。这座"太阳王"的宫殿时为普军的司令部**

奇异的安静笼罩了曾经枪林弹雨的前线。一位法国军官写道："和平来得这样突然，我们都感到震惊。几小时后，我们漫步战壕，惊奇地看到，我们的战士或坚守在潜听哨上，或躲在掩蔽部里，似乎战争仍在进行。"

在后方的城市里却是另一番景象，庆祝活动以惊人的速度向外蔓延。在巴黎，上午 11 点，一艘停泊在塞纳河上的潜艇开始鸣放礼炮。人们纷纷走上街头，自动地组织起来开始游行，欢呼战争结束了。15 点，当庆祝活动达到高潮时，福煦在前去出席内阁会议的路上，乘坐的汽车被成群结队的人们团团围住，好不容易才得以脱身。16 点，国民议会的会议大厅已被人们挤得满满当当，而外面的人群还在拼命地往里拥。向参众两院宣读停战条款时，600 多名议员热烈鼓掌，几乎每个人的眼里都闪烁着泪花。每念一条，大厅里都发出一阵赞同的欢呼。最后大家怀着激动的心情，全部投下了赞成票。到了晚上，2 万人欢聚在灯火通明的歌剧院前，而一些法国知名歌手则冒着刺骨的寒风，唱起了《马赛曲》。

从 1919 年 1 月 18 日开始，胜利的协约国代表们云集巴黎，汇聚在塞纳河西岸的法国外交部大厦，准备为被战争撕裂的世界起草一份永久的和平条约。俄国内战前途未卜，没有派人参加。失败的同盟国，特别是德国，也没有被邀请。尽管如此，德国民众仍希望和约能深植于美国所倡导的和解精神中。作为一个在战争中未受重创，甚至受益不少的国家，美国提出了一个非常理想化的解决方案：德国会为其在战争爆发时起的角色遭受惩罚，但应适可而止。英国则倾向于支持法国让德国接受一个严苛的和平要求。尽管英国本土没有受到入侵，但在战争中仍遭受了巨大的人力损失。为了迎合民众中的报复情绪，英国许诺会"榨干德国'橙子'，直到橙仁吱吱叫唤发出哀鸣"。不过，英国不想战后德国永远处于衰弱状态，以致出现一个太过强大的法国，所以态度比法国更加宽厚、温和一点儿。

法国坚决拒绝对德国宽大处理。在过去的 50 年里，德国已经两次入侵法国了。法国虽然最终赢得了胜利，可有些损失是无法弥补的。这场战争使法国损失了十分之一的人口，共有 130 万青年士兵丧生或失踪，在协约国阵亡人数中比例仅次于俄国。此外，还有 300 万人残废，其中 30% 的人完全成了废人。在全法国的 3.8 万座城镇中，只有一座在战争中无人死亡。每一个城市和乡村中，都竖起了刻满名字的纪念碑，它们见证了战争的血腥。物质方面的损失更为严重，法国四分之一的工业遭受巨大破坏，生产减少了一半。现在是让德国及其人民补偿这一切的时候了，像它在 1871 年对法国做过的那样。法国想看到德国受制裁，国土被肢解，倒在废墟上永远站不起来。所以可想而知，当 5 月 7 日《凡尔赛和约》草案被公布时，德国人震惊、沮丧的反应也就不足为奇了。其内容的苛刻程度令德国人义愤填膺，有一种被出卖、背叛和伤害了的感觉。

群众抗议席卷了德国，军队中甚至出现了恢复战争的激烈言辞。海军军官愤怒地凿沉了被拘留在英国的大部分舰只，不让它们被瓜分。可德国政府别无选择，它选择了屈服。如果拒绝和约，国家将面临已驻扎在莱茵河畔的协约国军队的入侵。6 月 28 日，《凡尔赛和约》签字仪式在半个世纪前俾斯麦宣告德意志帝国诞生的凡尔赛宫的同一间大厅里举行。开始时，礼炮齐鸣，宫中的豪华喷泉自开战以来首次喷发。法国希望三色旗飘扬在莱茵河上，或者把莱茵兰从德国分离出来作为缓冲，但这一主张被拒绝了，法国只取得了占领这块土地 15 年的权利。不过，条约还是满足了法国人的其

◀ *1919 年 6 月 28 日，德国政府在凡尔赛宫明镜大厅，于法国和其他协约国领袖的注视下，被迫接受了苛刻的《凡尔赛和约》*

他要求：德国陆军不得超过 10 万，海军只能拥有一支象征性的舰队，不许建立空军；禁止生产飞机、坦克、重炮、毒气和潜水艇；所有的殖民地都被剥夺了，还要交出在本土东边的大片领土并入新独立的波兰。

《凡尔赛和约》并没有带来永久的和平，反而留下了后遗症。它激怒了德国人，使他们产生了长期的、危险的怨恨，变得更加好斗。早先，当芒让听到停战协定签署时，他便惊叫道："不，不，不！我们必须攻入德国的心脏。停战协定应该在那里签署，否则德国人不会承认他们失败了。不能那样结束战争！……这是一个致命错误，法国将为此付出代价。"福煦也担心把通过外交手段达成的停战，同无条件投降混淆具有潜在危险，更是一针见血地指出：这不是和平，这是 20 年的休战！可惜的是，很少有人同意他们的意见。

宝刀未老

1918 年 11 月 19 日，贝当荣升法兰西元帅。同年 12 月 8 日，共和国总统雷蒙·普恩加莱在梅斯授予他元帅节杖。但贝当并不太高兴，他也认为停战协定签得早了点。

他本预计这年 11 月 4 日在洛林发动的攻势可以把德国在比利时东部和法国北部的所有军队一举全歼。可是，法国人已经对战争和丧事感到厌倦，一心想忘记过去，尽快恢复战前的生活状态。尤其是那些不用再上战场的年轻人，狂热地醉心于爵士乐、狐步舞和赛车，纵情地寻欢作乐，这不免会引起受战争之害的平民和老兵们的失望与愤怒。在那个热闹的时期，1919 年 4 月 12 日，贝当被选为法兰西学院伦理学和政治学院士。1920 年 9 月 14 日上午 10 点，欧仁妮·阿尔东终于接受了 64 岁的贝当的求婚，与他在巴黎市第七区区政府登记结婚，正式结为夫妻。

▲ 1918年12月8日，贝当进入被收复的洛林城市梅斯时，受到了当地群众的热烈欢迎

▲ *1919年4月12日，贝当被选为法兰西学院院士*

　　作为第一次世界大战中的名将，贝当和福煦都在各自的领域里做出了贡献。若无福煦和他的进攻精神，则战争也许还不能在1918年胜利结束，但如果没有贝当在上一年的力挽狂澜，那么法国几乎会在那时被完全断送。他最大的优点和成就似乎是在组织方面，而非作战指挥上面。他的"悲观主义"和对有限攻势战术的提倡，诚如英国军事理论学家利德尔·哈特所说："由于缺乏表现的机会，历史也许不会把贝当列入伟大的战略家之林。他是一位战术方法的发明者而不是一位战术执行者。"他对于战争该怎样进行，可能并无任何明显的战略观点，但对它不应如何进行，却比大多数将领有较好的见解。

　　由于福煦以及霞飞都年事已高，他们对法国军事和政治的影响不久就越来越小了。贝当却不然，他比前两人都小，精力仍特别充沛。凭借其在法国国内和军队中享有的威望和爱戴，1920年1月20日，贝当被任命为最高战争委员会副主席。在战后法国军队的组织中，该委员会是最高军事机构，由内阁陆军部长担任主席，成员包括全体元帅和在大战期间指挥过一个集团军或一个军的将军。这时的法军没有设总司令，指挥权由训练总监和总参谋长共同掌握。1922年2月18日，贝当出任训练总监一职。

这时他领取的法兰西元帅的月俸为 19524 法郎，法律规定他还可以享用一辆带司机的汽车、一名副官和一位持元帅小旗的旗手。

在整个 20 世纪 20 年代，贝当一直肩负这两项职务，直到 1932 年 2 月他 75 岁退休为止。期间，他曾被派到摩洛哥执行过几个月的艰巨任务。

19 世纪时，埃及以西的所谓"马格里布"地区，已渐次沦于欧洲人的统治之下。1830 年，法国侵入阿尔及利亚，然后又于 1881 年在突尼斯建立起了保护领地。1904 年，法国在与英国订立友好谅解的协约之后，开始占领摩洛哥。这促使西班牙人采取同样的行动，与法国达成了一项瓜分摩洛哥的协议，并于 1909 年将在其摩洛哥的领地从地中海沿岸向内陆推进。他们推进的速度十分缓慢，因此几年来几乎未遇到抵抗。

当法国人于 1908 年在摩洛哥扩大占领行动时，他们有条理地建立起了一套调和人民服从他们统治的手段。法国部队通过其控制下的苏丹，利用一种缓慢渗透的方式扩大着他们的统治。法国除了依靠当地政府实施统治外，还利用了他们想要控制地区的各种派系或组织。同时，他们还遵循了一条尊重当地法律、宗教、习俗的政策，并努力使其统治显得更有吸引力，如低价销售商品、免费提供医疗服务、建设诸如道路和水井之类的公共设施等。这些经济刺激有助于使当地民众顺从法国的统治，并消除反抗动机。

对于不顺从的地区，法国通常会第一时间采取军事行动。他们习惯上集中大规模部队去对付这一地区，常常是突然四面出击以包围该地。即使在当地政府俯首称臣之后，法国仍在该地保有较强的武力。为了加强对所征服地区的统治，他们要建立坚固的支撑点，并对新征服的地区保持巡逻。同时，他们利用政治和经济措施使被征服的人民甘心服从法国和苏丹的统治。这种征服有赖于在被征服地区招募和训练的部队，法国人用这些士兵来戍卫当地，并在征服新地区时让他们担当主要角色。

到 1921 年，法国人运用这种缓慢征服方法已有十多年了，但这一年征服者们受到了挑战。这年夏天，西班牙人突然遭到一次惨败。给予这一打击的，是西班牙控制区的里夫山脉的部落民阿卜杜勒·克里姆。他在西班牙受过良好的教育，懂得西方技术的价值，并知道如何利用它们。受惊的西班牙人派出援兵不断涌入摩洛哥，总共达到 15 万人。这其中有一名其貌不扬的西班牙步兵少尉——弗朗西斯科·佛朗哥。

1923 年夏，由于一时无法克复大部分地区，西班牙人便提出给克里姆以自治权。但里夫首领要求完全的独立。到 1924 年时，他已摧毁了很多西班牙营区，并基本上消灭了一支 2 万人的部队，还建立了一支拥有机枪、火炮甚至少量飞机的正规部队。

西班牙人被限制在沿海地区，他们在内陆只剩下少数几个要塞，而且通常都处在里夫人的包围中。第二年，他不仅向西班牙人，同时还向法国人挑战，这个举动直接导致其灭亡。这一失策起因于他需要法国防线后面的某些产粮地。

克里姆将他的部队向南机动。在法国控制区与西班牙控制区之间的边境以南地区，以及与这条边境线平行的较长正面上，克里姆于1925年4月13日开始向数量上居于劣势的法军殖民军发动了他的进攻。里夫战士们穿过法国人的防线，召集到内地的一些部落参战，他们击退了法军，攻占了他们在这个山区内三分之二的筑垒营区，但未能迫使法军后退很远。得益于法国正规军优秀的炮兵、战法以及他们的纪律、训练和作战经验，法军得以避免彻底的大失败。当时的形势非常危急，致使西班牙和法国缔结盟约，决定采取联合行动来对付里夫人。两国的资源合在一起占有压倒性的优势，因此，里夫人的最终失败是不可避免的。

1925年7月17日，在已出任内阁总理的潘勒韦的提议下，法国政府派贝当亲临摩洛哥镇压如火如荼的起义。22日，他向总统写信，要求增派更多的援兵、火炮、坦

▲ **1906年在西班牙的阿尔赫西拉斯召开国际会议后，法国加紧了对摩洛哥的控制**

▲ **克里姆的起义虽未能赶走法国人，但他的功绩唤醒了整个马格里布，激励着20世纪30年代成立的各民族主义党派为自由而战斗**

克和飞机，然后又从卡萨布兰卡星夜赶到西班牙控制区，同当地最高负责人会谈，商讨对策。28日，贝当回到巴黎，9月3日他被任命为法国驻摩洛哥三军总司令。

1925年秋，6万里夫军对上28万法西联军。双方力量悬殊实在太大，在冬春两季贝当发动的强大攻势中，克里姆遭到了一连串的失败。1926年5月27日，克里姆宣布投降，被流放到印度洋上的留尼汪岛。而一直在沙漠里与"叛乱"分子作战的佛朗哥则当了上尉、少校乃至中校。33岁时，他又被任命为将军，成为西班牙军队中最年轻，也是最无情、最冷酷的将领。

在这场战争中，坦克被证明作用有限，因为法军早就征服了大部分适合坦克发挥重要作用的平原地区，而绝大多数剩余的行动则发生在海拔较高的山地，坦克在这些地区难以发挥作用。然而，法国人成功地运用卡车替代马匹，以确保他们拥有更强的机动能力。与西班牙殖民地接壤的法国殖民区，地面坚硬、平坦且没有树木，在这里，每辆乘坐14人的100辆卡车构成了一支拥有机枪以及37或57毫米火炮的摩托化纵队的主力。这支机动部队在平坦的路面上迅速前进，对摩洛哥本土的游牧骑兵实施迂回行动。法国人每天以近乎悠闲的步伐前进50公里，占领了摩洛哥土著南翼的阵地，切断了他们撤向西班牙殖民地边界的退路，并迫使其在发现自己已被夹在南面摩托化部队和北面徒步而来的步兵之间时选择投降。

飞机被证明在补给方面非常有用，它们向被围困的营区投掷冰块和水，有时还将大量的勋章运到前线，使将军们通过在火线颁奖来鼓舞士气。由于山地通常缺少树木的掩护，飞机也可承担传统上由轻骑兵进行的侦察任务。航空照片使法军行动之前就已制定出周密的计划。利用飞机从空中对敌人部队实施攻击的作用较小，因为法军是依靠小部队平定反抗而不是消灭敌人。但当已经在高山上构筑了工事的敌人击退了攻击，能很容易地抵抗一个月之久的围困和轰炸时，空中侦察对作战的作用就意义非凡了。飞机能够帮助搜寻被围困的敌人赖以提供水源的秘密泉眼，并协助炮兵摧毁它们。被围的里夫人在失去了水源后就不得不投降了。

当时，贝当仍念念不忘在狭窄的"西线"所进行的缓慢而顽强的"防御—进攻"战术。在其本人深受影响的一战经验里，尤以凡尔登的经历为最。他曾许诺说，法国青年将永远不再被迫接受这样残酷的牺牲。于是，他又重提自己心爱的那句格言："不应用人来对抗物质，而应用物质来替人打仗。"在贝当所著的《凡尔登会战》一书中，他指出："假使在一开始我们对军事工程师的技巧具有信心，则凡尔登会战将会出现另一种完全不同的发展。如果这样，杜奥蒙堡可能就不会陷落……要塞工程，虽然如此

▲ 70高龄的贝当（戴飞行帽者）曾飞到前线，亲自视察战况并鼓舞士气

◀ 年轻的佛朗哥（中）作为军事指挥官表现得强悍凶猛。在恢复西班牙在摩洛哥统治地位的战争中，他发挥了重要作用

不被重视，但在胜利中却扮演着非常重要的角色。"在贝当的主持下，法国军事理论把连续的设防战线奉为信条。他们认为，在德国的推进下，防线可能会在压力下收缩一些，但是不可能被突破。而且有了它，法国可以争取更多的时间，等待盟军前来援助，同时全面动员本国的力量，这样就能再次取得像1918年那样的胜利了。从这一点来看，它与后来建起的马奇诺防线的观念在逻辑上也就只仅有一步之差。

直接推动法国修建这道马奇诺防线的理由是：《凡尔赛和约》授权法国对莱茵兰的占领时间将提前结束。1919年，德国人签署和约时被要求赔偿战争所造成的全部损失，但对需支付的数额和时间没有达成具体协议。在此后的两年中，受命拟定详细计划的赔款委员会确定德国的赔付金额应为320—330亿美元，法国将得到其中的52%—58%，剩下的再分给其他协约国。然而战后的德国遭受了灾难性的通货膨胀，根本没有力量支付大笔现金赔款。在这种情况下，德国政府被迫恳求延缓偿付。于是，战时遭受损失最为惨重的法国决定使用武力，直到让对方将全部赔款完全付清。1923年1月，法国军队开进了鲁尔地区，占领了那里重要的工厂和矿场。

德国人的反应是组织所谓的"消极抵抗运动"。劳资双方进行总罢工，使整个鲁尔的工商业陷于停顿，公务员们也拒绝执行法国占领者的命令。为了缓和僵局，法军撤离鲁尔，同时建立了一个国际委员会，开始实施一项计划：德国将得到外国贷款以使经济摆脱困境，然后再依据每年的繁荣指数调整当年的赔款额。德国每年的赔款额从2亿美元逐渐升到5亿美元，但仍没有明确要缴纳多少年。直到1929年，第二个经济学家委员会制定了另一个在次年被采纳的新计划：德国应支付的赔款被进一步减少为80亿美元，分59年偿清；作为回报，法国要比《凡尔赛和约》所规定的期限早

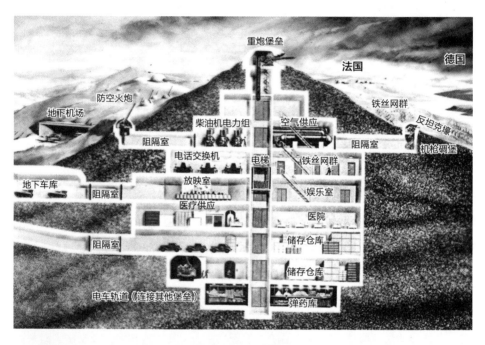

▲ 一幅从报纸上摘下来的马奇诺防线上一个堡垒的剖面图，它形象地描绘出了一个庞大的深入地下多层的复合体。尽管实际机构可能没有此图复杂，但是它们确实有指挥所、部队营房和弹药库

◀ 开进鲁尔工业区的法国军队集合在埃森市内的一个广场上，他们背后的雕像是军火大王克虏伯

4 年撤出莱茵兰，但德国仍须长期维持这一地区"非军事化"的状态。现在法国国防的主要目的是，使国家不受可能重新武装起来的德国的入侵。

1930 年初，法国国会批准了修建马奇诺防线的计划，拨款 30 多亿法郎，一年后又追加了 25 亿法郎。它是以安德烈·马奇诺命名的。第一次世界大战爆发前，此人是位律师和国会议员。战争爆发后，尽管他在 1913 年已担任陆军部副部长，却重新应征入伍，当了普通士兵。后来在保卫凡尔登的战斗中，他因脚部受重伤，死里逃生，活了下来，但残废退役。战后，他再次出任陆军部部长。马奇诺确信《凡尔赛和约》的保证是不充分的，因此决心让其故乡洛林将来不再遭受德国侵犯。1932 年，马奇诺由于在新年宴会上吃了变质的牡蛎中毒患斑疹伤寒突然去世时，马奇诺防线这一工程还在进行中。贝当曾主张建立连串的混凝土壕沟网防备德军，辅以混凝土观察哨和地下通信联络设备，相互之间由火车沟通。但其他人认为光有这些是不够的，马奇诺使国会接受的模式更接近他们的见解而非贝当的。这条防线全长 314 公里，由一系列能各自为战的大型堡垒组成，地面设有钢筋混凝土防御工事，上面架设有重炮，并配

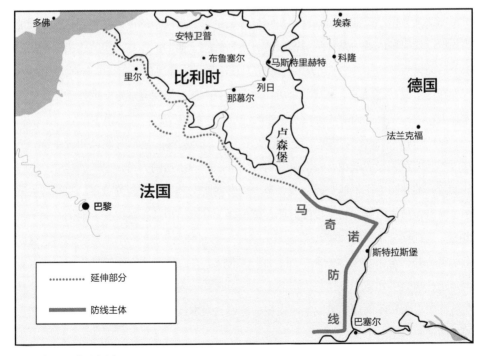

▲ 马奇诺防线示意图

备完善的后勤补给仓库和驻防设施，从日照室到影剧院应有尽有。

马奇诺防线是沿着从瑞士到卢森堡的法德新边界修筑的，法国人并不打算再在法国一比利时边境到英吉利海峡一线修筑类似的设防地带。在这点上，法国政府和军队的领导接受了贝当的观点："只有进军比利时才能保卫北部边界。"因为德军如果不能突破马奇诺防线，就只有假道比利时一途才能侵入法国。倘若他们再次进兵那里，那必然会促使英国参战。所以，马奇诺防线就其设想来说是正确的。此外，贝当并不主张把大部分陆军都关在马奇诺防线中，他经常强调应在相当距离的后方，保持一支强有力的机动兵力，既可攻也能守，以便应对任何状况的发生。有了这样一道屏障，人力得到了大大节省，因为防守它所需的兵力要比没有它的情况下守卫这样长的前线所需的兵力少得多。并且，居住在附近的、年纪较大的后备役军人也能够担起驻防任务。因此，法国不仅不用进行总动员，还提高了机动野战军的质量。

一般人都以为贝当所提倡的是一种静态、僵化、落伍的战争思想，但实际上不完全如此。贝当并非没从北非开阔地区使用的机动战术中汲取更多东西，诚然，他始终认为坦克的主要任务还是支援步兵，也不支持创建独立装甲师的观念。可是他很早就认清了新式空中武器的重要性，并一直主张建立一支进攻型的"威慑"空军。1935 年，贝当在法国战争学院演讲时，谈到制空权和装甲对未来战争的冲击时曾预言："谁能首先把近代引擎的威力发挥到最高限度，胜利就属于他们。"在次年德国出兵重占莱茵兰后，贝当又宣称："从《凡尔赛和约》签订起，防御观念就在法国占有优势地位，但现在这个时代已经过去。我们今后在地面和空中都必须拥有能够立即发动攻势的强大兵力，因为只有近代的攻势技术，才能与危险中的盟国做有效的合作。"

80 岁的老将能保持思想不落伍的实不多见，但遗憾的是那时他已卸任多年，而法国军队的新领导者既没有使国家拥有一支可以随时出击的力量，也未能建立一支可能使新兴的德国空军不敢空袭，或者至少能够使其空袭受到挫折的空军。贝当辞去陆军总监后，马克西姆·魏刚接任此职，莫里斯·甘末林担任总参谋长。他俩在第一次世界大战期间分别担任过福煦和霞飞的参谋长。当魏刚于 1935 年 1 月退休后，这两个职务合并，全由甘末林一人担任。那年魏刚 64 岁，甘末林比他年轻 5 岁。后者觉得自己已学会了如何去打仗，但实际上仍缺乏建立一支现代化军队的意志和眼光。他对各种新观念和不同意见采取拒不支持的态度，根本没有足够的准备及能力突破自己原来的狭隘观念。

马奇诺防线只是一道不能移动的屏障，正如英国军事理论家、著作家富勒给出的

▲ 甘末林（中）是位具有聪明才智的参谋军官，但从个人性格上讲，他优柔寡断，反应迟缓，不具备应付危机所需的领导才能

▲ 由艾斯蒂安与雷诺汽车公司合作生产的新式坦克

尖刻评论：防线是"一面盾牌，它缺乏一把剑"，而法国野战军不过是"一把扫帚柄"。此前，法国认为德国的军备受到《凡尔赛和约》的严格限制，不会有值得畏惧的军队，因而心满意足地松懈了。它的有限财力还要派别的用场，以致军费拨款一直很少。战火已使法国北部满目疮痍，城镇遍地瓦砾，工厂一片废墟，农田大量荒芜，几乎无法收拾。所以胜利后，法国的主要任务是医治战争创伤。重建工作的费用是惊人的，到1925年，法国已耗费800亿法郎。为了节约，早已陈旧不堪的过时武器和其他装备仍在使用。由于长期财政拮据，军饷也一直很低，导致征兵困难。参谋人员情绪不振，训练水平下降，主动精神和创造性都被扼杀。

当然，也有少数人洞察了今后战争的发展趋势。第一次世界大战期间，法国一流的坦克部队司令让·巴蒂斯特·欧仁·艾斯蒂安将军与雷诺汽车公司合作生产出了一种新式坦克，重量只有6.5吨，其履带延伸至车体前部，加上该车体积较小，使其具有较好的越壕能力。该车顶部有一个可以360度旋转的炮塔，装有一门37毫米炮或一挺机枪。在此以后，绝大多数坦克都沿用了这种设计原则。到1918年，法国人已经订购了4000辆这种坦克，而且组织和训练了专业人员操纵它们。艾斯蒂安清楚地认识到坦克在一场攻击行动中的作用，他在1920年就已预言："不用多久，坦克就会动摇现代军队的战术，而且还会动摇它们的战略和组织。"他还补充说，未来的机械化部队将深入敌人的防线，摧毁它们的战斗力。

这些见解后来得到了夏尔·戴高乐的进一步补充与发挥。第一次世界大战爆发时，他任第 33 步兵团第 1 营中尉。同年 10 月 15 日，他在战斗中负伤，右腓骨折断，被送进野战医院治疗了 3 个月。1915 年 2 月 10 日，他被临时任命为上尉。3 月 10 日，他在香槟地区的战斗中再次负伤，卧床不起达 4 个月之久。10 月 30 日，戴高乐任第 10 连连长。1916 年 3 月 2 日，他在杜奥蒙附近的战斗中第三次中弹负伤。法军以为他已阵亡，当即向其家属报丧。贝当则向全军通令嘉奖，追认戴高乐为荣誉勋位获得者。其实，昏迷中的他被德国人生擒了。在两年多的囚禁生涯中，他先后换了 5 个集中营，曾进行了 5 次越狱尝试，最后在 1918 年 12 月 3 日才回到法国。

重返军队服役后，戴高乐的独立思想逐渐显现出来。他在一系列的著作中，竭力倡导建立庞大的机械化部队和职业部队。但他的努力都是徒劳，不仅没有成功，反而受到奚落。高层的决策者并不认为将来的作战理论会有多大变化，炮兵和步兵依然是战斗的主力。1921 年批准的教导手册上说，坦克的任务是"加强步兵的进攻力量"。9 年后发表的使用手册还在宣传同样的理论："作战坦克是辅助步兵的机械……坦克只是补充手段，暂时由步兵支配，它们大大加强了步兵的行动力量，但是它们不能代替步兵。"当德国秘密为其坦克闪击战理论奠定基础时，法国新制定的手册仍规定：武器的"技术进展"并不改变"迄今在战术领域确立的基本原则"。

1934 年，戴高乐总结了自己对机械化战争前途的理论，写出了《走向职业军》一书，概括了在这方面的一系列设想，并对法国军队当时流行的消极防御思想进行了批评，主张实行由装甲师带动的运动战和进攻战。在此之前，从 1925 年 7 月至 1926 年 9 月，他在最高军事委员会副主席办公室供职，担任贝当的幕僚。他曾经把手稿送给元帅阅读，后者也答应过会给以支持，但后来看到其他一些军政领袖可能会反对这套思想，便又收回承诺，并且未同戴高乐谈论改变态度的原因。从这时起，戴高乐和这位老师之间以前还算友好的关系便发生了显著变化。不过，这番挫折并没有使戴高乐灰心，他自己负责把书出版了。

只有同辈的职业军官小圈子里的人才知道戴高乐写了这本书，而且大多数人的态度，不是冷淡地保持沉默，就是傲慢地不加以重视。如果"专家"们知道德国军方非常重视这本书，在他们的《论机械化战争》的机密手册中原原本本地引用了它，并且把其中的原理具体运用到将来进攻法国的秘密计划里去，那么看法可能就会截然不同了。在法国的政治家中，几乎只有当时担任财政部长的保罗·雷诺一个人仔细研究了这本书，并且大体上赞同戴高乐所提出的理论，保证只要力所能及，就一定予以帮助。雷诺试图通过写文章来宣扬这种思想，使法国陆军装甲化，但他也失败了。戴高乐更加感到沮丧，1937年他被调到梅斯的第507坦克团，任上校代理团长，同时代的人大多认为他的军事生涯已经到此为止了。

1939年的夏天，是人们记忆中最怡人的夏天之一。随着假期的来临，人们似乎不管发生什么事情，都要尽情享受这个迷人的季节。在法国巴黎，

▲ 戴高乐（右）和前来视察由其指挥的坦克部队的勒布伦总统（左）

刚开始第二任共和国总统任期的阿尔贝·勒布伦和总理爱德华·达拉第携甘末林、魏刚等将军，于7月14日国庆节这天在香榭丽舍大街检阅了游行的法国军队。驻首都的步兵团、炮兵团和骑兵部队，以威严的军容，踏着军乐缓缓而行。然而，受阅队伍中没有见到法军仅有的几个装甲团中的任何一个。甘末林觉得没有让它们来接受检阅的必要。在宽阔的街道两旁，观礼的人群兴奋不已。对那些活到能够回忆这年休假期的人来说，这是个令人难忘的插曲，但对另一些人而言，这是个场面宏大的告别会。让他们难以置信的是，仅仅时隔一年光景，这样一支看似非常强大的军队，竟会在一夜之间土崩瓦解。

收拾残局

第一次世界大战带给法国的不仅是战争伤痛，还有巨额的赤字。由于六分之五的战争费用来自借款，战后美国又加紧催债，法国政府在1924年时已经到了找法兰西银行借款都借不到的地步。于是法国从1924年起大幅增税20%，结果负担多半转移到基层穷人身上，富人和金融机构的资本大举外逃，但这依然不能解决经济困难。法国政府只能拼命印钞，把法郎大幅贬值，甚至跌到1914年币值的五分之一。在当时缺少国际统一结算货币的情况下，法国政府等于强行赖掉了大部分债务。

卸任总统后出任总理的普恩加莱，通过对资本收入加税和将法郎与黄金挂钩的双重政策，一方面增加了收入，一方面恢复了资本家对法国经济的部分信心，然后提出了庞大的社会保障计划，安抚了穷人的情绪。到1929年，法国财政实现了大盈余，

史称"普恩加莱繁荣"。因此，虽然同年华尔街的大崩盘导致西方资本主义世界经济长期衰落，但这一冲击最初对法国的打击来得比较慢，不像其他国家那样迅猛和明显。在随后的两年里，政治家和企业家都认为法国是危机四伏的资本主义经济体系中的一片绿洲。

　　然而，从1931年4月开始，法国的繁荣期走到了尽头。因经济大萧条影响到欧洲，法国已经不可能再像英美一样通过大幅贬值货币来减轻负担了，于是财政连年紧缩。经济衰退波及的工业中，汽车制造业和纺织业受到的冲击最大。在危机影响最显著的1935年，法国钢产量减少50%，铁产量减少66.7%，棉纱和汽车产量减少35%。工业活动减慢导致失业人口上升，其数目十分惊人。此外，出口额迅速下降，税收又不断减少，法国的财政收支连年出现赤字。经济危机在法国来得慢，去得更慢，直到1938年才开始出现一些复苏的迹象，但已经是为时过晚了。

　　法国的政治和经济一样不稳定。在整个20世纪二三十年代，法国产生过40个内阁。从1929年11月到1933年11月，法国先后出现过由8位总理领导的12届政府。仅1933年内，5个内阁迅速更迭，但是没有哪届内阁能够应付经济衰退。议会政体和政治家都失去了法国人民的尊敬。1934年1月9日，两年前开始第一个任期的阿尔贝·勒布伦总统要求组织又一届"全国团结"政府，这届新内阁成员以德高望重的高龄者居多，其中包括贝当，他担任陆军部长一职。78岁高龄的他谈吐缓慢、声音颤抖，议员们都为他感到担心，但老元帅仍雄心勃勃。然而同年11月9日，该届内阁便告倒台，贝当失去了部长职务。1935年7月1日，贝当再次入阁，被任命为国务部长。可是这届政府只维持了4天就垮台了，他的部长职位又随之告吹。

　　随着富人与穷人、资本家与劳工间的鸿沟不断扩大，积怨越来越深。法国政府和国民议会在困境面前束

▲ 经济大萧条和政治腐败推动了极端主义的发展。1934年2月6日在巴黎协和广场，法国极右势力举行了大规模反政府示威游行，并在走到国民议会大厦时同军警爆发了流血冲突

手无策，从而把左右两派新兴政治力量推到了舞台中央。在 1936 年的大选中，一个由左派政党组成的"人民阵线"，以"面包、和平、自由"为口号，获得了胜利。一些以该联合运动为基础的内阁相继执政一年多，但是由于其没有掌握经济大权，所以并没能推行任何有益的变动或必要的改革。此外，另一些公开效仿已在意大利上台的法西斯和在德国掌权的纳粹的右翼极端组织，与那些一直以来就反对民主的保王党人、保守势力，趁机在街头挑起流血骚乱，企图推翻共和国本身。据说有些人甚至咕哝着说："宁要阿道夫·希特勒，也不要莱昂·勃鲁姆（人民阵线的领袖）。"

在那段时间里，贝当曾和一位名叫皮埃尔·赖伐尔的职业政治家进行过长谈，发觉彼此都憎恶议会民主。两人的关系日益紧密，逐渐成为莫逆之交，这也是他们多年后合作的预兆。赖伐尔是个灰黄皮肤的矮个子，他 12 岁时失去了母亲，他想读大学，但这个志向却受到父亲的阻挠，于是只好偷偷实现这个愿望。他最后终于成了律师、议员，同时也是个大富翁。在第一次世界大战后的几年中，赖伐尔三度出任内阁总理，还多次担任政府部长。他对法国的议会制度感到失望，认为它只能产生蛊惑人心的言论，而在面对严重问题时却束手无策。他觉得民主正把这个国家引向毁灭，这坚定了他改革共和国宪法的决心，并把自己的政治观点转向右翼，后来甚至成了希特勒公开的支持者。

正如由于内部的四分五裂，使法国政府未能在国内做出有力的决策一样，在面临外部新出现的战争威胁时，政府同样没有能力、时间和办法做好应对准备。在这种情况下，妥协甚至屈服看来是不可避免的。1935 年，希特勒宣布重整军备、扩充德国军队，并于次年出兵重占莱茵兰，使之再度军事化。此时的美国已退回到孤立状态，而怀有满足自己更多领土野心的意大利则保持观望。自顾不暇的法国人只好懊恼地袖手旁观。在 1938 年 9 月签署的《慕尼黑协定》中，法国无奈地赞成了英国政府的"绥靖"政策，不仅承认了 6 个月前德国对奥地利的兼并，而且同意它对捷克斯洛伐克苏台德地区的占领。英国领导人自以为避免了危机，化解了战争，但其实都是幻想。希特勒的侵略政策并不局限于此。自 1939 年 3 月起，他又对波兰提出了新的领土要求。战争已经无法避开了，英国终于从麻痹状态中清醒过来，表示不能容忍德国对波兰新的侵略，并同波兰缔结了军事同盟。

法国也开始抓紧时间为战争做准备，正在逐步复苏的经济使它稍有底气增加军事预算。它匆忙修筑了一直延伸到英吉利海峡的防御工事，以便使马奇诺防线能够发挥更大的作用。但所有的努力都已经太晚了，而且法国的经济也不允许其进行过大的投入。因此，法国开始进行相应的外交准备。法国加入了英国与苏联的会谈，以便更全面地保证波兰的安全。但由于西方列强曾长期拒绝承认这个布尔什维克的革命政权，相互间的不信任导致谈判搁浅。与此同时，经过 3 年多残酷、血腥的内战后，一伙亲法西斯军官得到德国提供的军事援助，推翻了 1931 年取代君主制的西班牙共和政府，领头的人便是弗朗西斯科·佛朗哥。法国任命退休的贝当出任驻这个新政府的大使。1939 年 3 月 6 日，他自驾汽车抵达昂代市，转道圣塞巴斯安的赞格拉别墅，并于 3 月 24 日在布尔戈斯向佛朗哥递交了国书。元帅夫人不久也来到这里，帮助丈夫处理事务。出任大使后，贝当的年俸为 9.8 万法郎，大部分都被用于官场应酬。

这年 5 月，勒布伦总统的第一个任期即将届满，他决定继续谋求连任。贝当拒绝成为候选人，并说那是一个仅适合由"战败后的元帅"来充任的职务。6 月 13 日，勒布伦战胜了其他竞选对手，再次当选。可他的这届任期是在紧张的局势下开始的。波兰政府依仗英国的支持非常乐观，以为自己有能力进行抵抗，甚至可以战胜德国。

▲ "他们不得通过"这句口号，虽然常被人认为是贝当所创，但其实出自尼韦尔之口。它不仅成了法国的战斗口号，而且后来还引起所有国家的仿效

▲ 1936年佛朗哥叛军打到马德里城下时，政府军当时仿照尼韦尔那句有名的口号，也提出："不让他们通过！"

他们一直强硬地拒绝同纳粹谈判，说不会向霸权屈服。希特勒对英国的担保不屑一顾，他下达绝密指令，要求在 9 月 1 日执行入侵波兰的阴谋计划。德国军队按预定计划越过边界的第二天，波兰向英国和法国求援，恳求他们履行作为盟国的义务。9 月 3 日，伦敦向柏林发出了最后通牒，同一天，巴黎也采取了一致行动。英国的警告期限是上午 11 点，法国的是在 17 点。截止最后期限，英法两国没有得到任何答复，于是便正式向德国宣战了。

面对糟糕的经济和战备，甘末林毫无进攻的意思，想等英国远征军来了以后再做打算。他的主要目标是以最小的人员牺牲来保卫法国的领土完整。"甘末林没有胆量。"一位法国将军这样评价他的上司。这场莫名其妙的静坐战"打"了近 8 个月，几乎一枪未放。法国军队只在萨尔布吕肯地域做了一次试探性的出击而已，其余大部分时间都躲在马奇诺防线后面不动声色地等待着，他们在阵地上过着假日野外露营般的生活，听任纳粹的军队鲸吞波兰。

这种消极态度也表达了法国民众的情绪。他们不像 1914 年那样同仇敌忾，宣战时士气不旺，国内舆论对于为了一块不相干的别国领土而战也是意见纷纭。虽然有说法是，第一次世界大战的厮杀刚过去不久，可怕经历的阴影还笼罩在法国人头上，从而进一步抑制了他们作战的愿望。

总体来看，法国民众虽然不愿像第一次世界大战那样无谓送死，但并没有抵制征兵和服役。真正的致命问题是，法国经济的不景气，使国防预算严重不足，其结果就

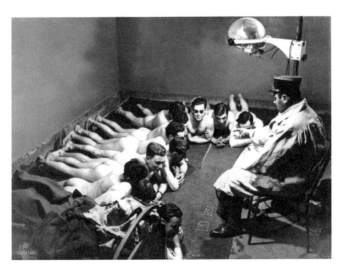

◀ *1914 年的那种情况，即开战第一个月德军便到达马恩河畔，在 1940 年并没有出现，他们没有离开在莱茵兰的阵地有所行动。在西方国家看来，表面看去一切平静，法国士兵甚至躲在马奇诺防线里面安然地晒太阳灯*

是军备废弛。一位英国记者来到马奇诺防线时，看见一名年轻的德军士兵把内衣挂在仓促修筑的工事上，赤膊上身毫不在乎地洗澡。他问法国哨兵："为什么不向对方开枪？"后者似乎有点惊讶，回答说："……我们要是开火，他们就会反击……"到了这一年的冬天，战争变成了一场"反无聊"之战。火车站还专为喝醉的士兵开辟了醒酒的地方。"这儿什么都没有。"一位守在马奇诺防线上的年轻中尉在1940年2月给父母的信中写道："绝对什么都没有。仅有的消遣是吃饭和睡觉。情况令人失望地放心。"纳粹的一个将军也写道："法国人的被动态度使我们得出这样的结论：我们的对手并不想打仗。"

战争爆发后不久，戴高乐被提升为准将，任第5军坦克旅临时旅长，后来又被调到第4装甲师临时司令部做指挥官。1940年1月21日，他向80位著名人士发出了《战争的指挥和机械化部队的组织》一文，抨击上司的落后军事思想。3月14日，法国国民议会举行秘密会议，批评了政府首脑使军事行动陷入被动地位，且在外交上同样无所作为。22日，被弄得疲惫不堪的爱德华·达拉第总理提交了辞职信，他的后继者保罗·雷诺一上台就决心扭转这一令人难以忍受的局面。新总理立刻召见了甘末林，他们的第一次谈话却预示了不幸的未来：

"军队怎么样了？"

"准备好了。"

"它能干些什么？"

"干不了什么。"

"……"

雷诺受不了这种对卷入战斗怕得要命的消极态度，生气地说："他（甘末林）是位省长，是位大主教！但绝不是一个司令官！"雷诺决定加速事态的发展，准备联合英国一起采取行动，切断德国从瑞典进口铁矿砂的海上运输通道。但希特勒先发制人，抢先于4月占领了丹麦和挪威。

5月10日，西欧终于遭到德国人发动的突袭。这次是真的打起来了。德军似乎像盟军预料的那样，企图避开马奇诺防线，再次从右翼包抄，开始沿着荷兰到比利时的方向进攻。驻守在法国和比利时交界处的英国远征军，以及马奇诺防线末端的法国主力部队迅速集结到东北方向进行阻击。不过，这一切都在德军的掌控之中，德国原本的确计划穿过荷兰进入比利时，从法、比边境入侵法国，但在3个月前他们做了改变。他们的主要攻势是：克服一切天然障碍，穿过覆盖比利时、卢森堡、法国的阿登山区后将部队扇形展开。这一地区不在马奇诺防线的范围内，也没有重兵布防。达拉第战前曾视察过当地，但他认为现代化武器通过这里起伏不平的崎岖山区和狭窄的道路是不可能的。但现实狠狠地给了他一拳。

德军装甲部队沿着马奇诺防线的西北边缘行进，他们渡过默兹河，突破法军的薄弱防线，并打开了一个缺口，深入到法国北部。已然习惯虚假战争那种昏昏欲睡状态的法军参谋部不知所措，几乎没什么抵抗和防御能力，很快就陷入了被动局面。戴高乐率领他毫无准备的部队试图进行反击。他的英勇行为受到了嘉奖，但两次进攻却因敌众我寡均告失败，被迫沮丧地往南撤退。巴黎门户洞开，陷入一片混乱，法国外交部慌忙开始焚毁秘密档案。其实，德国人并不打算立刻进军巴黎，而是急速向西北挺进，围住了刚进入比利时境内的英法部队。

▲ 一名法国坦克兵逃出他被炸坏的夏尔－B型坦克，向围拢上来的德国步兵举手投降。1939年法军终于组建了3个装甲师，但为时已晚。他们缺乏诸兵种协调的理论、训练和经验，常在既无步兵跟随也没有空中掩护的情况下投入战斗，加上通信设备和燃油供应不足，吃了不少败仗

5月15日早晨7点半，在德军开始攻击法国西部前线的同一天刚就任英国首相的温斯顿·丘吉尔，被他床头的电话铃声吵醒，听筒一头传来雷诺的声音："我们被打败了。"法国总理哀叹道："……防线已被突破。他们的坦克和装甲车正大批地涌进来。"丘吉尔大吃一惊，回答说："所有经验证明，攻势经过一段时间后会停止的。我记得1918年3月21日德军发起的攻击就是那样，五六天之后，他们便不得不停下来等候补给。这时，反攻的机会也就来临了。"丘吉尔认为有必要到巴黎去。次日16点，当他走下飞机时，前来迎接他的法国官员告诉他："最多还有几天，德国人就要进入巴黎了。"丘吉尔立即驱车到外交部同雷诺和甘末林进行会谈。在后者对局势做过简单介绍后，丘吉尔就问他："法国的战略预备队在哪里？"对方耸了耸肩膀，回答说："没有。"

5月18日，无能的甘末林被撤职。第二天，雷诺任命已经73岁的魏刚为总司令。同时，为了进一步加强政府力量，重振国民士气，他又把贝当从驻西班牙大使任上召回，

出任内阁副总理和自己的首席军事顾问。效果是令人满意的，法国报纸纷纷发表赞歌，称颂这两位经历过第一次世界大战的大人物。但当魏刚在5月20日接任指挥时，战局已经陷入了绝望。同一天，一路长驱直入的德军装甲部队到达英吉利海峡岸边。他们在短短10天里推进的距离比第一次世界大战4年里推进的距离还远。被困在法国北部和比利时西部的英法军队打算向南突围的企图也失败了。得不到支援的荷兰政府只得逃亡英国，它的军队宣布缴械投降。当比利时政府和军队分别在5月27日、28日投降后，英法联军若想免遭被俘和全部被歼的命运，除了从海上撤退外，已无路可逃了。

　　丘吉尔和英国海军部希望能撤回4.5万人，但因法军后卫部队拖住德军的时间比预期的要长，加之形形色色的各种民用船只，包括渡船、帆船和游艇也志愿穿梭往来于法国北部和英国之间的港口，在9天的撤退行动中，共有33万多英法部队（英军22万人，法军11万人）被送到英国，但是他们不得不扔掉所有的重武器。德国人几乎没有停留，于6月5日像潮水一般向南无情地涌进法国腹地。魏刚企图守住埃纳河—索姆河一线，但两天之内德军就突破了防线，法军全线崩溃。同一天，雷诺再次改组了政府。曾因预言将来要打机械化战争而遭到高层厌弃的戴高乐，此时被任命为陆军部副部长，时年49岁。"这还只是个孩子！"一位年迈的官员这样评论说。

　　6月8日，德军渡过马恩河，进抵塞纳河畔，大有包围巴黎之势。第二天，法国内阁做出了把政府机关撤离首都的决定。翌日，魏刚也命令军队撤出巴黎，只留下警察维持治安。13日，巴黎宣布为不设防城市。第二天拂晓时分，德国军队从四面八方

▲ 在敦刻尔克港口，一名德国士兵正用望远镜观察大批盟军俘虏排着长长的队伍离开海岸。德国人此役抓住了大约4.5万名殿后的盟军战俘，其中大部分都是法国士兵

▲ 1940年，有800—1000万法国人逃往南方。逃亡的部分原因是出于害怕，还有部分原因则是已经决定转移的政府不希望北方的大量人口落入敌手。结果这种做法反而加剧了混乱和恐慌，大批民众加入了"大逃亡"行列。要让这群人平静下来，除非战争结束

涌入法国首都，巨大的纳粹旗帜升起在主要的公共建筑、广场上，并飘扬在埃菲尔铁塔顶端。没有一声枪响，迎接他们的是一座没有抵抗的空城，城内的大部分居民都已流离他乡。德军士兵在马路上昂首阔步，好不得意。他们中的大多数人马不停蹄地穿过巴黎，继续南下去完成征服剩余法国的任务。

自 6 月 10 日起，法国政府就开始四处流亡。本来按照预先的计划，政府要转移到图尔。可是法国政府在那里只待了 4 天，之后便被敌人的推进驱赶走了。政府的撤退同整个国家的大逃亡并行。电台每小时都在广播最糟糕的消息，如意大利也向法国宣战，"从背后插上了一刀"，更加瓦解了法国的士气。东部和北部数以百万计的平民，怀着不知明天又将如何的恐惧心情，络绎不绝地朝着西面和南面涌去。撤退的部队和的难民掺杂在一起，士兵们丢弃了武器，和混乱的平民沿着同一条道路奔逃。汽车、马车、自行车甚至婴儿车、灵车，都拥挤在道路上，像蜗牛一样缓慢蠕动着。德国飞机不时从上空掠过，用机枪向人群扫射。目睹这种情形的政府官员感到十分沮丧，勒布伦总统就曾谈道，这种情绪深深地影响了他。

各方面的人都觉得，一切都土崩瓦解了，失败就在眼前。在打下去还是通过求和以结束战争这个问题上，法国政府内部存在分歧，此时部长们分为两派：以雷诺为首的人，建议将政府转移到殖民地继续作战；但大多数人同意魏刚和贝当的意见——应该立刻停战议和。6 月 11 日，在图尔附近的里阿尔，雷诺、贝当与丘吉尔再次召开了最高军事会议。英国首相极力主张，如果成建制的军队已被打垮，法国应该进行游击战。贝当回答，这样做意味着要使整个法国都受到蹂躏，他还没有做好采取这种抵抗方式的准备。第二天，法国内阁在康热堡开会。魏刚汇报了军事形势，并得出结论：这场战争输定了，必须结束！他说，部队已经疲惫不堪，有组织的抵抗即将垮掉，应该停止敌对行动。他认为："必须把一些部队保留下来，以便维持社会秩序。假使不立即要求停战，军队、地方百姓和难民就将失去控制。"

次日，贝当本人也向内阁宣读了一份反复修改了好几天的备忘录，他反对把政府迁到法国本土以外的地方去继续战斗的任何想法。他说："放弃法国领土就等于背叛。在全面混乱时期，使法国丧失天然的保卫者，就意味着把国家拱手交到敌人手里。"他主张法国的复兴应依靠法国自己，而不是通过"盟军用大炮来征服我们的领土"。此外，他认为，法国的复兴不可能经过军事上的胜利来取得，而应是"祖国及其子孙承受苦难"的结果。他最后描述说，停战并不是对战败及其无数后果的惩罚，而是另一个开端的第一阶段，即"保证不朽的法兰西永世长存的一个必要条件"。

6 月 14 日，法国政府撤到波尔多，次日在那里召开了一次内阁会议。雷诺提议魏刚按照荷兰的先例，让法国陆军像荷兰军队一样投降，把武器交给德国人，从而结束在法国本土上的敌对行动，这样法国政府便可不受约束地以海军和空军在法属殖民地继续进行战争。贝当指出总理的方案是法国的奇耻大辱，魏刚也持同样的看法，认为战败的责任在于那些搞政治的人，是他们使法国在毫无准备的情况下匆忙参加了战争。当雷诺建议可以给魏刚一项书面命令以保护他的名誉时，遭到了对方的严词拒绝。魏刚声称，为了捍卫法国军队的荣誉，他绝对不会让政府推卸掉自己必须承担的那份责任。

同日，贝当与戴高乐在波尔多一家餐厅会晤，商讨抵抗德军的措施。第一次踏进政界的戴高乐其立场是反对投降、决不妥协，他赞成法国以某种方式在某处地方继续进行抵抗。甚至在武装抵抗已到了绝望的时刻，还要求给他机会收集残余的装甲部队，由他以自己的方式亲自指挥，以便去做抵挡敌人进攻的最后努力。但也许已经太晚了，总之他的要求没被批准。现在，戴高乐又筹划着将政府设法撤退到英国继续战斗，然而贝当对此想法毫无兴趣。他从农民家庭继承了讲究实际的特点，但脑子缺乏足够的想象力，认为"祖国"并非是个抽象的概念，而是国土这实实在在的东西。元帅义无反顾地表示，无论战火烧到哪里，他都将留在法国，同人民风雨同舟、休戚与共。"他永远不离开法国……但如果必要的话，他可以离开政府。"分别时，他俩默默地握手，谁也说不出话来。

当晚，在继续作战的提议一再遭到政府要员的拒绝后，雷诺就向勒布伦递交了辞职书，并提议由贝当接任。总统按内阁发生危机时的惯例，向国民议会参众两院议长征询意见，他们赞成了新总理的人选。出乎人们意料的是，元帅马上从衣袋里掏出了一份事先已准备好的部长名单，新内阁迅速组建并立即召开了会议。这时在法国的另一端，凡尔登被占领，德军一直推进到了瑞士边境附近的蓬塔利埃，法国人引以为豪的马奇诺防线被截断、包围了。为了修筑这道坚固防线，法国人浇筑了成吨的混凝土，花了数十亿法郎，现在这一切都化为乌有了。在 6 月 16 日—17 日夜间，法国政府请求西班牙充当中间人，转交一份照会给德国，问对方要什么样的条件才肯答应停战。

6 月 17 日中午，贝当向全国广播了他独自起草的《告法国人民书》，他以一种厌倦的语调宣布："我怀着沉痛的心情告诉大家，现在到了不得不停止战斗的时候了，今天我已经和对方取得了联系……必须谋求与德国像军人与军人之间那样达成体面的和平。"他还说愿意在法国复兴的道路上做引路人："我甘愿为法国献身，我要消除

▲ 在法国的政治家中，只有雷诺（左三）仔细研读了戴高乐（右二）的理论，而且后来还任命这位年轻的将领为陆军部副部长

▲ 德军占领凡尔登后，耀武扬威地在祭奠第一次世界大战中为保卫这座城市而英勇奋战的法国士兵纪念碑前，举行了庆祝胜利的阅兵式

◀ 马奇诺有生之年，从来没有人试验过他的防线是否不可渗透，而他的早逝也免于他看到第二次世界大战中德国人轻而易举地就绕过了它

◀ 1940年6月18日，戴高乐来到英国广播公司的麦克风前发出号召，充满激情地呼吁法国人民继续同德国侵略者斗争下去

法国蒙受的苦难。"戴高乐在获悉贝当要求停战以后，便在英国派驻法国政府的军事代表陪同下，搭机飞往伦敦，举起法国继续抵抗的旗帜。6 月 18 日 16 点 39 分，戴高乐通过英国广播公司提供的设备发表了广播演说，他充满激情地呼吁法国人民继续同德国侵略者斗争下去。他说："我们注定要失败吗？不！……相信我，法国决不会失败……因为法国不是孤军奋战。她不是孤立无援的……无论发生什么事情，法国抵抗的火焰都不应该熄灭，而且也绝不会熄灭。"

次日，戴高乐又来到麦克风前，发出了同样的号召。可在当时兵败如山倒的混乱中，这个号召完全没有起到应有的作用，因为它未能引起人们的注意。在法国，贝当元帅众望所归，他的威望、他的高贵举止、他的不谋私利，再加上他往昔的名声，以及公众认为他曾使国家免遭更大灾难的信念，使他几乎得到了全体法国人民的支持。6 月 20 日—25 日，贝当又通过一系列文告，对国民阐述了他在这一关键时刻的种种想法。

贝当得出的结论是：目前，损害是无法补救的，战败也是不可改变的。承认这一点，"比说一些空话和搞一些徒然无益的计划……更能表现法国人的伟大"。他还说："当法国正在遭受苦难时，任何人都不能使法国人分裂。"这是对戴高乐从伦敦发出的呼吁的答复。元帅确信德国将打赢这场战争，法国已无可作为，因此，只有向不幸的命运屈服。现在要做的，是刻不容缓地争取可以忍受的条件。

但事实上，在政治方面，贝当可谓初出茅庐，很不成熟。他的内心存有一种"宿命主义"的观念：他固然相信人类意志的力量，但同时更尊重天命，认为那不是人力所能抗衡的；换言之，人固然应该努力，却不可逆天行事。可贝当完全不了解，把政府留在法国的决定，正中希特勒下怀。希特勒认为，同一个仍旧留在法国的合法政府签订协议，就可以免除占领国直接管理这个国家的"不愉快职责"。与其占领整个法国，倒不如让法国政府保留一片在名义上拥有主权的地区。显然，让这个政府去贯彻德国的决定更为方便，他们要比德国人更容易使法国人民信服。因此，希特勒很慎重地避免提出任何"无法接受的条件"，但这种"温和"并不等于他要送给法国任何礼物。

一厢情愿

6 月 19 日—20 日夜里，波尔多遭到德国飞机的狂轰滥炸。20 日上午，在阁员们的催促下，贝当宣布把政府转移出波尔多。这时，停在波尔多港内的客轮"马赛号"

已经准备就绪，好让那些想要离开的人上船。雷诺劝勒布伦总统跟部长和议员们一起，搭这艘船驶向摩洛哥，然后再转移到阿尔及利亚去。勒布伦对此犹豫不决，贝当闻讯则嚷嚷说："假若总统要离开'玛丽亚娜'一步，我就会派人抓住他。"最后，乘船前往非洲的只有 20 名议员。这些被政府宣布为"逃犯"的人到达卡萨布兰卡后，曾企图组织一个政府继续作战。但当地的殖民当局以保护不受民众袭击为由，把他们软禁在船上，后来统统押回了法国。

与此同时，法国参与停战谈判的全权代表已被选定，并于 6 月 21 日下午抵达贡比涅森林。1918 年 11 月，福煦元帅正是在此地迫使德国代表团接受停战协定的。希特勒想尽量使本次协定的签署引人注目并富有象征意义，故而指定在同一节火车车厢中接受法国的投降。德国递交的条款"苛刻而无情"，并且同样强调"基本条件是不能讨论的，必须不折不扣地接受或拒绝"。法国被划分为占领区和自由区，占领区内的一切资产自然落入到了德国人手中。除了已占领的土地，德国还要占领整个英吉利海峡和大西洋沿岸，直到逼近卢瓦尔河以及瑞士边境以北的法国领土，而这笔占领费全由法国承担。法国军队将被遣散，解除的武装和军需品也将集中起来，完整无缺地交给征服者。德国的战俘将被立即释放，而法军俘虏在两国正式缔结和约之前，仍将继续由德国看管。

但同时，停战协定还是给法国留下了一些并非不重要的筹码。在法国南部未被德军占领的自由区里，法国政府仍在理论上享有全部权力，继续保留着一个主权国家的所有特征。它仍可以向世界各国派遣外交使节，并获准保留一支大约 10 万人的军队，以便在其还保有的土地上维持治安和政府的权力。此外，德国对法属殖民地也未提出任何要求，法国仍保留了它的海外帝国，其中某些领地的战略地位还十分重要。同样，法国也未被要求交出其海军舰队。一想到它可能的动向，希特勒就感到特别不安，但若强迫法国交出，它们就会逃走。如果舰队投奔英国，那将会使后者的海军力量增加一倍。因此，德国必须防止法国的残余力量——殖民帝国和海军舰队同英国联系在一起。

6 月 21 日 21 点，法国停战代表团打电话给波尔多方面，汇报了德方的停火条件。次日 16 点，法国内阁下达命令：在协议上签字。停火于 6 月 24 日—25 日夜间生效，但马奇诺防线上的一些孤立据点直到 30 日才投降。6 月 24 日和 26 日，戴高乐再次发表广播讲话，谴责停战协定的签订。可在贝当看来，此举拯救了许多法国公民的生命，刹住了德军锐不可当的前进脚步，保住了残存的 40% 的国土不受侵犯。法国代表在签字时，就曾声明说："法国政府在接受了十分严苛的条件后，感到有理由期望德国

▲ 1918年11月，在贡比涅森林中的一个火车站上，奉命来到福煦（右二）指挥所的德国停战代表团，在元帅指挥专列的一节餐车车厢中，聆听他的参谋长魏刚（右一）宣读协约国的停火条件

▲ 1940年6月，在同一节火车车厢中，希特勒（左一）迫使法国代表团（右）接受了德国的苛刻投降条件

将以一种使两个毗邻的伟大民族今后能和平地生活并工作下去的精神来对待以后的谈判。"德国人尽管彬彬有礼地听着，却没有做出任何保证。

对于新政府应安置在何地，人们首先想到了克莱蒙费朗。6月28日，法国政府和国民议会迁到了这个城市。然而，这里缺乏供各部使用的适当房屋，部长们只得分散安顿在附近的一些小镇上暂时住下。这种局面显然令人无法忍受。另外可能的去处是里昂或马赛，但贝当不愿将政府设在一个有大量城市人口，

▲ 维希城里的泰尔马尔旅馆，海军部就设在那里

容易产生压力的地方，所以最后选择了维希。政治和地理方面的考虑并非决定因素，主要原因是那个小小的矿泉疗养地拥有大量的旅馆房屋。虽然大部分都没有暖气设备，其他条件也比不上巴黎，但至少可以安置政府的各个部门。此外，贝当认为维希不会是久留之地，他已要求德国人放弃凡尔赛，并撤出法国政府从前在巴黎的办公地段。但事实上，维希作为首都的时间，比原先预料的要长久得多。

7月1日，贝当和他的部长们迁到了维希。这个城市原有居民2.5万人，现在一下子增加了7万人，其中4万人是大小官吏和普通工作人员。贝当把所有的饭店和旅馆都征用了，用来安置政府各部门。陆军部设在卡尔东旅馆，海军部则设在泰尔马尔旅馆。皮埃尔·赖伐尔加入了贝当的政府，当上了内阁会议副主席和国务部长，他和他的办公室人员住在风景优美的花园饭店，都在3楼工作，其办公室设在5号房间。饭店2楼则是外交部、司法部和财政部办公的地方。只有副国务秘书以上的官员才有自己的单间办公室，财政部长的女秘书甚至只能坐在浴室里的澡盆上打字。勒布伦总统也和大家住在一起，至于当时被召到维希的两院议员，则混乱地挤在一些旅馆经过改装的沙龙和赌场里。刚开始，他们只能在地上铺些稻草权作床位，直到小卡齐诺厅和医学科学协会的办公楼移交给他们使用后情况才有所改善。

贝当也住在花园饭店，他的住所在4楼，元帅的秘书处和其他工作人员也都在同一楼层。他的卧室是123号房间，三面有窗，办公室就在隔壁房间里。这里的一切陈设皆仿照帝制时代的皇家风格，家具也都古色古香。有时贝当也到夫人住的塞维涅厅

去，在那里他有一个小的黄壁办公室。元帅每天的日程都排得满满的。早晨9点，他在一张名单上选择几个等待接见的人名，然后一一接待来访者。上午，他要同军方负责人研究前线战局，还要同各位部长商讨大事。他在饭店底楼还有一间会客室，内阁成员每周二、周六都在这里开会。下午，贝当会在几位助手的陪同下，外出散步，4名便衣警察紧紧相随。16点，贝当再次接见有关人士，21点同办公室人员讨论时局。礼拜天的早晨，在饭店前举行完升旗仪式后，他会去教堂做弥撒。

贝当每天在花园饭店底楼的公共饭厅用膳，他的餐桌与其他人之间用两道屏风隔开。每天13点或13点30分，他会和10名左右的客人一起吃午饭。贝当夫人则坐在丈夫对面，十分殷勤地招待客人。贝当并不十分讲究，但饭菜仍很丰盛，这在当时的困难情况下显得格外铺张。他喜欢吃蔬菜牛肉浓汤、烤牛肉和猪蹄。当20点同8—10位客人共进晚餐后，贝当便开始与人谈话，或会去剧院看戏。当时身为总理的他，可拥有一支私人卫队：有5个骑兵小队、1个摩托化小队，另外还有1支军乐队。每名队员都是身高1.75米以上、立过战功的国家宪兵。他们身穿一式的宪兵制服，袖口有皮制饰带，头戴摩托兵似的盔帽。他们在饭店前换岗时，仪式隆重，贝当自己有时也会驻足观看。

早在法国与德国进行停战谈判期间，法国与英国的关系就变得微妙和紧张起来。英国人向法国方面施加压力，要求它的军舰不受德国人控制，最好开往英国港口。但法国政府的全体成员都已意识到，如果放弃掉舰队，就失去了他们在谈判中讨价还价的最好筹码。于是，除了2艘快要竣工的战列舰分别逃到达喀尔和卡萨布兰卡以外，

▲ 赖伐尔（左二）和贝当（左三）检阅私人卫队。赖伐尔是元帅的主要副手，并一度被指定为第一继承人

其他的军舰均原地未动。法国海军司令弗朗索瓦·让·达尔朗上将已经私下向英国担保，无论怎样他的军舰都不会落到德国人手里。6月29日，英国海军部接连收到他的信件，他向英国保证："舰队若不能留在法国手中，那就毁掉。"可是英国对其诺言并不放心，更不敢相信希特勒的承诺，这就促使丘吉

尔不惜一切代价进行了一场"可恨行动"。

7月3日，英国海军陆战队突然登上了所有停泊在英国港口的法国军舰，强迫法国舰员全部上岸。除一小部分法国水兵自愿加入戴高乐领导的"自由法国"武装力量外，大部分拒绝参加的人，被拘留在英国。同一天，一支英国特遣舰队来到阿尔及利亚的奥兰。那里的米尔斯克比尔港内集中了法国本土港口以外最大的海军舰队，其中包括2艘战列舰、2艘新建的战列巡洋舰和一艘水上飞机母舰，还有多艘巡洋舰、驱逐舰和潜水艇。英国人发出最后通牒，提出了几条可供法方选择的出路：参加英国海军；航行到英国港口；航行到法国在西印度群岛领地的港口；开往美国缴械；或是干脆把舰船凿沉。法国人被这种武力威胁所激怒，拒绝接受任何选择并准备战斗。于是英国海军便开火了。

在这场简短的战斗中，1艘法国战列舰被打翻，另1艘起火后搁浅，1艘战列巡洋舰的主机舱被击中后失去行动能力，1艘驱逐舰被摧毁，总共有1300名法国水兵丧生。另一艘法国战列巡洋舰和一些驱逐舰冲出港口逃向土伦。逃到达喀尔的那艘法国战列舰，也遭到从英国航空母舰上起飞的鱼雷机攻击，被炸得失去了战斗力，至少一年不能出海。驶到卡萨布兰卡的那艘战列舰因为没装主炮，所以没有受到骚扰。在英国和法国军舰共同停泊的埃及亚历山大港，双方海军司令的友谊避免了悲剧的发生。两位司令谈判了两天，尽管达尔朗一再下令要法国海军杀出一条生路，但停泊在这个港口的法国舰船几乎没有逃走的可能。7月5日，双方达成了君子协定：法国人排干舰上的燃料并卸下火炮，不做向海上突围的企图；英方则同意不像英国本土所做的那样用武力夺取，舰艇仍归法国人控制。

在法国，这一系列事件自然引起了国民的强烈反应。舆论对法国军舰受到不久以前还是盟友的英国的攻击怒不可遏。维希政府也于7月5日下令对英国人进行报复，他们派出飞机对直布罗陀的英国海军基地实施了空袭，不过投下的炸弹并没有造成多大伤害。气急败坏的赖伐尔指责英国人先是使法国遭遇了灾难，现在又利用法国来挽救自己的面子。从达尔朗的角度来看，英国的行动更是无耻，因为他已经保证过舰队不会再参战。他们极力主张与英国人完全决裂，许多法国人也同意，但贝当并没有准备这样做。两国的外交关系急剧恶化，却没有到开战的程度。最后法国采取的行动也仅限于把驻英大使从伦敦召回。

7月7日，法国国民议会在维希召开特别会议，会上有人提出了修改宪法的建议。7月9日，参众两院的议员们投票表示赞成。一群参议员还提出了一项修正案：在缔结和约以前，暂时中止正在实行的 1875 年宪法，授权贝当采取一切必要的措施来维护国家的秩序和生活，同时委托他起草一部新宪法，以便提交国民表决。次日上午，又举行了一次秘密会议，听取政府的意见。赖伐尔告诉与会的议员们："既然议会民主希望与纳粹主义和法西斯主义交锋，既然它已经输掉了这场斗争，它就必须消失，一个新政权——勇敢的、权威的、社会的和民族的政权一定会出现。"

赖伐尔也提出授权贝当起草一部新宪法，还坚持主张新宪法应交由国民批准，不过并没有规定一个期限，也没有规定国民批准的形式。在接着进行的辩论中，100 名左右的议员提出并签署了一份声明：他们宣称法国所能走的唯一道路是同德国合作，建立起一种在性质上既是民族的又是社会的大陆新秩序。当天下午，国会举行了一次正式会议。两院原有 932 名议员组成，但是多年来有人已经故去，有人辞职不干，到这时实际上还剩 850 人，而且当时有不少议员不在维希。最后，有 569 票赞成赖伐尔提出的建议："将一切权力移交政府，任何决定都需经贝当签署生效。"只有 80 张反对票，其中一名投下反对票的议员在国会宣告解散时曾高声呼喊："共和国万岁！仍然万岁！"

贝当立即行使了他新获得的无限权力。7 月 11 日颁布的第一项制宪法令明显地避而不用"共和国"这个词，只宣布贝当就任了法兰西国家元首的职位。从此，一切文件中的"法兰西共和国"都为"法兰西国家"所取代。根据同时颁布的第二项制宪法令，贝当拥有了任免一切军政职位的政府全权；而且在新的国会产生之前，立法权力也由他行使，这样，他颁发的命令就是法律。根据第三项制宪法令，原来的参众两院一律休会，议员们听候进一步的通知。虽然赖伐尔以贝当的名义提出保证说，两院将继续存在，议员们将继续支取薪金，直到新的议会建立起来为止，但是，他们只能由国家元首召集，而贝当却无此意。

由于过去的经历，贝当对权力的概念完全是军人式的，即金字塔式的。在国家元首下面，维系政府设有两个会议：一个是部长会议，由贝当本人主持，他所挑选的部长，大多数不是政治家，而是专业行政人员；另一个是内阁会议，由内阁会议副主席主持，负责处理一大部分实际工作。另外还设置了 15 个国务秘书（后来又增加了 2 个），直属内阁会议副主席本人。某些国务秘书还担任着部长的职务，其地位高于别的秘书。这些官员全由贝当任免，并只对他负责。因为这个政府是一个个人政权，于是自然而然产生了由谁继承贝当的问题。根据 1940 年 7 月 12 日颁布的第四项制宪法令，赖伐尔被指定为第一继承人。

▲ 端坐于花园饭店办公室内的贝当已经80岁高龄了，这或许阻碍了他对一些事情的判断。晚年的他越发厌恶政客和议会，并不隐瞒自己对公民政治的强烈反对和对独裁政府的支持

▲ 作为新政权的元首，邮票和硬币上都印有贝当的肖像，俨如古代君王一样

　　次日，在没有提交正式辞呈的情况下，共和国总统勒布伦被迫交出职权引退了。贝当拒绝了他在电台向国民告别的要求，新元首对前总统说："艰难的时刻来临了。您为国家出了力，但国会的决议形成了一个新的格局。我不是您的继承者，因为现在开始的是一个崭新的体制。"勒布伦苦笑着答道："不要对我有什么不放心的地方。我一生为法律效忠，即使在法律同我的思想不一致的情况下也是如此。我再一次服从法律，这没有什么不便之处。国会已经说话了，全体法兰西公民应该服从。"

　　尽管法国在原则上仍是共和体制，但实际上贝当已经建立了一个君主国。元帅自己也很想扮演君王的角色，当赖伐尔恭维说他的权力比路易十四还要大时，他笑得嘴都合不拢了。作为新政权的领袖，贝当成为一个被崇拜的对象。邮票、硬币以及免费派发的三色纪念章上都印有他的肖像。他独自一人做出了影响整个国家的决定，他的文告只能诠释，不能讨论，当时流行的一句口号就是："想贝当所想。"甚至贝当在他的法令中开头一句话便使用了王室惯用的"我们"这一称呼，其权力的个人性质通过这句话一清二楚地表现了出来，给人的印象仿佛是18世纪法国旧王朝的一个拙劣复制品。谁能够使贝当听着顺耳，或者元帅对谁微笑，都将成为决定谁有政治前途的关键因素。

　　军队首先必须不容讨论地向独揽国家元首、内阁和国会大权的贝当本人宣誓效忠，其次是全体法官，最后是所有的高级官员，凡拒绝宣誓或不听使唤者，均被免职排除出国家机器之外。在拥有2000居民以上的城镇中，市政选举被废除。此后，市镇长官的任命一概由上级长官决定。元帅宣布维希政府的基础是"工作、家庭、祖国"。为使法国"复原"并"摒弃错误和谎言"，新政权开始推行某些改革。"自由、平等、博爱"的信条被所谓的"民族革命"所取代，其目的是以回归优秀传统的名义，通过一系列清洗措施，改正所有"对法国不好的东西"。维希政府希望法国恢复父权和专制的社会等级制度，并回到敬重"上帝、祖国和家庭"以及"服从守纪"的价值观上。

青年是这场"革命"主要关注的对象。贝当一再说，1940年6月的战败起因于年轻人贪图安逸和享乐，因此要反对利己主义、个人主义和自由主义，提倡牺牲精神与履行公民义务。1940年7月，他授命组织"青年营地"（参加者为年满20岁的男青年）、"法兰西伙伴"（集中15—20岁的男孩子）等准军事单位，让法国男青年穿着统一的绿色或蓝色制服，定期进行体育训练，或在远离城市的地方露营。其宗旨为"熏陶个性"，从中品味互助和野外生存的乐趣，同时灌输"民族革命理想"，教导他们如何重整民族道德，并"培养忠于贝当的感情"。而且一旦遇到紧急状况，还可以随时补充政府征兵的不足。

除了培养青年人外，贝当主要依靠退伍军人。根据1940年8月24日的一道命令，贝当把当时几乎所有的退伍军人协会网罗起来，合并为一个单一的"法兰西退伍军人军团"，后改称"法兰西民族革命志愿军与退伍军人军团"。它的组织形式是金字塔式的，有严格的等级区分，全体军官都由上级任命。它具有强烈的民族主义色彩，其成员常常头戴巴斯克帽，身佩法兰克战斧（维希政权以此为标志）。他们是贝当元帅的忠实"武装"，享有很多特权，如额外的食品配给、餐馆中的廉价膳食以及医疗补助。所有的日报都为该军团开辟了一个义务性专栏，它还有自己的刊物《军团人》，曾销售一百多万份。

"法兰西民族革命志愿军与退伍军人军团"在全国各地都有分支机构，并建立了两个附属组织——"军团之友"和"青年军团"。军团成员的总数据称一度达到120万人，军团之友也有40万人。军团在各村都有一名主席（这种人往往开设小烟纸店或小酒铺），他与本堂神父一起行使"道义上的威权"。在较早时期，军团也做了一些有益的社会工作，如照料获释的战俘和难民、帮助战俘家庭等。不久它的任务便扩大为：奉命同维希政府的代表在地方行政单位进行合作，负责把反对法兰西国家和制度的任何迹象通知政府官员。

▲ 在这张维希政府发布的装饰着法兰克战斧的张贴画里，"工作、家庭、祖国"的口号取代了"自由、平等、博爱"。图中，双目圆睁者为贝当

▲ *1940年7月14日国庆节，戴高乐在伦敦检阅了自由法国的首批武装力量——总共300名官兵*

与这些"建设性"的措施同步进行的是镇压行动与歧视行为。法国被剥夺了政治活动的权利，新闻出版受到严格控制，来自法国公民本身的任何反对意见都不被允许。所有政党均被解散，失去合法地位，其成员有的迁居他处，有的被软禁，有的甚至被逮捕。"不良的法国人"，特别是参加过"人民阵线"的左派政党是主要的受害者。这些党派及其附属组织的产业全被没收，其在国会中的议员也被清除了出去，很多党员遭到监禁，被遣送到集中营里从事艰苦劳作。不过，维希政府最恨的还是对纳粹作战的戴高乐和他的自由法国运动。他们不仅被视为政治上的反对派，也被视作叛国分子。

英国政府已正式承认戴高乐是自由法国的首脑，这样，他便在外交舞台上得到了一席之地。贝当本人对被他称为在"我怀里捂活的这条毒蛇"的戴高乐更是深恶痛绝。在他看来，这个他曾信任的学生和幕僚竟敢出来表示异议，不仅有损自己的尊严，而且是忘恩负义的行为。6月22日，贝当取消了戴高乐的准将军衔。7月4日，法国第17区（图卢兹）军事法庭缺席判处戴高乐4年徒刑，并罚款100法郎。同月24日，他又被维希政府剥夺法国国籍，其留在国内的财产也被充公。8月2日，法国第13区（克莱蒙费朗）军事法庭缺席判处他死刑，并剥夺一切勋章。凡是拒不接受停战协定、离开法国本土或属地从事反对民族复兴事业的法国公民，也都被褫夺国籍，没收全部财产。凡是在外国军队中服役的法国军人，都被宣布为应被处以死刑。

此外，维希政府的愤怒还特别集中在另外一批人身上。停战协定刚签订后，法国高层怀有一种强烈的情绪，那就是要为战败揪出几只替罪羊来。于是，1940年7月30日的第五项制宪法令规定，在里翁的上诉法院里设立一个特别法庭，对那些"对战败负有罪责"的前政府高官在1939年9月从和平走向战争时期的行为，以及后来使局势恶化的行为进行审讯。包括勃鲁姆、达拉第、雷诺和甘末林在内的一些军政人士都遭到了拘留，然而开庭的困难程度比维希政府起先预料的要大得多。一再推迟后，审讯最终于1942年2月展开。但一些被告充分利用了法庭辩论的机会为自己进行辩护，这样过了大约两个月后，审讯只好草草暂告结束。被告们带着增高的名声返回监狱，维希政府则小心谨慎地再也不对他们进行审讯了。

最后，维希政府在对待犹太人的态度上向纳粹德国看齐。在占领区，德国人早已开始组织针对法国犹太人的迫害，而为了迎合征服者的意愿，维希政府也于1940年10月3日颁布了一项说明关于法国犹太人种族概念和地位的法律。凡是信奉犹太教，以及祖辈中有两名以上犹太人者，都算是犹太人。这些犹太人被撵出了行政机关和军队，不许担任一切公职，不能在有政府津贴的工业部门工作，也不准从事与新闻出版业、广播电台和电影院有关的工作。犹太商人必须用德、法两种文字贴出通告，说明店铺是犹太人开设的。生活在南部自由区的一名犹太裔律师写信给贝当抗议说："请告诉我，我是否应该把1916年4月在杜奥蒙阵亡的我那步兵少尉的兄弟的军衔摘掉……"可想而知，抗议无效。很显然，当时贝当所要做的就是在法国建立一个如纳粹德国一样的法西斯政权。

身不由己

在维希政府盛行的种种幻想里，最好的，莫过于即使世界其余国家战火不断，法国也能成为和平的绿洲，不受干扰地独自推行它在国内的各项新政策，建立"民族革命"计划所拟定的那种社会新秩序。但结果证明这种幻想是不可能实现的。停战协定由于德国人的实施方式，使那些原本就已经很苛刻的条款变得愈发严厉。首先，占领费由德国人单方面定为4亿法郎一天。法国提出反对，但德国方面对抗议充耳不闻，并拒不接受任何形式的妥协，还要求以每10天一期来进行结算。这种压榨不仅使占领区内的德国士兵可以把商店内的所有货物席卷一空，而且占领当局还用没花完的钱买下了法国企业的大部分产品。

根据贝当元帅的几次演说，人们以为占领是"暂时的"，法国还会重归统一。而按照停战协定，维希政府的权力在理论上还应能扩展到被德军占领的法国北半部。可事实上，德国人把占领区和自由区的分界线变成了实际疆界。任何物资都不准逾越边界，两区之间的邮递也有着严密的限制，通信只能使用一种规格统一的区间明信片。后来，德国甚至

▲ 这是1940年6月14日巴黎人目睹的屈辱情景：骑着马的德国炮兵以胜利姿态穿过法国民族主义的伟大象征——凯旋门

曾一度禁止所有18—45岁的男子过境往来。想要寄出一封真正的信，或越过"分界线"就必须付钱给地下的"引渡人"。即使是法国政府的部长们要求去巴黎，也都被挡了回来。在1943年2月以前，对德国人来说，这一直是奴役法国的十分有效的手段。

虽然在占领区中法国保有文职官员，但不言而喻是受德国控制潮，必须严格按照他们发布的命令来施政。维希政府也有一名代表驻在巴黎，但不过是个联络员而已，负责把消息带过去，并把维希政府的愿望告知在法国的德国最高占领当局。整个占领区均由它直接管理，它向辖下的法国官员发号施令、确定物价、征用物资和劳力。它接管了辖区内的法国警察，还干预司法工作。报刊和广播也都由其下属组织来监管。此外，德国人把占领区最北边，邻近英法海峡的两个省（包括贝当的故乡加莱海峡省）划归他们在比利时设立的军事总督管辖，称这样做是出于军事上的需求——海峡地区具有巨大的战略意义，但其直接结果便是该地区所出产的大量煤炭此后不再供应法国的其余地区了。

除了把法国东南角一小块地区划给意大利占领外，德国又在法国东北部划出了一片所谓的"禁区"，它包括12个省份。这在停战协定中是没有的。当难民们申请重返家园时发现，如果他们住在德国人于1940年7月22日划定的"绿线"以北，就不准回去了。德国占领者还清查了该区域内难民和战俘的土地，并做了调整合并，然后组织德国人移居进去，农业收成自然全都送往德国。显而易见，这个行动背后隐藏着肢解法国的险恶用心。直到1941年底，德国方面才允许原先居住在当地的法国难民返回他们的故乡，而这一"禁区"的"绿色"边界线直到1943年5月方才取消。

停战协定也并未规定法国割让阿尔萨斯—洛林地区，然而在1940年8月初，德国人事先没打招呼便恢复了1914年以前沿孚日山脉设立的边境关卡。实现了对阿尔萨斯—洛林的重新兼并后，德国人还把这两省置于德国的民政部门而不是它在法国的军事占领当局的管辖之下。接着便出现了城市和街道改用德国名，消除一切法国痕迹的热潮。此后，德国又在该地区到处设立德语学校，规定德语为当地唯一的官方语言，禁止

▲ 德国士兵防守在法国占领区和自由区的分界线上

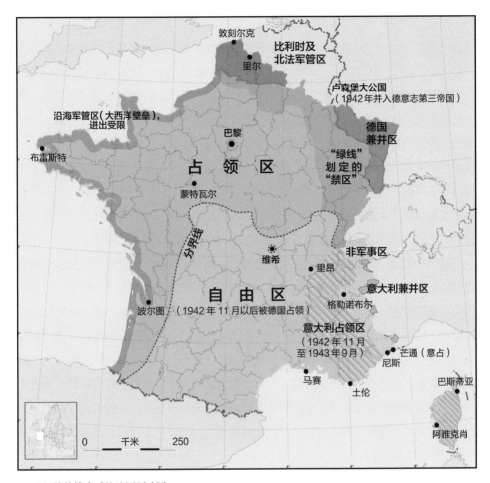

▲ 签订停战协定后的法国疆域图

使用法语，讲一句法语"你好"就要被罚款，并下令将所有个人的姓名一律德国化。当8月15日在洛林发生了一场抗议示威后，德国便开始驱逐那些继续坚持讲法语的人，强迫他们在接到通知后数小时内离开居住地，随身只能携带极少的必需品。

德国人在占领区站稳脚跟后得寸进尺，于1940年秋开始违反停战协定，插手南部自由区事务，向维希政府提出越来越严苛的要求。他们派遣了许多代理人到那里去，而且事事都要干涉，还强迫法国方面把比较重大的决策，诸如对高级行政职务的任命，交由他们审批后才能执行。这种严酷态度使维希当局感到狼狈，于是贝当决定亲自出面进行活动。9月15日，他给第一次世界大战中的著名王牌飞行员勒内·保罗·丰克写了封信，里面有一句15天前约定的暗语："请把你在孚日省的父母亲的情况告诉我。"后者一见此信便知贝当希望自己同德国朋友——同样是第一次世界大战中成名的空战尖子，如今已成为纳粹第二号人物的赫尔曼·戈林取得联系，为他与希特勒会晤搭桥。

碰巧这时在对英空袭中严重受挫的希特勒也正把目光转向南方的地中海地区，考虑把该区域内的三个主要专制主义和准法西斯国家——维希法国、西班牙和意大利结成一个有效的反英军事集团，这样他至少可以发起一连串的"外围战役"，攻打英国位于地中海和北非地区的几处通往南亚次大陆的重要海外属地。他希望由意大利去占领被英国控制着的埃及和苏伊士运河，并且联合西班牙夺取英国占据着的直布罗陀。因此，希特勒希望会见法国元首，确保维希政府扩大在法属北非地区与德国的合作。希特勒明白，就潜力而言，法国或能提供比意大利更多的东西。

10月24日，经过一番紧锣密鼓的准备后，贝当乘着夜色悄悄赶到卢瓦尔省旺多姆专区的小城蒙都瓦。他在火车站走下自己的专列后，随即被带上了希特勒专列的一节火车车厢里举行了会谈。贝当虽说年事已高，但戎装整齐，身子笔挺地坐在德国元首对面。他神态自若，没有显露出一点恳求的姿态。会议一开始，他默不作声，安详而随和地听着翻译。希特勒列举了一大堆法国的"罪行"，不过口气并不严厉。"我们已经打赢了这场战争，英国打败了，迟早他会承认的。"希特勒接着强调了英国失败后法国在欧洲的地位："当然应该有人对这场战争付出代价……如果代价由英国承担，法国就可以在欧洲占有一席之位，这是理所应当的，它还可以完整地保留它在殖民地的地位。"

希特勒还暗示了要法国在军事上配合他的对英作战行动的间接要求。德国元首对法国元帅说，如果法国像过去一样，遭到英国的进攻，比如法国在奥兰的舰队拒绝接受英国的命令，法国将怎么办？贝当马上领会，他的反应是推诿和回避，他回答说，法国目前的处境不能进行一场新的战争。他反过来阐明了维希政府的立场，向希特勒提出了一些建议：遣返战俘；减少为德国占领军提供的费用；使两区的分界线不那么严格；最后两国必须缔结一项正式的和平条约，从而结束法国的分裂状态。"这样，法国就可以解决自己的命运，两百万法国战俘也可以尽早返回家园。"希特勒的回答是，如果法国愿意"合作"，他准备做出某些让步。

双方起草了一份议定书，他们承认迅速击败英国人是符合两国的共同利益的。倘使法国为此目标而积极合作，德国就承诺它可以在北非维持超出停战协定条款所规定的军队，而且在击败英国后重新瓜分非洲时，将保证它获得大战开始时所拥有的同等

▲ 贝当（左一）与希特勒（右二）在蒙都瓦火车站就法德的合作政策达成初步协议后握手，但据他们的翻译（左二）后来回忆说，这位法国元首与德国元首打交道时很傲慢："像一个元帅跟一个下士讲话。"

▲ 在昂代火车站，佛朗哥走下专列前，与前来迎接他的希特勒热情握手。这位西班牙独裁者笑容满面，貌似亲切，但他以各种理由婉拒了德国元首希望西班牙也参加对英作战的要求

面积的领土。10月30日，元帅在一次无线电广播讲话中对法国人民宣称，同希特勒会晤是其本人的意愿，他已接受了同德国人真诚合作的原则。"我们今天已经迈入了'合作'之路"，他说，法国和德国已经开始了"全新的合作和平"。他结束讲话时强调："以前，我一直以父亲的身份对你们讲话；今天，我是以领袖的身份在对你们讲话。"贝当从未想过合作意味着服从或叛国，他认为为法国争取最有利的和解是自己的责任，也是爱国者责无旁贷的义务。

当时这项协议并没有制定具体条款，德国人本打算同赖伐尔一起商讨，但步骤被意外打乱了，让贝当一无所得。从理论上讲，佛朗哥自内战开始以来就是同德国结盟的，他和希特勒会见时也表现得彬彬有礼，甚至很献殷勤，可当对方要他一起夺取直布罗陀时，却遭到了婉拒。佛朗哥急于使他那已被打得千疮百孔的国家保持中立，又不得不报答德国昔日给他的恩惠。虽然他表面答应德国潜艇在西班牙领海内加油，并允许广播电台和气象站同德国空军合作，但他又请求给予他充足的时间做准备，而且故意开出了一系列希特勒认为过分的或无论如何也无法满足的要求。于是双方的关系就此冷淡了下来。这时，意大利也节外生枝，入侵希腊而不是埃及。这样一来，希特勒想要封锁地中海的企图失败了。

1940—1941 年冬季，希特勒把原来的计划搁置起来，决定先把苏联干掉。希特勒感到没有必要再对法国做出任何让步了，于是谈判就此中止。德国仍可以继续凭着由其随意解释的停战协定，从法国榨取它所需要的一切。

随着德军即将获胜的看法被证明是错误的，维希政府观望的情绪又占了上风。不过，赖伐尔仍认为，即使英国还能坚持打下去，但它终将明白，它不可能再重返欧洲大陆并在那里打赢这场战争，唯一的办法是向现实妥协。赖伐尔指出，同德国在行政上合作是停战协定里已经规定了的，在经济上合作也是必然结果，为了法国利益，寻求随之而来的政治合作，才是法国在德国统治下的欧洲使自身处境较好的唯一途径。当和平到来时，法国可以让英国偿还全部损失，或许还能代替意大利成为希特勒的新宠儿。因此，一切都取决于法国的态度：积极而不是观望。

赖伐尔似乎一直在不惜代价地向德国人证明自己是不可缺少的，因此其行为越来越过分。1940 年 11 月 6 日，赖伐尔自作主张地同意把博尔矿业公司在南斯拉夫和保加利亚的铜矿所有权让给德国，接着又答应把当时比利时国家银行委托法国保管的黄金也交给德国人。他还计划把拿破仑一世的儿子莱希什塔特公爵的遗骸迁回法国，埋葬在荣军院里，并且建议贝当去巴黎参加这一典礼。元帅本人的反应是答应前往：从一开始，他最希望的就是回到首都或凡尔赛。但他的那些部长们却没这么天真。他们大都敌视赖伐尔，怀疑他野心勃勃，看出这个建议包藏着一个阴谋：想使贝当脱离维希政府，把他置于巴黎德国人的控制之下，并在那里另立一个政府，由赖伐尔执掌大权。德国人也确实在凡尔赛腾出屋宇来给贝当准备官邸，并在那里划定了一小片地区安置法国政府。这种情况更增加了他们的怀疑。

面对这种危险局势，整个内阁都向贝当献策。贝当终于相信赖伐尔一直在同德国人进行谈判的掩护下，正危险地扩张他自己的权力。12 月 13 日，赖伐尔遭到冷不防的打击。那天贝当召集内阁成员，要他们全都辞职，赖伐尔以为此举只是为了除掉几个不听话的部长，毫不犹豫地签了字，但是元帅只接受了他和教育部长的辞呈。等赖伐尔一回到自己的办公室，当场就被派来的政治警察逮捕，软禁在家中。他被指控他同德国人过于亲热，背着元帅擅自行动。可是，在德国人的直接干涉下，赖伐尔很快就获释了。12 月 16 日，德国驻法国大使奥托·阿贝茨由 10 名全副武装的党卫队头目陪同，来到维希政府大楼。法国方面坚持说，不能让赖伐尔官复原职，假如一定要这样做，就需要让贝当辞职。赖伐尔这个倒台的政客，虽然没有得偿所愿，但至少阿贝茨能使他不受维希警察的控制，而受党卫队的保护。

▼ 代表贝当参加莱希什塔特公爵遗骸迁葬仪式的达尔朗（左二）

▲ 德国士兵将从维也纳远道运来的莱希什塔特公爵的棺柩抬下火车，准备送往荣军院安葬在他的父亲拿破仑一世的陵墓旁。时值隆冬时节，巴黎正因缺乏燃料而严重供暖不足，法国市民们揶揄道："不给我们煤炭，却送来骨灰。"

　　德国人显然不愿就此罢手，于是通过好几种手段来向维希政府施压：只要法国政府稍稍显出一点儿反抗的迹象，便封闭边界线，或拿上百万法国战俘的生命公开进行讹诈。同时，他们手里还有另一张好牌，那就是由德国提供津贴在法国北部占领区支持的一批五花八门的合作分子，他们发行报刊或通过电台宣传完全亲纳粹的政治观点，以保持一种威胁维希政府和其相争的局面，从而坐收渔利。贝当这时已经年迈，越来越受环境摆布，对德国人的压力至多也只能进行阻滞而非反击。当局势变得难以应付时，他总是本能地把责任推给同僚们，在以后某个时候，再把他们抛弃或撤掉。他的这种习惯，使海军司令达尔朗逐步在维希政府中拥有了更多的发言权。

　　1941年2月9日，贝当让这位海军上将出任内阁副总理、部长会议副主席兼外交部长之职。第二天，贝当又指定他为继赖伐尔之后自己的法定继承人。几个月之内，达尔朗还接管了内政部和海军部，并且控制了情报机构。达尔朗冷静而谨慎，具有极强的组织能力，不过他同贝当一样缺乏政治经验。这位海军上将已然断定：在德国获得全胜之前，美国不会做好参战准备；至于英国，它已精疲力竭，正在垂死挣扎；德国人仍然是当时形势的真正主宰者，法国应极力取得它的信任。早在1940年12月

25日，在博韦近郊的希特勒专列上拜见德国元首时，达尔朗就把自己装扮成一个法德合作派。但是，对方并不急于做出承诺，宁愿让他因焦虑不安而表现得更加积极。

阿贝茨向柏林汇报时，相当满意地总结道：维希政府里，那些表示要顶住德国压力的部长都被清除出政府，愿意同德国人合作的官员则控制了全局。法国的这种唯唯诺诺，还表现在对犹太人更为严酷的态度上。1941年3月29日，维希政府受命新成立了一个"犹太人事务委员会"，表示决心要"保卫法国的肌体，使之不受带来致命的'败血症'的微生物的侵害"。到了6月间，更加严格的限制条例取代了上年10月颁布的那些法令。犹太人被从更多的职业中排除出去，包括银行、证券经纪、广告以及已经列举过的各种管理职位。在诸如法律、建筑、医药等行业，犹太人的限额被规定为2%，在高等学校中则被限定为3%。最为不祥的是，当局还发布了勒令所有犹太人进行登记的法令。

尽管贝当仍然是国家元首和政府首脑，但政府的实际领导者却是达尔朗，他主要关心的自然还是对德关系这一维希对外政策中的重大问题。时机很快到来，意大利进攻希腊被证明是个轻率的愚蠢行动，它的军队远未做好战斗准备，希腊人像赶鸭子一样把他们打了回去。直到1941年春天，德国人进行干预，在巴尔干半岛发动了一次全面攻势，才把意大利人解救出来。同时，随着意大利人在其北非领地的不断失利，为了支持几乎被英军逐出利比亚的意大利军队，德国派出了一支精锐部队——"非洲军团"。由于补给线受到英国海空军的强有力威胁，德国更加急于从法国殖民地上获得运输补给品的便利。1941年4月，战火扩大到了近东：伊拉克发生了反英政变，并于5月2日进攻巴士拉和哈巴尼亚的英国驻军，给盟军必不可少的战争资源——油

▲ 一架停在叙利亚机场上的德国Me-110战斗轰炸机正在做起飞准备，它的机身和尾翼都已涂上了伊拉克空军的标志。但希特勒派出的空中力量太弱小，没有发挥有效作用，反而促使英国及时干预，重新控制了伊拉克政府，并向叙利亚进行远征，占领了这一地区

田造成了极大威胁。达尔朗看到了可以图谋的地方，他希望借此同德国人达成一项更为积极的谅解。5月11日—12日，他在贝希特斯加登受到希特勒接见，他宣称他本人准备立即站在德国一边，他已坚信德国人将获得最后的胜利。

这次会见之后，法国人在巴黎同德国人进行了进一步的商谈，结果产生了所谓的"五月议定书"。达尔朗同意把叙利亚贮存的军需物资让给伊拉克，并答应德国人可以经由叙利亚的公路和铁路向伊拉克运送这些物资，同时准许德国军用飞机在叙利亚着陆和加油，以便支援伊拉克的反英行动。德国人还可以享有利用突尼斯的港口和铁路向其在利比亚的部队运送给养的便利。法国政府还将宣布，原则上允许德国海军舰只使用西非的达喀尔港。作为对这些重要让步的报酬，根据一项"补充协议"，法国人可以在叙利亚、北非与西非进行某种程度的军备重整，使他们可以更为有效地保卫自己的殖民地，防止英国人可能发动的进攻。德国人还同意把占领费用削减到每天3亿法郎，稍许放宽一点法国两区之间的来往限制，并给予法国海军重新装备几只鱼雷艇的权利，同时释放约7.5万名病弱法国战俘。

总的来说，同达尔朗提供的十分重大的利益相比，德国人给出的这些报酬实在少得可怜。达尔朗在5月23日的一次广播中为他同希特勒的谈判辩解，他一开头便保证说，德国人并没有要他交出法国的舰队，也不存在把殖民地送给德国或是对英国宣战的问题。但是，法国必须为它的错误，为过去的懒惰与合法化的混乱，为不负责任的宣战，为从前盟国的过失，为一个"在我们已经无力作战时还要继续作战，后来又只想到逃跑的"政府的过失付出代价。达尔朗在结束时说，法国的前途取决于同希特勒进行的谈判。"法国不得不在生死与存亡之间做出选择。元帅和政府选择了生存。"

维希政府的其他成员看到达尔朗心甘情愿地要使法国站到德国一边去，感到十分吃惊。在6月3日举行的部长会议上，魏刚利用他的影响力，企图阻拦"五月议定书"生效，并且得到了部长们的支持。在这种压力上，贝当被说服拒绝批准这两项议定书，并提出了一些建议，如把德国人想要得到的让步同法国两区之间的界限问题联系起来。德国人当时正准备进攻苏联，并没有打算在这个问题上向维希政府施加更大的压力，因此，"五月议定书"便成了一纸空文。1941年6月22日德国入侵苏联，维希政府于6月30日同莫斯科断绝外交关系，并召回法国大使，不过他们小心地使自己的动机同德国人的有所区别，推说断交的理由是"苏联外交人员和领事在法国进行活动"。

在巴黎的极端合作分子自然卖力地要求法国应毫无保留地站在德国一边。有一群人开始组织一个反布尔什维克志愿军团，7月6日的德文版《巴黎日报》首先刊登了这支部队的消息。他们在巴黎和其他地方成立了招募站，并且对据说是蜂拥而来的大批志愿者大吹大擂。到8月底，总算有一群人准备出发到东方去接受进一步的训练了。然而，在出发前举行的检阅仪式上，一个叫科莱特的志愿兵开枪打伤了赖伐尔，这个人成为志愿兵的目的就是为了干掉赖伐尔。这件事使人对军团是否可靠不免有所怀疑，可能就是因此军团的出发时间被推迟了。法国掀起了一阵同情科莱特的浪潮，赖伐尔也不得不在舆论压下请求赦免他，于是对他的判处由死刑改为终身监禁。直至9月4日，军团的第一个分遣队才从凡尔赛悄悄出发了。

因为法国人忘不了拿破仑在俄国冒险的下场，极端合作分子之外的公众舆论对德国东征俄国显然没有多少信心，总之，法国的报刊继续保持观望。在维希政府的许多支持者看来，在叙利亚进行的战斗似乎同法国的利害关系更为密切。5月15日起，及时飞到叙利亚的德国飞机涂上伊拉克国徽后轰炸了摩苏尔和巴格达。由于兵力有限，英国不得不首先应对伊拉克的局势。他们迅速从印度和在巴勒斯坦兵力不足的驻军中匆忙集结了一批力量，发起反击。很快，局势趋于稳定。当叛乱被击败后，德国人没有理由再使用叙利亚的机场了。5月30日，最后一批德国飞机离开了那里。6月6日，叙利亚的维希法国殖民当局邀请美国总领事来查明当地是否已没有德军人员，但这时再制止达尔朗对德国人让步所引起的事态发展已经太晚了。

在丘吉尔的命令下，一支2万人的英国和自由法国联合武装力量被集结起来，于6月8日从巴勒斯坦和伊拉克同时侵入叙利亚。在进军之前，他们发表了一项宣言，保证叙利亚的独立。虽然3.5万维希法军对盟军的推进进行了顽强的抵抗，但鉴于维希政府没有力量派遣援军前来，这场战役的胜负变得毫无疑问。战斗进行了一个月，到6月21日，盟军攻占了大马士革。7月12日，驻叙利亚的维希法军司令宣布停火。7月14日，双方在阿克签署了停战协定。除部分官兵愿意接受自由法国指挥外，其余法军部队被遣返回法国本土。他们在马赛港上岸时受到了热烈欢迎，高级军官被授予荣誉勋位。同时，所有法国报纸刊登了这样一条大字标题："戴高乐正图谋盗走叙利亚，把它送给英国。"

达尔朗同德国人达成的协议，并没有给法国带来任何好处，证明是一场失败：既没有大量法国战俘得以遣返，也没能减轻停战协定带来的经济负担，还在法属殖民地留下一个难以收拾的烂摊子。但是这并未阻止他继续努力以保持德国人对他的好感。1941年6—7月，阿贝茨和达尔朗的代表进行了会谈，并于7月14日向柏林递交了一份备忘录，说维希政府打算对英宣战，要求德国方面在法国本土做出政治上的让步。

▲ **在1941年12月1日的会晤中，贝当（左二）和戈林（右三）不欢而散，没有达成任何协议**

希特勒发觉这是讹诈，便当即下令停止谈判，没有再对此建议采取进一步行动。

到了秋天，达尔朗运气不再，地位也日趋削弱。除了追随他的海军人员以外，他既不被国人信服，也不受德国人欢迎。许多部长都敌视他，贝当也对这个海军上将有了猜忌，开始疏远他。在 8 月 12 日发表的一次广播讲话中，贝当公开提到达尔朗是一个"舆论对他并不是非常赞同，也不经常公平"的部长。事实上，元帅自己的声望也在下降。在 11 月 6 日的一份电报中，他对法国志愿兵这一参加征伐布尔什维主义祸害的"十字军"表示祝贺。可到了年底，情况已经很清楚了：德军在莫斯科进攻失利，美国也正式参战。这使他变得很紧张，他改变了看法，开始怀疑德国能否最终取胜，并且打算静观事态的发展后再进一步承担或摆脱义务。

12 月 1 日，贝当和戈林在圣佛洛朗坦会晤。后者想 20 分钟即可完事，但是过了 3 个小时他才出来，而且怒气冲冲、面红耳赤。后来他说，法国好像打了胜仗似的。戈林提出法国人应采取更强有力的措施来保卫他们的殖民地以防英国人占领。贝当回敬说，法国需要更多的军队和物资。结果没有达成任何协议。会谈结束时，贝当想给戈林一份关于法德进一步合作的条件的备忘录，戈林拒不接受，而贝当则有失体统地把那份文件硬塞进了这个纳粹党第二号人物的口袋里。在 1942 年 1 月 1 日的元旦讲话中，贝当把法国称为一个欧洲大国，并且暗示当时的局势应使德国想到，到了需要修改一下停战协定的时候了。凡此种种，都不免令希特勒感到，不论达尔朗还是贝当，都不是德国政策的理想工具。这样，便为达尔朗的罢官做好了准备，同时也为赖伐尔卷土重来、官复原职布置好了舞台。

随波逐流

1942年2月底，德国使馆参赞阿亨巴赫在维希同贝当会晤，并威胁元帅让赖伐尔官复原职。3月底，戈林也在巴黎凯道塞街原法国外交部所在地会见了赖伐尔本人，商谈了改组维希政府的问题，并且告诉他，德国以后将依据法国敌视它的程度来对待这个国家。通过斡旋，赖伐尔于3月26日在维希郊外的朗当森林会见了贝当，把戈林的话告诉了元帅。又经过频繁的书信往来和一番周折，贝当再次邀请赖伐尔回来任职。4月18日，达尔朗被降到总司令的职位上，虽然他仍是贝当的继承者，但不再参加内阁会议。赖伐尔代替他当了政府总理，并掌握外交、情报和内政部等大权。同时，根据第十一项制宪法令，"国家元首"和"政府首脑"不再集于一人身上，而是彻底分开，并授予后者"有效地控制法国对内对外政策"的一切权力。

贝当的影响从此开始下降。赖伐尔拥有了统治国家的实权。4月20日，对于政府高级官员和心腹们的不满情绪，贝当无奈地说："可怜可怜我吧，我是个快要入土的人了！"赖伐尔上台后，贝当任命的部长不是自动辞职，就是被撤了职。或许是因为树敌过多，怕再次丢掉官职就彻底失去前途的赖伐尔毫不掩饰这样的事实：他将死心塌地投靠纳粹德国，加强合作政策。抱着这样的目的，赖伐尔充分利用了控制的政府权力，不停地向德国无休止的要求让步，德国人要什么就给什么。

德国因与苏联交战消耗了太多的人力物力，决定采取更加强硬的措施以满足其军事需求，于是开始有步骤地对被征服的欧洲人力、工业和资源进行压榨。在这些占领区中，法国的熟练工人最多，可以解决劳动力匮乏问题。德国人向法国工作许诺提供高薪、良好的生活条件，还表示他们将和德国同行一样享有同样的工作条件以及其他福利。因战败而出现的经济衰退和失业等原因，同样促使法国工人愿意去"繁荣"的德国工作。在被占领的最初两年里，法国有18.5万人志愿来到德国的工厂和农场。但他们很快就发现，德国人并未信守诺言。

受到虐待的消息不断传回国内，不仅劳动条件越来越差，工人们还被安排住在狭小的棚屋里，而且经常加班或被克扣工资及食品配给。于是自愿去德国的工人就越来越少了，到 1942 年春，法国提供的志愿者几乎枯竭。但该年夏天，德国人要求维希政府把当年输出的劳工增加到 25 万人，赖伐尔在答复时与之达成了一项所谓的"解救计划"。这是一种能够满足法国人爱国主义热情的方式，即法国每向德国方面提供 3 名工人，对方就将释放仍在押的近 200 万战俘中的 1 位。到这年下半年，向德国输

▲ 这张招工宣传画上展示的是一队法国战俘感激地踏上归乡之路（右），而劳工们则高高兴兴地前往德国（左）

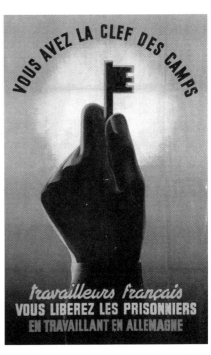

▲ "你掌握着战俘营的钥匙！"这张海报试图告诉法国人，参加赖伐尔设计的"解救计划"是他们的爱国义务："法国工人们，到德国工作，解救战俘吧！"

◀ 法国宪兵正在巴黎附近的皮蒂维耶集中营登记新到的法国犹太人。后来他们从这里和德朗西等其他几个拘留中心，被送往纳粹设在波兰的死亡营。他们大部分在那被杀害，只有少数人得以幸免

出的劳工只差 1 万缺额就能达到目标了。

赖伐尔甚至主动命令法国警察在自由区和占领区同时大肆兜捕外籍犹太人，并没收他们的财产。不久连法国裔的犹太人也受到刁难，他们往往因各种罪名被捕，如拒绝按照德国占领当局的命令佩戴黄色六角大卫星标志。遭到逮捕的犹太人被解往德朗西等拘留营，随后在那里被驱逐出境，被送往按照纳粹"最后解决方案"设在波兰的灭绝营。发生在 1942 年 7 月 16 日—17 日夜里的巴黎"大围捕"便是个典型：在法国警察的协助下，德国占领军逮捕了 12884 名犹太人带到郊外的冬季赛车场集中，然后用运牛卡车送到德朗西。此后的两年中，这里成了通向死亡的大门。据统计，1939 年住在法国的 35 万犹太人中，有 15 万（其中 2 万是儿童）被用毒气屠杀，最后只有大约 2800 人活着回来。

赖伐尔深信德国必胜，于是一有机会就大吹大擂。贝当看来更有分寸，这可能是老人家的现实主义，想争取时间而又不致陷得过深。1942 年 6 月 22 日，赖伐尔在电台发表广播讲话，号召法国工人到德国工厂，以便促使对方释放更多的战俘。他的讲稿中原有"我相信德国会取得大战的胜利"这句话，贝当审阅时把"相信"一词改为"祝愿"，并将"会"字一笔删去。但当赖伐尔照本读到"我祝愿德国取得大战胜利"时，仍在全国引起舆论哗然。8 月 19 日，一支英国—加拿大混成两栖作战部队企图在法国北部港口迪厄普登陆，但被德国占领军粉碎。巴黎各报用大字标题刊登了贝当给希特勒的贺电，然而元帅左右及其助手都发表了谈话进行辟谣。但递送电报的邮电工人向报界作证，电文确定是存在的。而 3 个月后，最大的耻辱终于降临了。

在 1942 年尾，3 年来一直对希特勒有利的战争形势发生了逆转。在苏联和埃及，德军遭受了重大挫折。自由法国方面，戴高乐取得了明显的进展，大部分法属海外领地纷纷脱离了维希政府的控制，落入到他的手中。这场争夺战的决定性一役发生在法属北非。害怕重蹈迪厄普覆辙的美国人，同英国人商定了新的计划，于这年 11 月 7 日夜，突然在阿尔及利亚和摩洛哥海岸登陆。美国人确信他们不需要戴高乐的帮助就能获得成功，把自由法国部队完全甩在一边。但接下来发生的情况和设想的全然不同。当地的法国殖民当局和军队仍然坚持忠于贝当，进行了顽强的抵抗。这使情况变得复杂起来，但一个偶然事件帮了盟军的忙。达尔朗因为儿子患了重病，碰巧来到阿尔及尔。盟军舰队强大的炮轰使法军遭受了重大损失，给达尔朗留下了深刻印象。作为法国在当地的最高级军官，11 月 8 日，他同盟军缔结了一项在阿尔及尔停战的协定。不过文件中并不包含摩洛哥，在那里，激烈的战斗持续了两天。只有得到贝当本人的命令流

▲ 两名负伤的加拿大士兵躺在迪厄普海滩一辆被丢弃的两栖坦克旁边，不远的水里一艘登陆艇正在燃烧。由于当地法国居民没有协助盟军，希特勒颁给他们1000万法郎的奖金，并将战俘营中的迪厄普人释放以示奖赏

▲ 尽管受到自由法国报纸的猛烈攻击，但美国一直采取要理不理的态度，把达尔朗（左一）当作一个"临时的权宜人物"来支持。他们保留了维希政府在北非的全部官员，甚至包括因通敌而声名狼藉的人物在内；另一方面，他们把阿尔及尔的戴高乐派都关进了监狱

血才会停止，达尔朗显然在等待元帅做出决定。

11月10日凌晨2点30分，达尔朗接到了维希政府发来的官方电报。"我早已下令保卫非洲，现在仍维持原令。"贝当命令他用全部可用的兵力抵抗入侵。"我们遭到攻击，我们将进行自卫。这就是我下的命令。"然而同日4点35分，元帅又用德国人不懂的绝密电码，发出了另一份意思相反的新指令，打消了达尔朗的疑虑。原来在1940年停战后，法国人将所有电报密码交给了德国方面，但贝当和达尔朗保留了一份只有一两个人知道的密码。贝当授权他全权同美国人进行谈判。达尔朗立即行使当地的行政管理权和军事指挥权，同意实行全面停火。11月15日，他又发表了一项宣言，使本地区内的法军及政府不再受效忠贝当的誓言约束。

地中海彼岸发生的事件使赖伐尔大为惊慌，害怕他同德国人达成的不稳定的妥协方案会彻底崩溃，于是一再重申先前的政策，力图挽救这种局势。然而，希特勒要求法国对英美宣战，表示这是使德国人息怒的唯一办法，但贝当始终不愿采取行动。

当11月9日赖伐尔奉召前往德国谒见希特勒时，他所能转达的只是贝当对这项要求的拒绝。他可能仍希望通过谈判有所收获，但希特勒却无意再谈下去。次日上午10点半，贝当接到德军发来的他们将侵入自由区、占领法国全境的通函。他大发雷霆，已退役回到庄园生活的魏刚劝他赶快南下，退避阿尔及尔。然而，赖伐尔从德国给贝当打来电话说，如果维希政府在北非组织抵抗，德国人就要对法国人民和战俘实行可怕的报复。这样，贝当拿定主意没有离开。

11月11日，法国本土仅存的法军部队被遣散，贝当的私人卫队也遭到裁撤。翌日，德国人逮捕了反对同德国人继续合作并试图飞去北非与盟军会合的魏刚，将其转移到奥地利的集中营监禁。贝当撰写了一条法案，准备在电台广播。工作人员将内容告诉了赖伐尔，后者立即转告德国方面。11月13日，在贝当的讲话即将被播出的前几分钟，听众们先是听到了歌曲，接着就没有了声音。贝当接到通知，德国人阻止了播音。元帅向德国总领事克鲁格·冯·尼达争辩说，在此情况下自己已被置于无法履行职责的地步。他取消了预定了一切宴会，拒绝接见任何来访者。赖伐尔通过极力使德国相信他的忠诚，设法安然度过了这场风暴，地位进一步获得提升。根据11月17日颁布的第十二项制宪法令，贝当被迫把除宪法以外的一切法律、法令的钦定与发布权都授予了赖伐尔。

同1940年一样，希特勒主要担忧的问题仍是不能让现在集合在土伦的法国舰队落入英国人手里，或被自由法国控制。因此，他企图安抚维希政府，如果法国人保证不站在盟军一边对德国采取任何敌对行动的话，就答应不占领土伦。德国人最初的让步是在土伦四周划出一小片自由区，接着便坚持这一地区只能由4000—5000名海军驻防。其实这只不过是哄骗法国海军将领们，让他们有一种虚假的安全感而已。这支小部队根本不可能确保土伦和舰队的安全不被侵犯。11月27日清晨4点30分，赖伐尔收到希特勒的指令，他宣布将要占领土伦。与此同时，德军机械化部队向该港直扑过来。他们的突击是迅疾的，但还不够。两年多来，达尔朗下达的"一旦德国有所行动就破坏舰队"的命令一直在被秘密执行。现在，它生效了。法国海军的最后一支大舰队，以比飞驶而来德国坦克还要快的速度，被凿沉海底。

达尔朗在美国人的坚持下，曾亲自要求土伦的舰队驶往北非，以防落入德国人手中，但因希特勒的奸计得逞，他的最后一张王牌被夺去，这对其权威是个沉重打击。12月24日，一个年轻的学法律的法国大学生博尼埃·德拉夏佩尔开枪打死了达尔朗。刺客被仓促处决了，使人无法有效地查明到底是谁唆使他进行了此次暗杀。可不管这次暗杀的动机如何，除掉达尔朗就搬掉了一块绊脚石。他的消失使戴高乐的领袖地位得到确立和巩固，仍然被视为自由法国的唯一合法领袖。他对北非政府进行了彻底改组，在阿尔及尔成立了"法兰西民族解放委员会"，在一切非敌占区代表"法国主权"。

然而，如果不能把法国本土的抵抗运动团结起来，戴高乐就还不能以全体法国人的名义讲话。1940年时，奋起者寥寥无几，开始只有孤立的个人行动，每次反抗过后，德国人就实行宵禁、征收罚款和枪毙人质。可是，抵抗运动并未停止。幸存者转

▲ 一辆德军坦克停在土伦的码头上，远处一艘自沉的法国战舰仍在冒着浓烟。总共有4艘战列舰（包括2艘从米尔斯克比尔战斗中幸存下来的）、7艘巡洋舰、17艘驱逐舰、6艘护卫舰和15艘潜水艇被凿沉。各舰指挥官中，极少数人选择逃跑。仅有5艘潜水艇逃脱，其中1艘在出海后自沉，另1艘逃往西班牙后被扣留

▲ 在德国官员陪同下参加政治集会的达尔南（中），其周围站着一群身穿皮衣、头戴礼帽的便衣保镖，以及一位穿着制服的保安队员。尽管智力有限，但赖伐尔却说这位野蛮粗暴的法西斯民兵头子"政治智慧和路边的石头一样多"

入地下，十分谨慎而缓慢地建立起组织来。在占领区与自由区，在"禁区"甚至阿尔萨斯和洛林，都有就地发展的区域性组织，但由于过于分散，联络很困难，只能各自行动，结果往往是昙花一现。1942年底，戴高乐派遣让·穆兰空降到法国本土境内。这位从前的县长从一开始就反对纳粹，后因其大胆行为被捕，但他设法逃去了英国，给戴高乐留下了深刻印象。

作为"法兰西民族解放委员会"的总代表，穆兰重回法国的使命是去同所有的抵抗小组接触。他克服了地理和政治上的分歧，在这项十分困难的工作上取得了巨大成功，并于1943年5月建立了一个统一领导的隶属于戴高乐的"全国抵抗委员会"。虽然不久后他不幸被捕并死于酷刑之下，但并没有吐露所知道的任何情报，而全部的地下行动已协调完毕。抵抗运动除了加强情报搜集工作外，还秘密发行报纸进行宣传鼓动。此外，用小队武装人员实施破坏的军事行动也很普遍。而占领军收紧对法国控制的笨拙作法，使投身抗德的人数大为增加。

希特勒已经指定维希地区为作战区，亚历山大·冯·诺伊布隆将军奉命在维希设立办公室，着手建立占领机关，原先的行政机构都被置于它的控制之下。根据1943年2月16日在德国人授意下颁布的一项法令，1920—1922年出生的法国男女青年，不论身份和职业都要参加义务劳动，包括到德国去服劳役。后来进一步扩大到所有年龄在16—66岁的法国男人和18—45岁的法国妇女，都被强制登记参加劳动。结果，

总共有 71.6 万法国工人和 21.5 万战俘为德国劳作，这些人相当于当时法国劳动人口的 16%！同时，成千上万不愿屈从的人们抗拒征召，成群结队地钻进一些荒僻无人的森林和山区，他们建立营地，组成游击队（马基）进行反抗。自由法国和美英军官带着武器和物资前来，以空投的方式进行支援，并对他们加以训练，他们还组织了一些对德军的袭击行动。

随着抵抗运动的发展，德国人的镇压措施也日益加强。在德国方面，其镇压机构有谍报局、战地警察和宪兵队，尤为可怖的是党卫队的保安处和秘密警察（盖世太保）。法国方面提供的最有效的协助来自约瑟夫·达尔南及其臭名昭著的"法兰西民团"（保安队）。此人是个狂热的民族主义者，参加过一系列极端恐怖组织。他在第一次世界大战中得过法国最高军功勋章，由贝当本人亲自授予。1940 年他重新参军，停战后搬到维希控制区，领导退伍军人团的尼斯支队。由于担心游击队对德军后方进行袭击，希特勒召见了赖伐尔，要他建立一个准军事性的民兵组织以维持秩序。赖伐尔答应了，于 1943 年 1 月 31 日组建了为数 4.5 万人的保安队，他本人亲自担任头目，达尔南则为秘书长。

赖伐尔希望保安队保护维希政府的利益，可达尔南却将其搞成德国镇压机器的一个组成部分，甚至比纳粹党卫队更为可怕，更遭人憎恨。他按照纳粹德国的模式装备自己的队伍，其成员穿着深蓝色的开领紧身短上衣和裤子，里面是褐色咔叽衬衫配黑领带，头上戴着黑色贝雷帽，脚上穿着短靴加绑腿。保安队的头目都参加了纳粹党卫队，达尔南被欣赏他的德国人授予了相当于少校的军衔。1943 年夏，达尔南奉命率领一小队法国武装党卫队——"查理大帝"旅去东线作战，不过由于他是德国人在法国所能找到的唯一真正得力的同盟者，他又被调回国内，因为这样安排显然对德国人更为有利。而保安队针对游击队的监禁、放逐、严刑拷打以及枪毙人质等暴行也日益增多。

此后，德国赢得战争的机会越来越少，而这些追随者也越来越疯狂。1943 年 9 月，达尔南和其他一些合作分子提出了一份所谓的"国家复兴计划"，主张以德国为榜样建立一个以一党为基础的政府，并同德国结盟。他们的煽动使贝当那些顾问惊慌起来，他们说服元帅采取了一些预防措施，结果使维希政府同德国人的关系又紧张起来。这年 11 月，贝当起草了一项宪法修正案，规定万一自己在新宪法生效以前死去，就把他的权力移交给国民议会。他准备了一篇给法国人民的广播讲话，其中宣称："今天，我就是法国合法政府的化身。我打算把它作为一种神圣的委托保持下去，在我死后把它归还给国民大会。"

赖伐尔把贝当的这些秘密策划报告给了德国人，对方立即采取行动，占领了电台和官方印刷厂，并查禁了该项宪法法令和那篇讲话。贝当所能做的只是暗地里印发了好几千份。平静了一阵之后，德国人做出了更为强烈的反应。12月4日，阿贝茨突然来到维希，给贝当带来了一封信。信中严厉指责了贝当缺乏同德国合作的诚意，并要求今后一切立法建议应先提交德国政府批准；另外委托赖伐尔"在确保合作的基础上"改组法国政府，任用德国方面信得过的人。信尾还含糊地威胁说，如果法国政府无力在法国维持秩序和正义，德国政府将不得不自行采取措施以保护其利益。

贝当再次做了让步。12月11日和12日，他接连两次致函希特勒，表示将一如既往，同德国人合作到底，保证今后任何法律的变动都会呈送希特勒审批。1944年1月组成的新内阁名单，表明维希政府无疑已被合作分子征服了，赖伐尔仍然是政府首脑。达尔南的权力迅速增大，他被任命为负责治安的秘书长，并以这个身份参加部长会议的例会。后来他又被提升为内政部长，政权实际上也掌握在他的手上。同时颁布的另一道命令还授权法国建立一个特别军事法庭，执行即决判决。法西斯专政终于代替了长期以来暧昧不清的维希政府。从这时起，贝当只是有名无实的国家元首，几乎无人问津。在赖伐尔的"建议"下，他越来越不愿意参加内阁会议，事实上，这样的会议也不过是装装门面的形式而已。

▲ 达尔南身穿保安队制服出席某次仪式，背后楼上悬挂着这支队伍的徽章。它的职责是在被占领的法国维持所谓的"新秩序"，这使之成为一个最顽固和令人憎恨的通敌组织

▲ 一批被法国保安队俘虏的抵抗战士在枪口下放风。虽然盟军向游击队空投了很多次武器，但德国人想方设法拦截了其中大部分，因而他们除了进行骚扰外难有更大作为

贝当已经众叛亲离，他和妻子、私人医生生活在花园饭店里。为了确保元帅不会再次企图把占领国所不同意的任何意见付诸实施，德国人新指派了一个名叫冯·伦特·芬克的人来当"看门狗"。他跟贝当几乎形影不离，经常监督其言行。他迫使贝当将自己的演说写成稿子，交给他过目后方可录音或发表。1944年4月，德国人准许贝当访问巴黎，出席为盟军轰炸死难者举行的一次追悼仪式，这表明德国人确信贝当这时已经完全在他们控制之下了。他们坚持要他在4月28日广播一篇拖延已久的讲话，使法国和德国在反对布尔什维主义的斗争中联系在一起。那段经过多次讨论才商定下来的讲话宣称："多亏德国和欧洲的共同努力保卫了我们的大陆，我们的文明已获得保障，不再受布尔什维主义的威胁。等到当前这场悲剧结束，法国恢复了元气，进一步确定其地位的时刻就将到来。"

与此同时，盟军在法国本土再次登陆的行动已经准备就绪。法国国内的游击队奉命组织抵抗运动，日益频繁地进行破坏和骚扰，他们炸毁铁路和桥梁，牵制了大量敌军留在后方，艰难地维持他们的交通和补给畅通，不能开赴前线。德国人内心十分惊慌，唯恐贝当待在维希会落入"马基"的手中，因此暂时把他迁移到朗布依埃附近的瓦松城堡去。之后，贝当又获准进行另一次旅行，这回是到鲁昂去庆祝圣女贞德节。这次旅行，像上次访问巴黎时那样，在德国主子看来是一次出色的反英宣传。返回维希的路上，贝当在南锡、厄比纳尔和第戎都临时讲了几次话。

当盟军于6月6日正式在诺曼底登陆时，维希政府广播了一篇贝当的讲话，这是他在冯·伦特·芬克的压力下录音的。它要求全体官员坚守岗位，要求法国居民服从政府，维护秩序与纪律，并接受德国人在作战地区发布的任何指示。赖伐尔也广播了一篇讲话，他在讲话中宣称"法国并没有参战"，同时力主法国人保持中立，不要再用内战的恐怖来加重这场外来的战斗。鉴于盟军登陆后进展迅速，使人心动摇，合作分子在7月3日发表了另一份宣言，极力主张必须使舆论振作起来。

但事实不断证明德国人败局已定，面对着局势的变化，连赖伐尔也无法一直顽固下去了。赖伐尔一度曾抱着一种幻想，以为可以由他出面充当德国人和盟国之间的中间人，起一个"诚实的掮客"的作用。但这些花招毫无所获，交战国中没有一国要他来调停。尽管如此，他还是认为自己资本雄厚，心里正在盘算，是否有可能在最后关头投靠另一边，将功折罪。德国人这时已知道，他们对巴黎或维希都不能再控制多久了，但是，他们决心要把那些在法国为他们效劳得很好的人紧紧抓住不放。8月17日，赖伐尔奉命把法国政府迁到贝耳福去。想溜掉是不行的，也不可能找到一个折中办法，于是他生

▲ *1942年12月19日，前往贝希斯特加登接受希特勒训示的赖伐尔*

平第一次对德国人送给他的最后通牒表示拒绝。赖伐尔办的最后一件公务是，命令各部秘书长负责部务的主持，如果没有秘书长则由在职的最高级别的官员主持。

赖伐尔用书面文件宣布他不再行使政府职权，然后便启程到贝耳福去向元帅提出辞职。据德国人说，贝当已经在那里了。事实上，这是捏造。考虑到外面纷纷传说他要到"东方"去，贝当声明坚决不去德国，并于7月16日将声明文稿交给了罗马教廷使节。8月9日，贝当又请瑞士驻维希大使到他那里去，说德国人可能对他下毒手，希望这位名叫沃尔特·斯塔基的前政府部长作个见证人。17日这天，德国人向贝当递交了一份照会。冯·伦特·芬克告诉元帅，德国已下令将政府迁到法国北部的贝尔福去，要他和维希的全体人员一同前往。贝当起初并没有答应，最后在德国人的武力逼迫下，才屈服下来。

8月19日中午和傍晚，在德军驻维希代表诺伊布隆将军的陪同下，冯·伦特·芬克又会见了贝当，扬言元帅如果不随其离去，维希将被炸平，一切后果都将由他承担。贝当回答说："我不想为了自己流芳百世而听凭维希被夷为灰烬。"于是德国人拿出一份一同离去的官员名单，并告诉元帅，赖伐尔及其政府人员已安然迁至贝尔福。贝当不相信这个消息。他在0点到1点之间，撰写下了自己的最后一份《告法国同胞书》。8月20日早晨6点40分，盖世太保和武装党卫队包围了贝当的住处，坦克和机关枪围了两层。早上7点30分，当着罗马教廷使节和瑞士大使的面，德国人抓走了贝当及其夫人。目击这个场面的斯塔基写道："元帅当时的镇静给人留下了极为深刻的印象。

我相信他对当时发生的事情不大了解。"

在 6 辆摩托车的挟持下，贝当夫妇等人的车队离开了维希，于 8 月 21 日 21 点 30 分到达贝尔福。元帅临行前留下一份抗议书给希特勒，宣称这一暴力行为使他无法继续行使作为法国国家元首的特权。他留下的那份《告法国同胞书》，维希电台始终不敢予以播放，但其内容在百姓中广为流传。9 月 6 日早晨 6 点 30 分，贝当、赖伐尔和他们的那些部长终于踏上了前往德国的道路。当天中午 11 点，一行人越过莱茵河，并在翌日被送到德国南部西格马林根境内，一起关在霍亨索伦城堡里。贝当和赖伐尔以及一些其他部长拒绝再履行任何政府职责，在那里等待战争结束，等着各自的命运。

凄凉晚景

诺曼底登陆前夕，盟军对自由法国的行政能力没有什么信心。美国人认为，应该由美军军官管理的军政府来负责被解放地区的治安维护，甚至没同自由法国方面商量就印好了在法国流通和给部队发饷用的纸币。戴高乐提出了强烈抗议，希望在任何一块解放了的法国土地上，都挂上自己政府的牌子。1944 年 6 月 3 日，设在阿尔及尔的"法兰西民族解放委员会"改组为"法兰西共和国临时政府"。盟军成功登陆后，戴高乐于 6 月 14 日乘坐一艘驱逐舰回到法国，进入贝叶市。27 日，他发表了整顿法国本土行政机构的政令。一个月后，又颁布了恢复共和国体制合法性的政令："法国政府的形式依然是共和体制。"

维希政权的政治结构与合作分子的队伍现在全部崩溃了，有人落荒而逃，有人躲藏起来，还有人主动把职权交给了自由法国各个组织。达尔南在法国东部纠集了一支大约 6000 人的保安队残部，带着他们的妻子儿女，从法兰西银行抢了一笔钱，逃窜到德国。他在那里获准组建一支约为 2000 人的"警备队"，另外三分之一的队伍被吸收进了德国各支队伍，剩下的人则与法国反布尔什维克志愿军团残余的 1200 人和"查理大帝"旅的 1000 人合并，编为武装党卫队第 33 "查理曼"师，并于重组后被派往东部前线，去同苏军战斗。次年 3 月初，德军接到了他们被粉碎的报告，第 33 "查理曼"师仅剩 1100 名幸存者。刚从火线中解脱出来的他们，普遍感到绝望，想要退出军队，只有不到 700 人还愿意继续服役。

当西线的战斗迫近巴黎时，驱逐占领者的热潮遍及全城。7 月 14 日国庆节，有人扛着三色旗游行。8月10日，铁路工人开始罢工。从15日起，地铁就停驶了。接着，邮政局也在18日罢工。同一天，警察也不出勤了，他们中的抵抗组织成员接管了警察总局。之后，他们把主动前来协助的群众武装起来，占领了市政厅、前政府各部、广播电台和一些镇公所。部分公共建筑上升起了

▲ *1944年8月26日，巴黎解放后的第二天，戴高乐从凯旋门沿着举行胜利大游行的爱丽舍田园大街行进，接受了约200万市民的热烈欢迎，以庆祝4年纳粹恐怖统治的结束*

三色旗，几乎到处都筑起了街垒。市区有的地方发生了短时间巷战，一些分区和郊区也发生了小战斗。24日，自由法国的正规装甲部队向首都开进。由于为数不多的德国驻军已被局限在少数据点里，他们解放巴黎的任务比较容易地就完成了。

8月25日，戴高乐进入巴黎。16点正，他在蒙帕纳斯火车站接受了德国守军司令签署的投降书。第二天，在抵抗运动的领袖和自由法国的将军们的簇拥下，戴高乐步入爱丽舍田园大街，一路上受到大约200万首都市民非常热烈的夹道欢迎。然后他们又来到圣母院，在那里举行了盛大的感恩赞美诗仪式。最后，人们驱车前往市政厅。在那里，全国抵抗委员会的领导人提议戴高乐走上阳台，向聚集在窗外广场上的人民宣布法兰西共和国的成立，但被将军当即拒绝了。他认为共和国一直都存在着，以坚定的语气说："法兰西共和国根本就没有停止过它的生命，因为自由法国从1940年起便行使了国家的职能。"

国内外的抵抗运动现已汇合在一起了。8月31日，戴高乐将临时政府从阿尔及尔迁回巴黎。贝当曾试图同自由法国方面取得联系，但由于被冯·伦特·芬克一直盯着，他没有机会。早在6月22日，趁着奥方将军前来看望自己的机会，元帅就曾取出自己签署的一份文件，请这位海军上将作为自己的代表到盟军最高指挥部去，并尽可能地同戴高乐接触，希望成立一个和解政府。但戴高乐对这一提议置之不理，他对法国已有约在先，绝对不会同维希政府达成任何谅解。许多法律学家认为1940年6月16

日到 7 月 10 日的贝当政府的合法性是毋庸置疑的，因为在这段时间里，国民议会都按规定如期举行了会议。可是，元帅没有遵守 7 月 10 日参众两院通过的法令，因此之后他的一切行动都是非法的。

根据 8 月 9 日发布的一道政令，1940 年 7 月 10 日出台的法案及随后制定的各项法令、政令统统是非法和无效的，也就是说共和国没有中途废除，维希政权是篡权者、伪政府。这样一来，从未正式提出辞职就被迫让位的勒布伦可以指望重回爱丽舍宫，继续行使总统的职权。9 月 25 日，他同戴高乐在南锡进行了简短的会晤，可后者丝毫没有请他复出的意思。勒布伦又试图说服戴高乐举行仪式，让他正式移交自认为还握有的合法权益，仍未被理睬。10 月 28 日，美国、英国和苏联相继承认了法国的临时政府，尽管美国再次拒绝了戴高乐关于在莱茵兰地区建立一个缓冲国的建议。不过，在戴高乐的努力下，同盟国不得不把法国作为第四大国对待，并且在德国西南部划出一片法国占领区。但是，这种轻松的心情很快就被打断了。

随着被解救的法国战俘和强制劳工陆续返国，幸存的犹太人证实了惨无人道的死亡集中营和大屠杀的存在，激起了法国人对纳粹暴行的强烈仇恨和敌意，进而滋生出报复情绪，以致形成了一股针对曾与占领者勾结的合作分子的攻击潮流。看起来似乎没有一个人的手是干净的，到处都在发生检举揭发。官僚机构中有 1.1 万人因为通敌嫌疑被解聘，大约有 3—4 万人由于叛国受到审讯，还有 10 万多嫌疑人被监管。清洗有时进行得仓促而无节制，乱捕、乱杀的案例难以估量，很多地区都笼罩在恐怖气氛之下。法国内政部公布的官方统计数字显示被处决的人数是少于 1 万的，可其他方面的传言略有些夸张地估计：草率处决的人数为 2—10 万。这些清算不能一概归结为政治原因，其中往往还夹杂着个人恩怨或家庭、家乡的积怨宿仇。

被关押在西格马林根的贝当已失去了人身自由，除了每天在城堡附近散步外，不得出门一步。他被允许可以使用一台小型收音机收听新闻。有一天，他从广播中得知，法国最高法院将在 1945 年 4 月 24 日开始对自己进行缺席审判，于是决定向戴高乐的

▲ 法国解放后，在德国占领期间秘密发展起来的抵抗运动这时公开活动，并对亲德的卖国贼进行了可怕的报复。图中这些曾经与德国士兵交往过的妇女被剃了光头，押解着穿过欢呼的人群游街示众

临时政府自首。元帅在 4 月 5 日和 4 月 20 日希特勒 56 岁生日那天，两次写信给德国元首，希望能被允许回国出庭应讯。但由于苏军已兵临柏林城下，困守孤城的希特勒自顾不暇，始终未予理睬。4 月 21 日，贝当被转移到万根以北一个叫作"蔡尔"的小村庄，随后又押至靠近瑞士边境的一个哨所。元帅 89 岁寿辰那天，德国人将他送入瑞士境内，住在瓦伦塞河畔的韦尔森镇。

或许是为了避免贝当成为已攻入德国西部的盟军的俘虏，希特勒指望脱离了德方控制的元帅选择流亡国外，但后者决心已定。4 月 26 日的 19 点 27 分，他毅然携夫人及少量随从离开瑞士，跨过边界来到法国一方的边防哨所。前来接洽的自由法国军官只向贝当致以军礼，但拒绝同其握手。随即一行人登上了去巴黎的火车。在蓬塔利埃车站，许多人聚集在车厢两侧示威。次日，火车在伊尼停下，贝当等人换乘汽车，并于早晨 8 点到达蒙特鲁日附近的一个要塞。他同夫人住在刷着白灰的两间屋子里。

与此同时，被集中起来进行休整的"查理曼"师突然接到希特勒发来的急电：命令部队利用一切交通工具立即开赴柏林投入战斗！他们迅速地组织了一个突击营，乘坐 11 辆卡车出发。但是因为沿路遇到的困难，有 2 辆车连同车上的乘员没能到达目的地。剩下的 300—330 名官兵正好在苏军合围前一小时到达了德国首都的西北郊。他们刚刚到达就投入了战斗，一边战斗一边向东移动，来到了城市的中心，距离希特勒的地下避弹室只有咫尺之遥。5 月 2 日，也就是走投无路的希特勒自杀后的第三天，柏林德军宣布全面投降之时，大约只有 30 名幸存的法国士兵被送进了苏军的战俘营。

1945 年 7 月 22 日，贝当的随行人员都被看守在弗雷纳镇，元帅一人被押到了巴黎，关在改建成牢房的最高法院原书记官的办公室里。第二天，庭审开始。陪审团由 12 名议员和 12 名抵抗运动战士组成。总检察长莫尔内指控贝当的罪行有两大类：一是危害国家安全；二是里通外国，勾结德国纳粹分子。他的起诉书上列出了 5 条具体罪状：同德国签署停战协定，违反了英法的同盟条约；配合德国，对英国和其他同盟国采取敌对行为；同赖伐尔一起，动员全国工业部门支持纳粹进行侵略战争，并向德国输出大批强制劳工；建立独裁政权；私自答应德国控制法国领土。

在长达 20 多天的审判中，贝当总是向后倾着身子，紧闭双唇、一声不吭。他的 3 名辩护律师则十分活跃，说元帅的这些行为实属无奈之举，也没有完全与德国合作。他们还威胁说，假如贝当被处死，国家将会面临分裂的危险，法国人民也会感到痛心。在法庭上旁听的人们，不少对火的报复行为早已深感不安。虽然他们都支持戴高乐，但同时也怜悯贝当，都期望两人能达成某种和解，从而早日结束这种混乱的局面，以致不停地为律师的辩护词喝彩，气得法庭庭长大喊："这个厅里怎么全是'德国人'！"

8月13日和14日两天，检察官起诉和律师辩护每天从21点一直持续到次日凌晨4点15分。15日凌晨4点22分，判决的结果出来了。陪审团以14票赞成、13票反对，宣布贝当因犯通敌罪被判死刑，并且公布他是"民族的败类"。法庭还认为他犯有"误人罪"，即许多正派的法国公民因为元帅过去是英雄而信任他，结果被引入歧途。只是考虑到被告的高龄，陪审团希望死刑缓期执行。贝当在担任国家元首后，同时领取元帅和元首两份俸禄，每月共计2.56万法郎。由于他比较节俭，省下的钱于1941年5月7日购买了52公亩土地和一幢房子，总共用去35.8万法郎，相当于1年7个月的收入。现在，这些财产统统被没收，他成了一无所有的死囚。

在审判开始时，所有的人都知道裁决的结果将是"有罪"，除了贝当之外，他坚持认为自己维护了国家的最大利益。"法国人将永远不会忘记，"他曾宣称，"正如我在凡尔登拯救了他们一样，我在维希也拯救了他们。"如今听到这样的判决，老元帅的脸色比以往更加苍白，一只手紧张地抚弄着上唇的胡须。被告的辩护律师警告说，当国家需要统一时，这种判决将会使之分裂。他们最后还呼吁说，如果贝当被处死，他的面容就会永远留存在人们的记忆中，而且法国人民也会捶胸感到痛心。戴高乐其实并不想审判贝当，这段不光彩的历史总要翻过去的。但既然贝当从瑞士回国了，也就不得不审了，否则就不足以证明戴高乐的胜利。死刑固然要判，而赦免也是必要的。为了维护国家团结和恢复社会稳定，戴高乐签署了特赦令，就像5年前贝当也在维希政府对戴高乐进行缺席审判的死刑判决书上签署"不要执行"一样，戴高乐把贝当的死刑改为终身监禁，关在比利牛斯山脉中的布尔塔雷要塞。

不过，终究要有几个戴罪之人，赖伐尔首当其冲。1945年4月，他向西班牙寻求庇护，但只被允许逗留3个月。他又向瑞士等国申请避难，均遭拒绝，最后还是被移交给了法国。10月开始的对赖伐尔的公审是在漫骂中进行的。他抗议法官不许他为自己辩护，并抵制后面的听证。最终法庭判处其死刑。赖伐尔企图用战争中一直藏着的一小瓶毒药自杀。可毒药太旧，药效失灵，他被及时救活，经医生检查后宣布他的身体可以接受死刑，随即被法警搀扶到绞刑架下。

达尔南逃到意大利，被捕后也送回法国受审。他对保安队犯下的罪行供认不讳，同时又推说自己工作过重，几乎不能胜任职务，也就无法有效地控制手下人的活动。这样的辩解显然是不能蒙混过关的。后来他也被处以死刑，由一支行刑队执行枪决。

1945年11月14日，贝当被送到布列塔尼南部近海的耶岛，从此就一直被囚禁在

▲ 在法庭上，赖伐尔抗议法官不许他为自己辩护。"审判一个人又不让他说话可不是法国人的方式，"他的妻子抱怨说，"这正是他一直打击的德国方式。"

▲ 1945年11月14日，贝当被送到布列塔尼南部近海的耶岛，被囚禁在岛上的皮埃尔勒堡内。老元帅在古堡二楼陋室中，孤寂地度过了凄凉的晚年

岛上的皮埃尔勒堡内。老态龙钟的贝当被安顿在古堡的二楼，室内的全部家具就只有一张床、一个床头柜、两张桌子、一张未经油漆的独脚小圆桌、两个小衣柜、两把安乐椅和一只木炭炉。他的厕所没有水，电路只有在晚上才送电。院子被一道铁丝网一分为二，一半供贝当放风时散步用。他的囚室虽有一扇铁窗开向院子，但由于四周的城墙高耸森严，这位元帅从来见不到大海、田野和树木，其视野就是这座高大的城堡和阴森的院子，抬头仅见一方青天。此前，贝当夫人也被捕，有人指控她里通外国，但因证据不足，被宣布无罪释放。一个月后，她辗转来到耶岛，就住在旅行者饭店，每天晚上都会去探视丈夫。除她之外，贝当很少再接待其他客人。有时候，元帅的律师、医生和护士也会来古堡同其会面。他可以从外面收到寄来的包裹，但所有信件都被没收。

　　始终没有撤销贝当元帅军衔的戴高乐原想关两年就释放他，岂料自己上台5个月后就被政客们所抛弃被迫让贤。在经历了4年的战争、压制和缄默后，长期被排斥在政治之外的各政党和法国人民渴望彻底的自由，迫不及待地想恢复他们在国家和议会中的地位，进行开放的争论和精彩的交锋。对于戴高乐建立一个超脱党派纷争、凌驾于国会之上的总统制政府组织，以及一个高效能执行机构和稳定立法机关的想法，他们采取了对立的态度。戴高乐明白，只要他留在政府内部，就无法接受这种令人厌恶的党派对立使刚恢复的共和国再次变得软弱无力，并认为这与其致力于重建法国世界大国地位的目标相抵触。1946年1月，戴高乐把他的决定通知了内阁会议："我的任务结束了，从属于政党利益的排他性制度重新出现。我反对这个制度。"

戴高乐的辞职是种以退为进的战术，却也使自己在此后的十多年里长期处于政治边缘，而他释放贝当的计划也就不能实现了。1947年7月10日，法国国民议会"关于1933—1945年事件调查委员会"的议员们在耶岛提审贝当时，他对大部分问题避而不答或是顾左右而言他。在此期间，瑞士和加拿大曾提出愿意接待贝当，戴高乐也借举行记者招待会之机，请求释放这位世界上最年迈的囚徒，但他们的提议都遭到了法国政府的拒绝。直到1950年末，才在城堡底层为已经94岁高龄的贝当安排了一个比较舒适的房间（其实是一所地堡）。后来，贝当夫人也终于得到允许，可以同丈夫一起吃饭。

1951年6月8日，为照顾贝当日趋恶化的健康状况，法国政府签署命令同意将他送进医院治疗。6月29日，得了肺充血的贝当住进了耶岛吕科别墅，躺在客厅里的一张铜架床上。7月22日，医生签署了最后一份元帅的健康情况公报：完全昏迷，脉搏微弱不规则。次日上午9点52分，贝当紧闭双眼，与世长辞，享年95岁。7月25日，魏刚将军身穿军服扶灵默哀。根据早在1938年8月18日就已立下的遗嘱，贝当曾要求死后埋在杜奥蒙或其附近的某个地方。但由于政治和司法等方面的原因，这个遗愿未能实现。他的棺枢由6名退伍军人和2名囚犯抬着送往岛上的儒安维尔公墓安葬，墓碑朝向大陆。

贝当还在世的时候，仍拥戴他的前维希政府的一些官员就不断要求重新调查案情。

▲ 贝当的墓地

▲ *1966年凡尔登战役爆发50周年之际，戴高乐作为共和国总统出席了纪念仪式*

元帅去世以后，这些人继续四处活动、多方奔走，但始终没有什么结果。1951年10月6日，他们成立了"捍卫贝当元帅委员会"，其成员多是从未见过贝当的年轻人，并定期出版季刊《元帅：贝当—凡尔登全国协会》。与此同时，国家和政治又开始变得不平静了。

1946年10月通过的新的共和国宪法与1875年的一样，仅有一些细节不同。在政治机器中，总统仍旧只是个礼节性的职务，总理及其内阁还是需要向权力广泛的国民议会负责。到1958年的12年里，议会的分裂和政府的不稳定程度日益加剧，创下了历史纪录：前后一共换了不下12名总理和25届内阁。这时人们才不得不求助于戴高乐这位被认为能够拯救危局的人。这年6月，国民议会授予他总理一职，并授权其再起草一部宪法。正如戴高乐以前一直主张的那样，共和国总统终于成为权力的核心，是法国外交和国防事务上的最高权威。总统任命总理，也有权解散国民议会、举行新的选举和宣布实施紧急状态。9月，新宪法以66.4%的赞成票被通过。12月，戴高乐以78%的得票率当选总统。政治动荡消失了，技术专家运转着国家的日常事务。在这个共和国的前15年里，只有过3个内阁。

由于政治稳定，戴高乐便开始寻求在国际舞台上扮演领导者角色，以期使法国重新成为世界强国。虽然他似乎不反对将老师的棺枢移葬到杜奥蒙去，但因为他正在为外交事务操劳，也就几乎无暇再注意为贝当迁葬的事情了。1962年1月30日早晨8点钟，贝当夫人在拉杜尔—摩堡街8号的寓所里去世，终年84岁。第二天中午，法国政府为她举行了简单的葬礼。而那些在二战后和平年代出生和成长起来的大多数法国年轻人，也逐渐对戴高乐在世界事务中过于高调的行事方式，越来越感到厌倦。尽管他费劲心力，但已失去了往时的魅力。正如巴黎《世界报》在一篇社论中总结的那样："法国感到厌烦了……"1969年当戴高乐提出的多项宪法和地区改革在公民投票中被否决时，他决定辞职，像1946年那样离开政坛，回到家乡去过退休生活。

这次戴高乐再也没有回来，1970年11月9日19点30分他在家乡去世，永远离开了政治生活。根据在1952年1月16日写下的遗嘱，没有奏军乐或哀乐，也无教堂的钟声，他的遗体安静地留在了巴黎东部200多公里外的小村里，墓碑上只刻有"夏尔·戴高乐1890—1970"几个字。1972年，法国全国捐款在其墓前竖起了一座洛林十字纪念碑，用玫瑰色花岗岩建成，高43米，最宽处为19.16米。次年，早已失去了耐心的贝当拥护者们组织了一支"突击队"，在36岁的于贝尔·马索尔的带领下，悄悄掘出了元帅的棺木，准备将它秘密埋到杜奥蒙去。后来，警方在离巴黎100公里

▲ 1973年，贝当的拥护者组织了一支"突击队"，悄悄掘出了他的棺木，但被发现后，法国政府又将之葬回了耶岛

远的一个地方发现了棺枢，便把它暂时安放在瓦尔德格拉斯。过不多久，法国政府又将之葬回了耶岛。

法兰西民族曾拥有傲人的历史。说起路易十四和拿破仑，法国人可以津津乐道、滔滔不绝。然而，法国在二战中不仅败于纳粹德国手下，而且贝当居然在维希的旗号下沦为侵略者的帮凶。在一些人看来，这段历史辱没门庭，实在令人羞于启齿。戴高乐在巴黎解放后说过一句名言："维希政权无论过去和现在都是无效的。"作为当时历史条件下的一种政治策略，戴高乐的方针被战后历届法国总统贯彻了下来。此后半个世纪，维希的历史便成了禁区。

直到 1995 年雅克·勒内·希拉克竞选总统时，才开始打破这一历史禁区，触及敏感问题。在出席向犹太人移交维希时期史料的仪式上，他进一步劝慰法国人要正视历史，承认维希政权的存在及其罪行。他说："是的，被占领的法国曾经存在过；是的，法国当局曾经协助过逮捕、搜查、流放等行动；是的，集中营也曾在法国出现过。这一切事实都应当说出来，都应当予以承认。这并不是在揭自己的伤疤，而是希冀在健康、清新的基础上构筑美好的今天。"

参考文献

[1] 多米尼克·弗雷米. 法国历届总统小史 [M]. 时波, 译. 北京: 新华出版社, 1986

[2] 麦克·卡弗, 编. 欧美名将评传 [M]. 钮先钟, 译. 北京: 昆仑出版, 1999

[3] 梅尔. 一战秘史: 鲜为人知 1914—1918[M]. 何卫宁, 译. 北京: 新华出版社, 2012

[4] 杰克·雷恩. 第一次世界大战重大战役 [M]. 寿进文, 译. 上海: 上海译文出版, 1991

[5] 汉森·鲍德温. 第一次世界大战史纲 [M]. 陈月娥, 译. 吴春秋, 校. 北京: 军事科学出版, 1991

[6] 欧文·布奥斯, 约翰·瓦尔顿. 图文世界大战史 I: 1914–1918[M]. 师从, 任建成, 译. 北京: 中国社会科学出版社, 2003 年

[7] 阿诺德·托因比, 维罗尼卡·M. 托因比. 第二次世界大战史大全 (第 4 卷): 希特勒的欧洲 [M]. 上海: 上海译文出版, 1980

[8] 亨利·米歇尔. 第二次世界大战 [M]. 北京: 商务印书馆, 1981

[9] 时代生活编辑部. 第三帝国: 征服者的铁蹄 [M]. 兆丰, 凡玲, 译. 海口: 海南出版社, 2001

[10] 皮埃尔·米盖尔. 法国史 [M]. 蔡鸿宾, 译. 张芝联, 校. 北京: 商务印书馆, 1985

[11] 科林·琼斯. 剑桥插图法国史 [M]. 杨保筠, 刘雪红, 译. 北京: 世界知识出版社, 2004

[12] 特尔福德·泰勒. 慕尼黑和平的代价 [M]. 石益仁, 译. 北京: 新华出版社, 1984

眼中战国成争鹿

北齐高氏的开国之路

作者 / 常山日月

北齐是中国南北朝时期的一个短命王朝,虽然只存在了28年,但与北周、南朝(梁、陈)并存,于是三者又被称为"后三国"。不过,因为北齐王朝的统治者高氏家族常被演绎为患有家族性精神病,大家所熟知的往往是其统治时期的暴虐与淫乱,这个家族是如何一步步崛起的就鲜为人知了。高氏家族的崛起其实要从前三国时代末期开始说起……

结束了三国乱世、重新统一南北的西晋武帝司马炎,史称"宇量洪厚,明达好谋"。但其实西晋的倾覆全在于这位开国皇帝:激豪奢风气,罢州郡武备;传大位于痴儿,纳悍妇为子媳;惧魏之亡,开亲王典兵专制于国内;目戎狄入华日多,而不徙之出塞外。结果其死后,西晋大乱:先"八王之乱",亲族自相残杀,流民四起,皇帝犹如傀儡;后"五胡乱华",胡骑蹂躏中原,衣冠南渡,神州陆沉。

当时南方的荆扬地区还算平静安全。由于青州离扬州不远,于是一个青州琅琊人就带着一大批士人离开老家渡江南下,帮助驻守在建康的琅琊王司马睿稳定了江东地区的局势。西晋建兴四年(316年),匈奴大将,即后来的前赵皇帝刘曜攻陷长安,晋愍帝司马邺开城投降,西晋灭亡。于是司马睿这个远支就在江东继承了晋朝,为了区别已灭亡的西晋,这个新建的晋朝就被称为"东晋"。而那个很有才干的青州琅琊人就是王导,他被时人称为"江左夷吾"。王导带领的北方士人,叫作"百六掾"①,后成为东晋统治的基础。

留在北方走不了的汉族世家们就没这么幸运了,他们为了与"五胡"这些北方少数民族共处,耗费了巨大的心力,付出了巨大的牺牲。冀州渤海蓨县(今河北景县南)的高氏,就是这样一支北方士族。

▲ 晋武帝司马炎像

---

① 百六不是一百六十,而是指一百零六。日本目前还保留着此种数字表述方法。

高氏自称其家族起源可上溯到东汉时期的太傅高裒（bāo）。《东汉会要·职官一》云："太傅，上公一人。"注云："掌以善导，无常职。"东汉少帝多，所以每当小皇帝即位，朝廷就设置太傅录尚书事，总揽朝政。在这些太傅去世后，即裁撤此职。在东汉，太傅一职之贵重，尤在太尉、司徒、司空三公之上。两百年间当此重任的，唯有邓禹、卓茂、赵熹、胡广、陈蕃等寥寥数人，这些人都上了《后汉书》的列传。但说来奇怪的是，这位高裒却没有单独的列传。据清代史学家钱大昕考证，高裒真正的官职应该是太子少傅。《后汉书·志第二十七·百官四》记载："太子少傅，二千石。"注曰："亦以辅导为职，悉主太子官属。"北朝时的高氏家族子孙把祖宗高裒的官职名称写作太傅，一下子就抬高了高裒的官位，考虑到南北朝时世人的攀附心态，其行为还是可以理解的。

高裒的子孙世代相传，到西晋灭亡时，这一支渤海高氏的长子高瞻为逃避战乱，带着族人迁到辽东，在平州刺史崔毖手下当官。崔刺史还兼任西晋授予的东夷校尉，也就是说东北一带的少数民族在名义上都归他管。崔毖是三国时期大名鼎鼎的崔琰的曾孙。崔琰仪表肃穆威严，连曹操在他面前都自惭形秽，要他顶替自己接见匈奴使者以壮国威。因此崔毖崔将军的官架很大，可以说遗传了一点曾祖父的风采。

当时五胡中的匈奴人刘聪已经称帝，建汉国，他和手下的羯族大将石勒虽然面和心不合，但是都把中原的东晋政府军（或者说西晋残留军队）当成共同的敌人，欲灭之而后快。崔毖身处远离中原战场的辽东，非但不给中原友军增援，反而看自己辖区的棘城鲜卑慕容氏不顺眼，认为他们不服自己这个东夷校尉的管教。于是他命令自认为还算听话的幽州鲜卑段氏、辽西鲜卑宇文氏和属国高句丽教训慕容氏。高瞻就劝上司说："这三方都不是善类，不能相信，要打慕容家，咱们就够了。"但崔毖本来打的就是借刀杀人的主意，自然听不进去。

结果崔毖的如意算盘真的打错了。当数十万讨伐大军兵临慕容氏根据地棘城下时，慕容氏人手虽少，却无畏惧。慕容家主慕容廆（wěi）抓住三个敌方各怀鬼胎的弱点，先是用肥牛美酒犒劳宇文氏，唬得段氏、高句丽对宇文氏产生猜疑而罢兵回家；随后慕容家族的两个长子慕容翰、慕容皝（huàng）联手出击，打得宇文氏连营40里的数十万大军全盘崩溃，大汗宇文悉独官都差点当了俘虏。

此战影响极其深远，段氏、宇文氏和高句丽可以说是心胆俱裂，立刻背叛了崔毖。慕容廆就派人给崔毖传话："降者上策，走者下策。"崔毖军事上不行，政治上倒很清醒。他明白一山不容二虎的道理，于是选择了"下策"。慕容廆接收了崔毖留下的政治遗产，默许崔㥄带着全家逃到高句丽避难。

崔㥄跑了，高瞻与族人就落到了慕容氏手里。慕容廆为了稳定人心，不计前嫌要征召高瞻做官。但高瞻不想与慕容氏合作，硬是装病不出。慕容廆的主簿宋该是高瞻的仇人，趁机屡次进言让慕容廆杀了高瞻。高瞻很快就不明不白地死了，史书上说是"以忧卒"。

高瞻的堂弟高庆接任族长后，选择向慕容氏靠拢，成为其左膀右臂。东晋成帝咸康三年（337年），慕容廆自称燕王，建立前燕。东晋穆帝永和四年（348年），慕容廆去世，其子慕容儁（jùn）即位。此后，擅长抓住战机的慕容家族趁着石虎死后后赵（319—351年）陷入内乱之机，进入中原，并一举击败冉魏政权（350—352年）。永和八年（352年），慕容儁在冉魏的都城邺城正式称帝独立，大燕王朝至此进入鼎盛时期。高庆也成为前燕的司空，为渤海高氏家族在干戈不止的北朝打下了厚重的根基。

高庆之子高泰，是北朝数得着的大名士。在前燕，高泰是车骑将军慕容垂的主簿。慕容垂军功卓著，能力很强，其皇帝侄子——慕容儁之子慕容暐（wěi）和总理朝政的叔叔慕容评都非常猜忌他。慕容垂实在忍受不住这种压力，考虑到亲信子弟兵都在辽东老家，就想跑那里去自立门户。谁知临走前，他被一个不争气的儿子慕容麟告密，计划暴露了，只好叛逃前秦（350—394年）。慕容垂跑了，前燕的政坛如同发生了大地震。但对高泰这个慕容垂的心腹，慕容评非但没有定罪，反而升其官为尚书，此举对大燕境内消除谣言、稳定人心起到了积极作用，同时也可想见高泰在前燕的名气之大。高泰上任后也尽忠职守，屡次劝说慕容评要注意前秦的狼子野心

▲ *前秦名臣王猛*

建议燕国未雨绸缪，为长期战争做好准备，但慕容评根本听不进去。高泰知道亡国在即，于是称病辞职回了老家。

前燕建熙十一年（370年），从慕容垂那里知悉了敌人虚实的前秦轻松地灭亡了前燕，暂时统一了北方。由于高泰的名气依旧很大，前秦屡次征召，但他仍隐居不仕。后来高泰的同乡好友犯了事，实在抹不开面子的他，亲自去京师长安帮人说情救急。一代名臣王猛迫不及待地接见了他，亲热地称呼对方表字说："高子伯，你怎么现在才来呀？"王猛不光帮高泰解决了朋友的事情，还往上推荐他。前秦天王符坚也很欣赏高泰，趁此机会一心拉拢他。但高泰就是不从，坚决回渤海当老百姓去了。大概他看穿了符坚好高骛远、沽名钓誉的毛病，认为其不足成大事。

结果符坚没有整合好国内的各种矛盾就贸然南侵东晋，举国大军在淝水灰飞烟灭，继而国内叛乱四起。最后符坚被自己救过一命的姚苌吊死，身死国破。北朝也重新陷入民不聊生的乱世，各民族又在北方混战了50多年。不过南边东晋也好不到哪儿去。没有外部的威胁后，东晋就开始内斗。直到不世英雄刘裕气吞万里如虎在前，天生枭雄拓跋焘灭国无数于后，南北对峙的形势才稳固下来。

南北对峙这一百多年间，北方骂南方是"岛夷"，南方回骂北方是"索虏"（拓跋鲜卑族有结辫子的习俗）。在强大的部族武力支撑下，"索虏"的18个皇帝虽然有13个不得善终，但是也强过"岛夷"走马灯似地换国号。而北朝的士族也跟着愈发强势，竟有人公然跟魏孝文帝说："江南很多好臣子，一年换一次君主；江北没有好臣子，一百年换一次君主。"这位当着众多朝臣的面，弄得皇帝下不来台的李元凯，就是出自与南朝王谢两大家齐名的北朝五大士族（崔卢郑王李）中的赵郡李氏。北朝五大士族之后排得最靠前的，就数渤海高氏了。渤海高氏在北魏创业奠基的第一人，要数高泰的孙子高允。

高允出生于魏道武帝拓跋珪草创北魏时期，幼年当过和尚。他通晓天文术数，学识渊博，40多岁才出仕，并得到朝野上下的敬重。魏太武帝拓跋焘因为"国史"一案，不惜虐杀了《国

▲ 高允画像，取自1915年编修的《浙江萧山东瓜沥高氏家谱》

史》挂名总编撰——北魏开国功臣崔浩，株连汉族士人数千家，但真正负责《国史》编撰的高允唯独得到特赦。文成帝拓跋濬（jùn）即位，高允官居中书令，文成帝敬重高允，尊称他为令公，从来不喊他的名字。高允历仕北魏太武帝、景穆帝、文成帝、献文帝、孝文帝五朝天子，廉洁奉公，与人为善，桃李遍朝，名满天下。最后，高允活了98岁，一生为北魏效力50多年，爵咸阳郡公，死后谥号为文。

高泰之兄高展的孙子高佑，也就是高允同曾祖的堂弟，同样是渤海高氏家族在北魏创业的重要人物。高佑原名高禧，孝文帝钦赐其名为佑。高佑博涉书史，好文字杂说，材性通放，不拘小节，在地方和中央多有政绩建树，深得孝文帝赏识。高佑的兄长高祚袭爵葭县侯，高佑则是为自己挣了个东光县侯。

高允、高佑这对堂兄弟之所以以其文才学识受到当权者重视，进而进入权力中枢得以参政，和出身拓跋鲜卑的北魏朝廷被更先进的汉文化逐步同化大有关系。这其中尤以孝文帝元宏迁都洛阳，用个人意志和国家强权来推动鲜卑部落的汉化进程为最。在这种大背景下，渤海高氏涌现出大群以文学著称的子弟，其家族势力如日中天也不奇怪。但同一家族中重武轻文的子弟就没这么幸运了，比如高翼就是这种倒霉蛋。

高翼，字次同，同样出自高展一系。这人是高氏家族的异数，史书中遮丑说，其为人"豪侠有风（度）神（采）"，实际上就是不学无术，崇尚暴力，因而不得尚文的北魏朝廷重用。以致堂兄高佑也觉得高翼丢人，在担任本州的大中正负责选拔官员时，都没照顾提携过这个堂弟。高翼心下快快，也就绝了当官的念头，在老家渤海讨了个媳妇张氏，生了个儿子。日子一天天过去，转眼到了孩子两岁生日，这本是全家人高兴万分的美事，却不幸酿成了一件骇人听闻的惨剧。原来张氏要丫鬟给孩子洗澡，丫鬟烧好水却把孩子放地上忙别的事去了。高氏家族养着一只猴子，此时正好挣脱绳子，一下把孩子扔到烧水鼎里烫死了。高翼自然非常悲痛，而张氏的作为却令这个豪侠丈夫大吃一惊。张氏在村外摆了一大堆柴火，把丫鬟和猴子捆一块儿，实施火刑活活烧死还不算，还把这一人一兽的骨灰都扔到了漳河里。

其后，张氏又连续生了三个儿子，高翼也渐渐抹平了心头之痛。鉴于自己在仕途上的悲惨经历，他下决心让孩子们偃武修文，好好干一番事业。不过老大高乾（gān）调皮捣蛋，不服管教，跟高翼年轻时一个样。所幸老二倒是听话，知道学习。高翼心下大慰，就给他取名叫慎，字仲密。老三则长得高大健壮，史称"龙眉豹颈，姿体雄异"，在相术上是大贵之相，所谓"似龙者为文吏，龙行者为三公也"。高翼对老三的期望也最大，一心想把这孩子栽培成才，找了个有名的先生教他读书识字。

可老三比老大更不像话，不遵师训，老干些打架斗殴、调戏妇女的勾当。这孩子还完全继承了张氏的强横基因，胆力过人，不但不服管，还表示："大丈夫就该横行天下，自取富贵。哪能端坐读书，当个书呆子？"高翼拿老三无可奈何，就随了他去，把所有希望放到了老二高仲密身上。不过高翼逢人就解嘲说："我家老三要么就出事累我灭族，要么就会光大门楣。"就因为这老三"昂藏敖曹"①，志在天下，高翼给他取大名为昂，字敖曹。

此后，高敖曹就和大哥高乾成了当地的豪强恶霸。高氏家族本来就有钱，哥俩都拿来结交江湖剑客，明火执仗地横行乡里，当地人惹不起，没有敢违逆他们的。高敖曹日后做到了三公中的司徒，位极人臣。他回忆少年时的那段日子，作诗一首："垄种千口牛，泉连百壶酒。朝朝围山猎，夜夜迎新妇。"

高乾有回看上了博陵人崔圣念的女儿，就正正经经地求婚。谁知崔圣念虽是外地人，倒也知道高乾这小子的底细，当场拒绝。高乾倒没什么，高敖曹来火了。他撺掇高乾哥俩一块儿将此女劫走。到村外后，眼看大哥还不好意思，高敖曹就对高乾说："何不行礼？"干脆就让大哥在野地里成就好事。

博陵崔氏是北朝五大士族中清河崔氏的分支，比老百姓可有底气多了。高乾成了崔家的便宜女婿，崔家可咽不下这口气，当下就向冀州省政府告状。冀州刺史不敢得罪朝中有人的崔家，可也不敢把高氏家族这个豪强势力连根拔起，因为这些豪强背后往往有勋贵撑腰。之前的北魏神龟二年（519年），在京师居住的征西将军张彝父子曾上书，要求朝廷"铨别选格，排抑武人，不使预在清品"，结果几千号武将、勋贵一把火把张家烧了，张家父子数人被活活打死，北魏朝廷不敢追究。于是乎，刺史和起了稀泥，只是把高翼关起来，算是给崔家一个交代。不久后，北魏大赦，刺史就顺水推舟把高翼放了。

高翼因为儿子的肆放行为蹲了一回大牢，也来火了。他回到家指

▲ 北魏元卲墓出土的牛车，前为镂空窗，后面开门

---

① "昂藏"意为"仪容雄伟，气宇不凡"，"敖曹"为"声音洪亮"之意。

着敖曹兄弟俩的鼻子就骂："你们就胡作非为吧！将来我死了，不知道还有没有儿子能给我的坟头添土啊！"如果是太平时节，国家机器运转良好，高翼这番话倒也没说错，高敖曹他们这样胡混下去确实没啥前途，还有性命之忧。不过张彝灭门事件爆发后，"识者知魏之将乱矣"。包括高氏家族在内的所有北方人，又将面对一个大大的乱世。乱世

▲ 北魏孝文帝元宏之长陵

的制造者，也正是高翼曾羡慕的高官贵族。高敖曹这种刀头上舔血的枭雄，正好适合在乱世中横行一方。

其实祸乱的根源早在高敖曹出生前就种下了。高敖曹生于北魏宣武帝景明二年（501年），当时倡导史无前例的汉化改革的孝文帝元宏刚刚去世两年。孝文帝的改革虽推动了北朝少数民族的汉化进程，促进了北方各民族的融合，为大一统王朝的建立奠定了基础，却对当时的少数民族保守派利益触动太大。这些人无法接受孝文帝的远大规划，在孝文帝生前就以各种手段阻挠破坏改革。孝文帝壮志未酬身先死，这场伟大的改革也被迫中止。其在世时所压下的各种矛盾也就此尖锐化。在表面的太平景象下，各种暗流正在缓慢地汇集成滔天巨浪。这种巨浪一旦形成，就会把眼前的一切击个粉碎。

延昌四年（515年），宣武帝死后，6岁的独子孝明帝即位，其母胡太后临朝听政。这是位在中国历史上有名的荒淫贪权的女主。她监国的12年里，北魏朝政紊乱，裙带关系严重，官吏贵族贪污腐化，货赂公行，最终爆发了终结北魏王朝的"六镇之乱"。捅出大娄子后，要负主要责任的胡太后不仅没有引咎自责、亡羊补牢，反而和长大后想要收回权柄的孝明帝翻脸，最后竟然狠心毒杀了亲生儿子，另立个3岁小孩为帝。其后果自然是朝野愤慨、人心涣散。出身秀荣县的契胡①酋长尔朱荣，趁机率领自己手下一支不满万人的部队进京问罪。胡太后失去了人心，其手下10万大军或降或逃，硬是让尔朱荣带着滚雪球一样扩大的队伍攻进洛阳。尔朱荣将胡太后和其所立的儿皇帝丢入黄河，又屠杀了丞相高阳王元雍、司空元钦、仪同三司义阳王元略等洛阳贵族、朝臣2000多人，史称"河阴之难"。其后，尔朱荣拥立孝明帝的堂叔元子攸即位，

---

① 即五胡中的羯人遗族。

是为孝庄帝。至此，该年北魏年号一年三变，由孝昌四年改为武泰元年，后又变成了建义元年（528 年）。

北魏大乱，一辈子想做官而不得的高翼倒是过了一回官瘾。由于孝明帝孝昌年间（525—528 年），怀朔镇军官葛荣率领六镇叛军作乱河北，为了鼓励当地大族组织团练与之对抗，胡太后终于不拘一格提拔人才。高氏乃山东大族，高翼因此被拜为渤海太守，但他却选择保存实力，和孩子们带领全族老少爷们儿徙居黄河、济水之间避乱。胡太后无可奈何，只得就地设置东冀州，以高翼为刺史，封乐城县侯，以示拉拢。朝廷知道高氏家族实际上管事的是高乾、高敖曹兄弟。考虑到高乾政治上比较成熟，爱护羽毛，会作秀，高敖曹是直肠子，匪气十足，北魏朝廷于是征召相对听话的高乾进京担任员外散骑常侍，实际上是做人质，高敖曹则留下来率领部众。

尔朱荣制造了血腥的"河阴之难"后，幸免于难的高乾逃回东冀州。知道北魏中央集权政府已经没有权威了，本就有野心的哥俩干脆扯旗造反，响应葛荣，并受其官爵，屡破魏军。

葛荣号称拥兵百万，有强大的军事实力，但在政治上却很低能。"六镇之乱"表面看来是北魏汉化改革不彻底的后遗症，说到底，却是胡汉文化的一次剧烈冲突。葛荣军以塞北鲜卑族为主，普遍存在着欺负"汉儿"的现象，根本无视这些"汉儿"早已经过民族融合，成分复杂，有些根本就是汉化较深的鲜卑人的事实。葛荣军全军上下还都认为就是朝廷的汉化使得自己失去了之前的地位。因此他们反对汉化，仇视汉人，而且还毫无纪律，专事屠城掳掠，保持着野蛮的胡族风气。因此，他们虽然纵横河北，但并无长远目标和远大志向。

高敖曹兄弟手下尽是汉兵，与葛荣军胡汉矛盾难以调和，而魏孝庄帝即位前是长乐王，封地在冀州，高氏家族兄弟与这位新皇有旧，于是高乾劝弟弟一块儿奉旨归降。孝庄帝任命高乾为给事黄门侍郎兼武卫将军，高敖曹被任命为通直散骑侍郎，这两个职位都是皇帝身边的要职，看来孝庄帝是把高氏家族哥俩当作心腹培养的。事实证明，高乾的选择是很正确的。

建义元年（528 年）九月，折腾了三年之久的葛荣叛乱，一天工夫就被尔朱荣的7000 精兵击溃，葛荣本人被生擒后送到洛阳处死。其部下数十万人充分显示了乌合之众的本质，一夜间散了个干净。尔朱荣至此威震天下，在篡位的进程上又多了资本。他见不得孝庄帝培养自己的势力，就以高氏兄弟投降叛军后又投降朝廷，其行为首鼠两端为由参了他们一本。高氏兄弟本就因为尔朱荣在河阴之难中杀害不少高氏同族怀恨在心，见到奏章后更是与尔朱家水火不容了。哥俩主动上表要求解甲归田，孝庄帝亲自出面都挽留不住。回到冀州后，高乾说到底还是比较精明的，知道自己身为一帮骁勇流民的首领目标太大，就每天射猎自娱来韬光养晦。高敖曹却耐不住寂寞，又开始训练部队抢地盘，名头越来越大。尔朱荣听说后非常不高兴，就设计诱捕了高敖曹。不过当时百废待兴，碍于高氏家族在冀州的实力，尔朱荣又相当欣赏高敖曹的骁勇，就一直把他关在尔朱氏的老窝晋阳，当作对高氏家族的震慑。

此后，经过驻守在各要害地区的尔朱家族的围剿，北魏国内的叛乱终于在永安三年（530年）被全面压制下去。虽说年号是永安，但孝庄帝心里可不这么认为。他在初即位时，就是一个傀儡，还险些被尔朱荣杀害，幸免于难后虽然娶了尔朱荣的女儿，但那也是个整天嫉妒撒泼的主，朝里朝外不得自由的孝庄帝竟把各地乱党当成了与尔朱荣相持的筹码。眼见天下平定了，尔朱家族势力却越来越大难以遏制，孝庄帝渴望重振朝纲。他终于不顾自己实力微弱的实际情况，以儿子出生为饵，骗尔朱荣入朝庆贺之际，亲手杀了自己的老丈人。

尔朱家族闻讯后四处起兵，在政变中漏网逃出的尔朱荣堂弟尔朱世隆最先围攻洛阳。由于此前尔朱荣进京时押着高敖曹一起，兄弟情深的高乾带着军队从家乡赶到洛阳相救。这时孝庄帝已经释放了被尔朱荣带来洛阳、关在驼牛署的高敖曹，并命令他担任禁卫军前锋。高敖曹艺高人胆大，完全不把城外的尔朱氏骑兵放在眼里，和侄子高长命（高翼长兄之孙）被甲横矛带头冲入敌军，所向之处莫不披靡，尔朱世隆军无人敢与这叔侄二人正面对抗。观战的孝庄帝在城楼上看得也是热血沸腾，当场封高敖曹为直阁将军，赐帛千匹。高乾见洛阳兵力薄弱，知道守不住，劝弟弟逃回家再做打算。兄弟俩用回冀州老家一起招兵买马，作为抵御尔朱军进攻洛阳的支援力量为由，来哄孝庄帝开心。孝庄帝也觉着可行，就重赏高氏兄弟，以高乾兼侍中，加抚军将军、金紫光禄大夫、河北大使；以高敖曹除通直散骑常侍，加平北将军衔。他亲自送高氏兄弟到洛阳城外的河桥上，指着河水说：“你们兄弟是冀州的英雄豪杰，能让地方士兵拼死战斗。京城如果有变，希望你们能在黄河边上为朕声援！”高乾道行深，哭着受诏；高敖曹挤不出眼泪，就表现本色，持剑起舞，发誓以死报国。

高氏家族哥俩走后两个月，外援断绝的洛阳就被尔

朱军攻陷了。孝庄帝发下生生世世不愿生在帝王家的毒誓后，被自己的大舅子尔朱兆绞死。尔朱氏先立了长广王元晔为帝，改元建明；不久又嫌元晔在北魏皇室中血统疏远而废了他，改立孝文帝的侄子广陵王元恭，是为节闵帝，改元普泰（531年）。废立大事如同儿戏，由此可见尔朱家族行事之粗疏，政治头脑之低下。

听到京师易主的消息，高家军全军缟素，以为孝庄帝报仇的口号起事于冀州。当然，讨伐和高氏家族有着不可调和矛盾的尔朱氏，才是真实目的。高氏兄弟几个想推举高翼称王执掌州事，高翼不愿做出头鸟，加上这时候他已经生病身体不好，就暗示儿子们说："我的朋友封皮更有才干，他才是治乡安民的最佳人选。"封氏在渤海郡是和高氏齐名的大士族，封皮大名封隆之，是西晋东夷校尉封释的后代。封隆之不傻，知道军权都在高氏家族手里，推举自己当大都督实际是把自己当挡箭牌，因此坚决不干，还打算来个脚底抹油。高敖曹最讨厌耍小聪明的人，见封隆之看穿高氏家族的心思就火了，抽出刀子对封隆之进行威胁。封隆之不得已，和高氏家族成了一根线上的蚂蚱。

不久，高翼就病逝了，高敖曹督工为他建了一个十分气派的墓地。等老爹风光下葬后，高敖曹站在坟头祷告说："您生前就怕得不到一锹土，我就造个大坟，这回知道咱的为人了吧？"可见他对老爹当年的训斥一直耿耿于怀。

尔朱家族势力遍布北方，很快就得到了冀州造反的情报。离得最近的殷州刺史尔朱羽生就带着5000骑兵偷袭冀州州治信都郡。高氏家族猝不及防，直到对方到了城门外才发现。高敖曹听说敌情后，来不及穿戴盔甲，直接带了十几个部曲就骑马冲出去迎敌。高乾下令关了城门，在城头上望见敌军黑压压一片，弟弟简直是送死一样就着急了，立刻从城里用绳子坠下500人增援。谁料援兵还没有赶上，高敖曹已经与敌军短兵相接，结果尔朱羽生大败逃走，高乾等人都看傻了眼。

其实这倒不是横行北方的尔朱氏骑兵弱，实在是高敖曹本人使得一手举世无双的丈二马槊，手下那些部曲也是他亲手训练出来的，个个以一当百，勇气十足。尔朱羽生年纪大、疑心多，当初洛阳之战就听过高敖曹的名头，现在一见对方十几个人势如疯虎，担心中了埋伏就带头逃跑。将熊熊一窝，这样的部队自然不是以高敖曹为首的亡命徒的对手。结果高敖曹在此战中打出了军威。时人就拿秦楚巨鹿之战做比较，

▲ 北魏武士俑

称高敖曹为项羽再世。

信都之战后，高氏家族名望大增，高敖曹也信心爆棚，索性让哥哥留守，自己带着军队出外攻城略地，也想过过割据纵横的瘾。哪料正春风得意时，信都忽然来人送信说，高乾和老叔封隆之向一个叫贺六浑的人开城投降了！高敖曹只知道贺六浑是个鲜卑人，还听说他的手下尽是原六镇叛军。六镇鲜卑叛军一向就和高氏家族拧不到一块儿去，当下他就气不打一处来，派人送布裙给老哥，讽刺他像娘们一样软弱无能。他正生闷气的时候，手下忽然报告说营外有个叫高澄的小孩子带着大批人马求见，自称是高老大的远房孙子。高敖曹也想不起来此人是谁，就下令接见想瞧个明白。高澄进来后连连下拜，并说自己是贺六浑的儿子，这就让高敖曹更迷糊了。

原来，大名士高泰的孙子中有位叫高谧的，在北魏做侍御史的官，因犯了王法全家被流放到怀朔镇。怀朔即著名的北魏边塞六镇之一。魏初，北方的游牧民族柔然强大，骑兵时常骚扰北魏边境，魏太武帝便在长城要害之地设置沃野、怀朔、武川、抚冥、柔玄、怀荒（原名"御夷"）六个军镇，来拱卫靠近边塞的旧都平城。身负重任的六镇因此特别受北魏皇帝的重视，除政策优惠以外，官员升迁机会多多，乃是拜将封侯的好去处。然则好景不长，柔然被北魏击溃远遁后，六镇的军事作用便直线下降。待到孝文帝从平城迁都洛阳后，丧失保卫首都职能的六镇彻底变成北魏王朝食之无味、弃之可惜的鸡肋。当年的公侯回旋之地，已经沦为罪犯的服刑地，其地位真是一落千丈。孝文帝执政期间效仿南朝，实行九品中正制，选拔官员讲究出身，六镇的将士和京师的贵族虽然同出拓跋鲜卑一脉，但是因为戍守边疆，就被"清途所隔"，连进京做官的资格都被取消了。在巨大的反差刺激下，孝文帝的汉化改革受到六镇人天然的敌视。他们对这股汉化之风有着不可理喻的仇视和偏见，六镇可以说是北魏鲜卑人中的顽固保守派的大本营。

高谧一家子就生活在这样一个鲜卑人居住和活动的地方。为了避免与周边环境格格不入，他们不得已被鲜卑人的风俗习惯同化，成为鲜卑化的汉人。这位高谧，正是贺六浑的祖父，而高泰正是高敖曹曾祖高展的嫡亲弟弟。细细算来，贺六浑在辈分上还真是高敖曹的远房侄子。

因为连累母亲韩氏难产而死，贺六浑之父高树生对他先天不喜。贺六浑是在姐夫尉景家长大的。跟锦衣玉食的高敖曹相比，贺六浑就是个苦出身了，家里穷得连媳妇都娶不上。所幸他人长得帅，被怀朔鲜卑大户匹娄家的三小姐昭君看上，做了匹娄家的上门女婿，这才骑上嫁妆里的那匹马，在镇上当了个小队主。此后，他又谋了个函使的邮递员差使，在怀朔和洛阳之间送公文，这一干就是六年。

洛阳令史麻祥是函使的顶头上司，某次心情好请手下吃烤肉。边塞人贺六浑不懂领导打赏要站着吃的洛阳规矩，大大咧咧坐下就嚼，结果被削了面子的麻祥痛打四十大板。虽说混得比较凄惨，但这种严酷的生存环境也最大限度地磨砺了贺六浑的棱角，所以说，逆境中成长的贺六浑和顺境中出生的高敖曹兄弟完全不一样。

自被打了屁股后，贺六浑就开始沉默寡言，搞得旁人谁也猜不透他整天板着脸在寻思些什么东西。

张彝灭门事件发生时，贺六浑在洛阳目睹了这一著名历史事件。政治嗅觉敏锐的他知道天下将乱，自己翻身的时机到了。他回家后就变卖家产结交豪杰。贺六浑酒量甚好，和自己两个鲜卑人连襟段荣、窦泰，羯人侯景、刘贵，汉人孙腾、司马子如、蔡俊、贾显智等几个好酒使气的怀朔小吏结成了好友。这伙兄弟都是翻云覆雨的能人，但在谋略的运用上却属贺六浑最为得心应手，权术使起来那叫一个出神入化，虽不轻言，言出必中。于是几个人奉贺六浑为老大。在这个小团体里，贺六浑最后成为东魏大丞相、渤海王，死后被儿子追尊为神武皇帝。其他人也成为贺六浑父子建立的东魏、北齐的支柱，封侯的封侯，入相的入相。让这样一帮牛人屈居边镇不入流的小吏而郁郁不得志，可见当时北魏朝廷之失察，吏治之腐败。以此类推，可以预见六镇是多么危险的一个火药桶。

北魏孝明帝正光四年（523年），柔然入侵北魏六镇，掳掠牲畜数十万头退走。由于镇将于景拒绝开仓放粮，肚子饿瘪了的怀荒镇军民愤怒哗变。这就是之前一直提到的"六镇之乱"。这场"六镇之乱"，不但终结了北魏王朝，为北朝贡献了东魏、北齐、西魏、北周四个王朝，还通过"侯景之乱"终结了南朝的灿烂繁华，决定了梁、陈两朝的兴衰，更孕育出开辟隋唐盛世的中国史上最强大的军政团体——关陇集团！

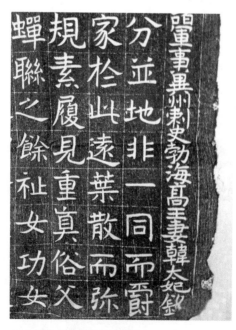

▲ 高树生之妻韩太妃墓志铭

在这天翻地覆的时代洪流中，城府

深沉的贺六浑如鱼得水。他首先依附上谷的杜洛周叛军，然后觉得杜为人昏庸，便和死党尉景、段荣、蔡俊密谋取而代之。不料事败，匹娄昭君被迫抱着女儿、儿子，骑着牛跟着丈夫连夜逃亡。杜军追兵在后头紧随不舍，小男孩好动不安生，受不了颠簸，老是从牛背上掉下来。骑着快马的贺六浑又气又急，竟然要搭箭射死亲子，完全超过汉高祖刘邦逃难时推亲生儿女孝惠帝、鲁元公主下车的狠心程度。亏了孩子的姨夫段荣伸出援手，这才救了日后的北齐文襄皇帝高澄的小命。

◀ 狩猎图，山西忻州九原岗北朝壁画墓壁画局部，推测作于北齐时期

逃脱大难后的贺六浑加入了在河北造反的葛荣叛军，又发现跟着老葛不足成大事。恰好这时刘贵在秀荣老乡尔朱荣手下混饭吃，便派人招呼大哥贺六浑一块儿来闯天下。贺六浑就再次反水投靠了尔朱荣。经过刘贵坚持不懈地推荐，尔朱荣有了一丝好奇，亲自接见了这位刘贵口中的奇才贺六浑。谁知经过一系列逃亡生涯的摧残，本来是大帅哥的贺六浑看上去憔悴不堪。尔朱荣自己是个美男子，很注重第一印象，就觉得贺六浑没那么能耐。刘贵一看急了，就自掏腰包给贺六浑打扮了一番再去见尔朱荣。

此次见面，尔朱荣觉得眼前一亮，就带贺六浑到马厩，吩咐他给一匹脾气出名暴烈的健马剪毛。结果贺六浑连笼头都不上就顺利地完成了任务，还说了句："制服恶人的手段其实也就这样。"尔朱荣听了二话没说，就把贺六浑请到密室，让他放开了说话。贺六浑："小的听说大人有十二山谷的马匹，按毛色分群，您养这么多马是想干什么？"尔朱荣："咱都是胡人，别像汉人那么拐弯抹角的。"贺六浑："现在孝明帝暗弱，胡太后淫乱，朝中小人专权，明公以清君侧的口号起兵，这可是英雄称霸的好时机。"尔朱荣觉得这人是人才，从此把贺六浑当成手下第一智囊，军政大事都要跟他商量后再实行。

建义元年，尔朱荣长驱入洛拥立孝庄帝，贺六浑就是尔朱军的前锋。尔朱荣制造了"河阴之难"后野心膨胀，当场杀害了孝庄帝的兄弟无上王元劭、始平王元子正。贺六浑在亲信将领中第一个劝尔朱荣干脆弑君称帝。只是因为另一位大将、名震天下的贺拔三兄弟中的老三贺拔岳带头反对，加上铸造金人占卜吉凶4次不成，已经下令部队高呼"元氏当灭，尔朱氏兴"的尔朱荣才硬生生地悬崖勒马，放了孝庄帝一马，没敢把事情做绝。这场篡位闹剧平息后，贺拔岳还一再要求杀掉贺六浑向孝庄帝谢罪。由于同僚争着帮贺六浑开脱责任，尔朱荣也觉得天下未定，贺六浑还有用得着的地方，就没同意贺拔岳的提议。贺六浑从此和贺拔岳结下了梁子。6年后，二人分别成为北朝关东关西的主宰后，还要恶斗一场。

当高敖曹兄弟和葛荣闹意见投降魏孝庄帝时，贺六浑正跟随尔朱荣讨伐葛荣。贺六浑用他昔年混迹叛军的交情，在战场上招降了葛荣手下7个王。高敖曹被尔朱荣诱捕，囚禁在晋阳时，贺六浑先是击败在泰山造反的太守羊侃，逼得这位后来在侯景乱梁中几乎力挽狂澜的名将南投萧梁，然后又帮助上党王元天穆擒获了在北海率十余万流民起义的邢杲，一时间功名大振。

贺六浑的才干野心，同为不世枭雄的尔朱荣心中一清二楚。为防止贺六浑篡权，他一面告诫侄子尔朱兆不可轻视贺六浑，"堪代我主众者，唯贺六浑耳。尔非其匹，

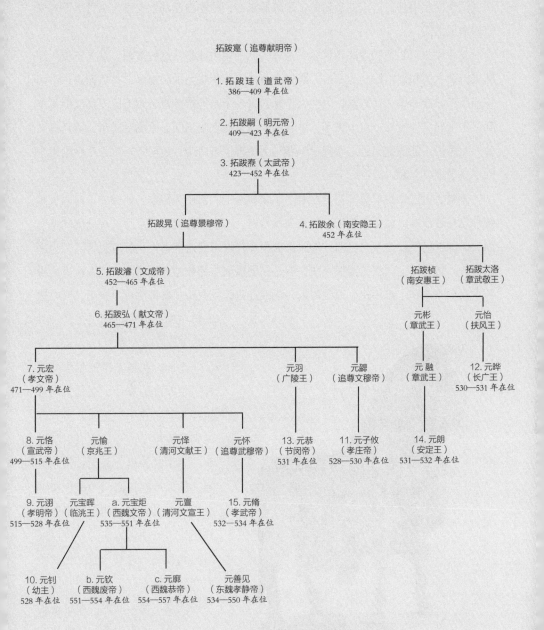

北魏帝王世系图

拓跋寔（追尊献明帝）

1. 拓跋珪（道武帝）
386—409 年在位

2. 拓跋嗣（明元帝）
409—423 年在位

3. 拓跋焘（太武帝）
423—452 年在位

拓跋晃（追尊景穆帝）　　　4. 拓跋余（南安隐王）
　　　　　　　　　　　　　　452 年在位

5. 拓跋濬（文成帝）　　　　拓跋桢　　　拓跋太洛
452—465 年在位　　　　（南安惠王）（章武敬王）

6. 拓跋弘（献文帝）　　　　元彬　　　元怡
465—471 年在位　　　　（章武王）（扶风王）

7. 元宏　　　　　　　　　元羽　　　元勰　　　元融　　　12. 元晔
（孝文帝）　　　　　　（广陵王）（追尊文穆帝）（章武王）（长广王）
471—499 年在位　　　　　　　　　　　　　　　　　　530—531 年在位

8. 元恪　　元愉　　　元怿　　　元怀　　　13. 元恭　　11. 元子攸　　14. 元朗
（宣武帝）（京兆王）（清河文献王）（追尊武穆帝）（节闵帝）（孝庄帝）（安定王）
499—515 年在位　　　　　　　　　　　　531 年在位　528—530 年在位　531—532 年在位

9. 元诩　元宝晖　a. 元宝炬　元亶　15. 元脩
（孝明帝）（临洮王）（西魏文帝）（清河文宣王）（孝武帝）
515—528 年在位　　535—551 年在位　　　532—534 年在位

10. 元钊　b. 元钦　c. 元廓　元善见
（幼主）（西魏废帝）（西魏恭帝）（东魏孝静帝）
528 年在位　551—554 年在位　554—557 年在位　534—550 年在位

终当为其穿鼻"；一面开始着手削弱贺六浑的权力，将贺六浑从洛阳调到晋州担任刺史，使其在尔朱家政治中心晋阳的掌控之下。贺六浑情知被猜忌，于是大刮晋州地皮，用搜括来的金银珠宝通过刘贵贿赂尔朱荣的左右，使得自己地位安稳之余更尽得尔朱家族情报虚实。

尔朱荣失策进京被孝庄帝诛杀，留守晋阳的尔朱兆举兵进犯洛阳，派人招贺六浑同去。贺六浑知道洛阳兵力薄弱，必定守不住，而尔朱兆凶狠暴躁，有勇无谋，洛阳城陷后势必会不顾一切弑君，为他人作嫁衣裳。于是他推辞说晋州流民要谋反拒不出兵，尔朱兆拿他没法，自个去了。事后尔朱兆果然攻陷洛阳、生擒孝庄帝，贺六浑又公开上表说不能伤害天子，激得尔朱兆马上杀害了孝庄帝，还把堂妹尔朱皇后刚出生的小皇子摔成肉酱，遭到天下唾骂。

不过，孝庄帝也算是死后还恶心尔朱兆一把。洛阳失陷前，他招安了河西叛军统帅纥豆陵步蕃，命令其袭击晋阳来围魏救赵。尔朱兆能对付在京师养尊处优的皇帝亲兵，却抵挡不住这帮来自塞外的骁勇流民，只好求贺六浑帮忙，答应封贺六浑为平阳郡公。贺六浑这次答应得很爽快，但是在增援途中却故意放慢速度，还上报说是汾河水大把路冲坏了走不快。直到尔朱兆连战连败，纥豆陵步蕃都快攻下晋阳，双方损失惨重时，他才迅猛出击，一举击杀了纥豆陵步蕃。

为此，头脑简单的尔朱兆又着了贺六浑的算计，还和贺六浑结拜为异姓兄弟。这次，贺六浑可真是高攀了。要知道当时的北魏，尔朱家族势力盖天：尔朱世隆、尔朱度律在洛阳中央把持朝政，尔朱天光据关西，尔朱兆据并州，尔朱仲远据东郡，可以说是把北魏天下都瓜分了。但这帮人残暴本性不改，在朝中和地方飞扬跋扈，为所欲为。而且他们各自为政，互不相服，一个比一个贪婪。其中尔朱天光还算本分

▲ 北齐战马

些，再加上关中一带连年战火，需要休养生息，他倒没干出多少出格的事来。尔朱世隆这位朝廷的尚书令则把自己家变成了尚书台，朝中事无大小全都由其在家中拍板。他公开贪污，信任群小，生杀予夺之事皆任由性起。他为收买手下将士人心，加封授衔无度，搞得北魏军队的编制从此乱得一塌糊涂，直到十几年后才重新厘清。

最为残暴的是占据徐州一带的尔朱仲远。他完全是独霸一方的军阀，在自己的辖区内掘地三尺地搜刮百姓。凡是家中有点钱的，他便诬陷他们谋反，然后把举族男子投河淹死，将女子、玉帛占为己有。自荥阳以东的税收租款更是被他一人独吞，朝廷一文钱也得不到。他手下那些将军的妻子稍有点美色的，也全被他淫乱。东南地方的人虽对他恨之入骨，但又畏其如鼠。总之，天下人对尔朱家都敢怒不敢言。

这时，原葛荣叛军余部20多万鲜卑人流落到并、肆二州，倍受契胡压迫，和当地汉人也搞不好关系，没法生活下去，先后叛乱26次。管理该区的尔朱兆都杀烦了，于是召辖区诸将问计。贺六浑向尔朱兆建议："这些人杀不胜杀，您应该派自己的心腹去统领他们，以后再出事，直接拿这位将领问罪！"尔朱兆当时正喝得大醉，反问道："那谁是我的心腹？"贺拔三兄弟中的老大贺拔允就坐在旁边，此人和贺六浑关系最好，于是抢着说："您眼前的贺六浑不就是吗？"哪料贺六浑抬手就是一拳，贺拔允的牙都被打掉一颗。贺六浑还破口大骂："现在是我尔朱兆大哥当家，莫说家事，天下事都归他说了算，哪有你这个奴才插嘴的份儿？"

结果这一出双簧让尔朱兆认定贺六浑是个好兄弟，马上宣布把六镇余部交给他管。贺六浑就这样，用同党的一颗牙换了20万骁勇的战士。他生怕尔朱兆酒醒后反悔，立刻在汾水边扎营招募部众，结果连尔朱兆手下六镇出身的士兵都跟他一块儿走了，可见尔朱兆十分不得军心。此后，贺六浑一边偷偷扩充实力，一边派老搭档刘贵向尔朱兆上报说："为了躲避饥荒，贺六浑决定带着这些人到太行山以东的河北地区去碰碰运气。"

结果贺六浑此举终于惹出了一位看不下去的高人——尔朱兆的心腹加远亲慕容绍宗。这位慕容绍宗的高祖就是当年十六国时期前燕不世出的大英雄慕容恪。谋略不亚乃祖的慕容绍宗清楚贺六浑的为人，就

▲ 北齐太尉武安王徐显秀墓出土的编发俑，应为北齐军队中突厥人或鲜卑人的形象

好心提醒尔朱兆再这么放任下去是养虎遗患。尔朱兆说他们乃是结义兄弟，慕容绍宗回了一句："亲兄弟都有自相残杀的时候，结义兄弟有个什么用？"尔朱兆的左右都收过贺六浑的钱，就跟他说慕容绍宗和贺六浑有仇，是假公济私。尔朱兆训斥了慕容绍宗，然后催着贺六浑带着那批六镇人赶紧出关。

直到听说贺六浑半路上抢了尔朱荣遗孀北乡长公主的300匹马，尔朱兆这才觉得有点问题，就亲自带兵在漳河边上追上了贺六浑。贺六浑是铁了心有去无回，他事先把桥拆坏，隔着河对尔朱兆说："我之所以'借'公主的马，那也是为了防备太行山东面的盗贼。大哥您听信公主的挑拨，小弟不怕渡水过去受死，就怕我手下会叛变。"尔朱兆居然还没反过味儿来，安慰说自己不是来问罪的，于是孤身一人渡河来到贺六浑军营里，伸了脖子要贺六浑砍死自己，贺六浑扔了刀子靠在他胸前大哭说："自从尔朱荣大王遇难，贺六浑也就没啥依靠了。现在我的心里只有您，小弟正希望大哥长命百岁，在您手下效犬马之劳呢。您不要怀疑我！"

尔朱兆当场被感动得泪流满面，杀了坐骑和贺六浑歃血为盟，发誓有福同享，有难同当，又留下来和老弟喝了通宵的酒。期间尉景想埋伏士兵在酒桌上杀掉尔朱兆，结果还是贺六浑想得长远："杀了尔朱兆，他的党羽一定会团结起来报仇，咱们这边士兵吃不饱饭，马也没力气，必然不是对手。尔朱兆有勇无谋不足为害，如果换个聪明的人来统领他的部队，那危害可就大了！"尔朱兆就这样稀里糊涂地捡回了一条命，

▲ 北齐时期的贵族男子装束，徐显秀墓壁画局部

第二天他招呼贺六浑也来自己这边喝酒，结果贺六浑愣是不过去，还让孙腾拉着他的衣服做样子。尔朱兆这才终于看清了这位义弟的心肝，隔着漳水大骂贺六浑后，跑回了晋阳。

贺六浑在尔朱家熬了这么多年，等的就是这龙游大海的一天。他自己就是原六镇叛军出身，深知葛荣百万大军最终失败的根子就在于仇视汉人，爱搞屠城，因此得不到河北汉族世家豪强的支持，无法建立起自己的根据地，遇到更狠的角色就会土崩瓦解。因此，贺六浑到达河北做的第一件事，就是恢复了自己的汉名——高欢！

在向河北进军途中，高欢特别注意约束部将，秋毫不犯。过麦地时，他本人更是带头下马穿行。汉民以前都被鲜卑人欺负怕了，顿时被高欢的表演感动，都认为高欢带兵有方，军容严整，完全不似胡族军队的野蛮作风，对高欢军大生好感。

当时，河北的大部分地区在尔朱氏的控制之下，他们手握重兵，占据重镇，并不支持高欢，拒绝向高欢提供粮食军需。高欢军想进入邺城，相州刺史契胡人刘诞闭门不纳，高欢索性抢了相州的军粮，率大军逼迫冀州，放话说要讨伐造反的高乾兄弟。这时高敖曹已经外出抢地盘去了，留守信都的高乾没弟弟高敖曹那么乐观，知道自己的斤两——割据还行，称霸够呛，所以他早就为强敌环伺而发愁。名义上的大都督封隆之这个傀儡也当得气闷，正好眼下愣头青高敖曹不在，就劝说高乾去和高欢谈判。

高乾知道六镇余部打仗厉害，就留封隆之守城，带着封隆之的儿子封子绘一块儿去见高欢。见面长谈后，高乾发现高欢深不可测，政治能力太高，自己完全不是对手，顿时对他佩服得五体投地。再加上高欢对汉人态度还算宽容，高乾立刻请求全军归降高欢，未来一起打天下。高欢见恐吓生效，也见好就收，闭口不谈讨伐高乾的事，留着高乾在床上谈心到半夜。高欢此间跟高乾排了族谱，发觉双方竟是还没出五服的亲戚，就亲热地叫高乾大叔。既然成了一家人，接下来的事就是：高乾开城投降高欢，气得高敖曹送了条布裙给大哥。高欢哪能不知道再世项羽的名头，于是派世子高澄按照侄孙拜见长辈的礼节去拉拢高敖曹。

在等待高敖曹的日子里，高欢彻底激化了六镇鲜卑人与尔朱家族的矛盾。他手下的六镇之人本是北魏帝国最勇猛的将士，是捍卫帝国边疆、尊严的钢铁长城，可往昔如狼似虎的他们如今却早已堕落到任人宰割的地步。他们在破六韩拔陵手里是一群散兵游勇，在葛荣手里如同一盘散沙，在尔朱兆手里近似一堆破铜烂铁。葛荣当年号称雄师百万，却在尔朱荣的7000铁骑前折戟沉沙，而在双方队伍中都混迹过的高欢，亲眼看到葛荣的数十万人马流沙般崩溃。他明白，没有纪律，无论如何强大的军队都是乌合之众。而纪律不是从天而降的，如何将它植入这些散兵游勇身上，并成为他们不可分割的一部分呢？高欢认为，人性贪生怕死，为求活命自保，不忧其不众志成城。高欢现在要做的就是把六镇鲜卑人逼进绝境。

他先是伪造了一封晋阳密信，当众公布其内容，说是尔朱兆密谋把六镇鲜卑人分配给镇守各地的尔朱家族做家奴。这对于六镇人来说简直是催命符。大家群情激奋的当口，高欢趁热打铁又伪造了尔朱兆的调兵符，宣布征调一万六镇人去征讨步落稽部落，而且是马上出发。

渤海高氏及北齐帝王世系图

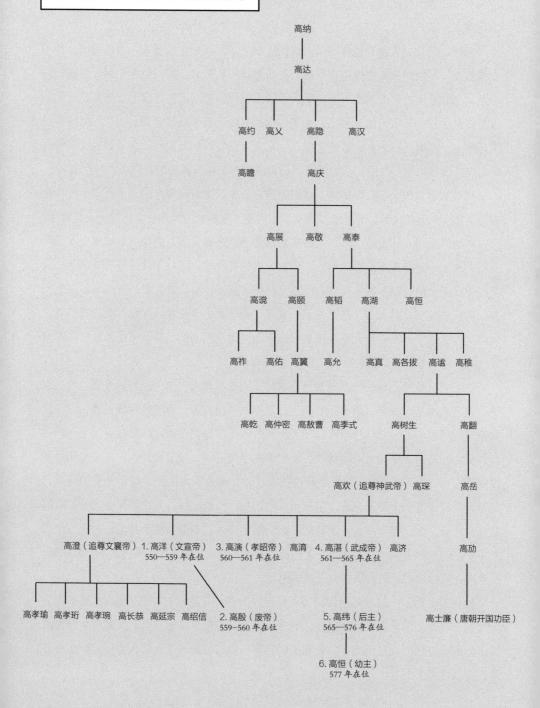

孙腾和尉景假意上书，为大家请求宽限5天，之后又宽限了5天。这10天足以让六镇人被恐惧、痛苦折磨得失去任何理智，将心中的愤怒、仇恨酝酿至极点，就等着上路那一天集体爆发！高欢感到火候已到，亲自将部队送到信都城郊。六镇之人都是沾亲带故，盘根错节，虽说征配一万，但却几乎涉及所有镇户。今日一别，众人都明白今生毫无相见之可能。

生死离别之际，又惊又怒的六镇军民哭声震天。高欢也流泪煽动道："我和大家一样都是背井离乡的游子，关系上是同乡，情分上是一家人。尔朱氏征调这么紧急，去西部作战必死无疑，而耽误军期又要被处死，家里人也会

▲ 北齐仕女图，徐显秀墓壁画局部

沦为尔朱家族的鱼肉。我真的不知如何是好啊！"大家都怨恨高欢"优柔寡断"，抢着回答："当然只有造反！"高欢问道："看来咱们不得不造反了，但这是应急之举，咱们必须推举一个头领，大家商量看谁合适呀？"六镇鲜卑人的各级头目都是高欢在怀朔时的死党，不消说，这个头领自然是众望所归的高欢了。就这样，高欢完成了毁灭尔朱家族的准备，彻底把六镇鲜卑人变成了自己的部曲。

此时，高敖曹也带兵回到信都。对付高敖曹这种脾气耿直的悍将，在精通权术的高欢看来那是小事一桩。而真正令高欢忧心忡忡的，是鲜卑与汉人之间的民族矛盾。

高欢以六镇鲜卑集团起家，无论感情上还是利益上他都偏向于这支骁猛的旧部，但想要在河北地区站稳跟脚，就必须和当地的汉族世家搞好关系。作为葛荣旧部，高欢心里清楚那支百万大军一朝土崩瓦解的原因。高欢不愿意再成为流寇的头子，因此在进入河北之初就一直尽力注意获得汉族的好感，以便将此地建设为稳固的大后方。

然而，六镇人代表了鲜卑族中最为保守的势力，他们愚蠢地把自身的没落完全归咎于孝文帝那场汉化改革。反对汉化、仇视汉人成了他们发泄怨恨的最直接方式，虽经高欢严令申斥却屡教不改。对于汉人来说，当年六镇鲜卑人对河北地区的屠杀掳掠历历在目，现在这帮重返故地的胡人依旧不改野蛮好杀的胡族风气，这样的族群如何能够信任合作？

其实北魏立国一百余年，始终在胡化、汉化之间徘徊，胡汉之间争斗不已。所以

北魏虽然军事强盛，但是屡次南下却始终无法灭亡南朝，北朝士大夫也以南朝为礼乐正统之地。因此北魏孝文帝毅然抛弃成见，不惜以取消自身民族特点为代价换取与更先进的汉文化融合。素来利益至上的高欢没有孝文帝那样长远的眼光、博大的胸襟，也没有孝文帝那种承受改革阵痛的勇气。对于难以调和的胡汉矛盾，高欢利用自己的语言天赋，采用了两面讨好的捣糨糊手法。

他用鲜卑语诱导六镇鲜卑人："大家都是乡里乡亲，本来不适合用军法从事。可如今推举我为首领，就不能像葛荣那样毫无法令，自取灭亡。汉民是咱们的奴仆，男人为咱们种地，女人为咱们纺织，他们的本事你们会吗？这些事你们愿意做吗？所以他们可是咱们的衣食来源。你们可不能再凌辱汉人，违反军令了，必须听从我的指挥，否则，咱们又会落得葛荣的下场。"他又用汉语诱骗汉人："鲜卑人是你们的客人，得到你们一斛粟、一匹绢，就为你们打仗退敌，不用付出牺牲就得到了安宁。大家都知道如今尔朱家契胡肆虐，要先消灭他们才对，你们为啥还要憎恨鲜卑人呢？"

高欢左右逢源，凭借自己的威望和权术暂时压制住了胡汉双方的不满，六镇鲜卑人和河北汉族在对付尔朱家族一事上结成了统一战线。然而高欢这种治标不治本的欺瞒做法却贯穿了他这一生。在其治下，胡汉矛盾没有得到根本性的解决，双方之间的裂痕逐步扩大，最终闹到无法弥合的地步，作为北齐王朝实际开创者的高欢难辞其咎。可以说，高欢亲手缔结的这个新兴政权，在一起始就是一个拥有严重隐患、外强中干、随时可能倒下的巨人。当然，这是后话了。

在尔朱氏看来，六镇鲜卑人在葛荣麾下号称百万时，都被契胡武士轻松收拾了，现在就这 10 万人马，何足为虑？除了一向谨慎的尔朱世隆较为担心外，尔朱家族对高欢起兵之事并不在意，竟然下令升高欢为渤海王，又加授东道大行台、第一镇人酋长，妄想诱其入朝。哪知高欢更狠，以节闵帝是尔朱家树立的傀儡为由抗命，公然拥立渤海太守元朗为帝（531 年），改元中兴。高欢自己身为侍中、丞

▲ 北齐神武皇帝高欢之义平陵

相、都督中外诸军事、大将军、录尚书事、大行台，堂叔高乾为侍中、司空，高仲密为东南道行台尚书、沧州刺史，高敖曹为骠骑大将军、仪同三司、冀州刺史终身，连高敖曹未成年的四弟、年仅14岁的高季式也被封为卫将军、金紫光禄大夫，加散骑常侍的高官。高敖曹一门显贵无比，竟然凌驾于高欢旧部之上。高敖曹被高欢这个侄子笼络得舒舒服服，就这样，高氏家族完全认同了后辈高欢的领导。于是，以高欢为首的六镇鲜卑人，联合渤海高氏家族的汉军正式向权倾天下的尔朱家族宣战了。高欢至此完成了原始资本积累，逐步攀向权力之巅。

听说了高欢自立的行为后，尔朱家族这才着急了，合兵号称10万进逼河北，兵威甚盛。东线大军由尔朱仲远、尔朱度律、贺拔三兄弟中的老二贺拔胜率领，屯于阳平一带。西线的尔朱兆翻越太行山后率军屯于广阿一带。两军离冀州均只有百里之遥，高欢面临被尔朱家两军合击的危险。

高欢知道尔朱兆和尔朱世隆兄弟一向不睦，便派人在尔朱兆军中传播流言："尔朱世隆兄弟要阴谋诛杀尔朱兆。"不仅如此，他还在尔朱仲远军中造谣："尔朱兆与高欢是结义兄弟，同谋要杀掉仲远兄弟。"一时间流言满天飞，尔朱仲远惧于尔朱兆兵势强盛，便派贺拔胜去邀请尔朱兆会谈，以消除疑虑。可惜尔朱兆素来瞧不起那两位堂叔，而且被高欢伤害过的他再也不轻信别人了。因此尔朱兆虽率轻骑赶来赴会，可一路都在疑神疑鬼，来到尔朱仲远的大帐后更是咬牙切齿，手舞马鞭，长啸凝望。随后，紧张过度的尔朱兆觉得尔朱仲远要动手害杀自己，竟然直接驰还自家大营。

尔朱仲远见尔朱兆中了邪似地逃走，怕误会加深，便让双方的老熟人贺拔胜去追回尔朱兆，以解释清楚。尔朱兆索性把贺拔胜扣押，还差点杀了这位天下闻名的猛将。这

▲ 北齐时期的名画《北齐校书图卷》，为北齐画家杨子华所绘。不过原作已佚，留传至今的为宋人摹本

下把尔朱仲远兄弟吓得够呛，两位堂叔当场带兵逃走，尔朱家族只剩下尔朱兆单兵作战。

高欢大喜之下马上和高敖曹出兵，在广阿大败尔朱兆，光俘虏就生擒了5000多人，尔朱兆狼狈逃回晋阳。高氏家族的军队还趁势围攻了相州首府邺城。邺城是北魏重镇，向西经滏口可翻越太行山脉，争霸晋汾之地，南下则可横渡黄河，威胁首都洛阳。当年孝文帝决意迁都时，在邺城和洛阳两城之间也是选择良久，后从文化角度考虑终舍邺城而选洛阳，邺城的重要地位可见一斑。

相州刺史刘诞也是倒霉，当时尔朱家族都在互相怄气，结果未发一兵一卒来救，他只得孤守这座被遗忘了的重镇。所幸邺城城坚墙厚，给养充足，刘诞竟然坚守了两个月之久。高欢可是急了，尔朱家族一旦和解，定会卷土重来，被夹击的高氏家族军队便会腹背受敌，死无葬身之地。被动的高欢只得放弃强攻，听从高乾兄弟的建议，祭起了当年曹操地道战的故智，不过其方法在军事史上却是破天荒的首创：高欢派兵在邺城城墙下挖地道，每挖一段，便立上一根木头柱子支撑，以防塌陷。待挖得差不多了，便派人在地道里放火，支柱被焚毁后上面的城墙便纷纷塌陷到地底。面对这闻所未闻的地道战，刘诞及其手下自然是大惊失色，手足无措。

北魏中兴二年（532年）一月，高欢攻克邺城，把高氏家族拥立的魏帝元朗及文武百官都接到了新首都。期间高欢意外见到了熟人：当年打自己屁股的老上级、现任汤阴县令麻祥。高欢明白小不忍则乱大谋的道理，这正是表现自己宽宏大量的时机，于是很尊敬地称呼麻祥为麻大人。麻祥又羞又愤，很快就逃跑了。

▲ **高洋墓出土的北齐士卒俑**

面对高欢声势浩大的进攻，尔朱家族终于感觉到了恐惧。在尔朱世隆的撮合下，尔朱兆与族人重新结盟发誓，暂时复归于好。闰三月，尔朱天光自长安，尔朱兆自晋阳，尔朱度律自洛阳，尔朱仲远自东郡分别率所部出发，会师于邺城郊外的韩陵，号称20万大军，要与高欢决一死战。

同月二十八日，高欢率领鲜卑、汉族联军3万人在韩陵之战中，布圆阵，并连接牛驴，阻塞归路，促使将士以必死之心奋战，从而尽破尔朱大军。此战中，高敖曹率千余骑兵横击尔朱大军侧翼，功居第一。

此后，尔朱兆逃回晋阳，不久自杀。尔朱仲远南投梁朝，尔朱世隆、尔朱天光等相继被擒杀，所部投降。北魏显赫一时的尔朱氏家族势力被彻底消灭。四月，高欢入洛阳，杀节闵帝，废元朗，改立孝文帝的孙子元脩为孝武帝，自任大丞相、柱国大将军，掌握了北魏实权。可以说，在北朝这段风云变幻的大时代中，高敖曹与高欢叔侄二人的共同努力，一举奠定了曾寄人篱下的渤海高氏开创北齐帝业的基石！

参考文献

谢灵运《九家旧晋书辑本》、范晔《后汉书》、魏收《魏书》、房玄龄《晋书》、李延寿《南史》、李延寿《北史》、李百药《北齐书》、杜佑《通典》、李昉《太平广记》、王钦若《册府元龟》、司马光《资治通鉴》、胡三省《资治通鉴音注》、严衍《资治通鉴补正》、赵翼《廿二史札记》、钱大昕《廿二史考异》

以铁十字之名
条顿骑士团兴衰简史

作者 / 赵恺

铁十字初兴

条顿骑士团的诞生，离不开一起重要历史事件——十字军东征。

1099 年 7 月 15 日，第一次十字军东征最后一年，十字军攻入了耶路撒冷。继埃德萨伯国（1098 年）之后，十字军在地中海东岸相继建立了安条克公国（1098 年）、耶路撒冷王国（1099 年）和的黎波里伯国（1109 年）。

在大批十字军满载着战利品返回故乡的同时，留在东方的欧洲骑士们也逐渐打破了国别、种族的藩篱，慢慢形成军政合一的武装组织——骑士团。

最早出现在耶路撒冷的骑士团是 1099 年成立于圣若望教堂军医院的"医院骑士团"。但在成立后的前 21 年里，医院骑士团都只是一个慈善组织。真正开创武装骑士团先河的是以阿克萨清真寺为据点的圣殿骑士团。十字军攻占圣地耶路撒冷后，众多欧洲基督徒遂长途跋涉前来朝圣，但朝圣的路途却充满凶险，朝圣者经常遭到各种强盗团体的洗劫和屠戮。因此 1119 年两位法国骑士雨果·德·帕英和格弗雷·德·圣欧莫，提议组建"基督和所罗门圣殿的贫苦骑士团"（圣殿骑士团的全称）。他们最初只有 9 名成员，仅仅依靠捐助维持运转。但很快其规模便不断扩大，成为耶路撒冷最具战斗力的武装组织。

1187 年，一统埃及、叙利亚、两河流域以及阿拉伯半岛的一代雄主萨拉丁终于对耶路撒冷王国发动了强大攻势。随着高举所谓耶稣殉难的圣物"真十字架"的耶路撒冷王国军在哈丁战役中为萨拉丁全歼，昙花一现的耶路撒冷王国也最终伴随着圣城的易手而逐渐走向衰亡。

消息传到欧洲后，教皇格列高列八世随即宣布耶路撒冷的沦陷是上帝对整个欧洲基督徒的惩罚。在开征"萨拉丁什一税"筹措军费的同时，第三次十字军东征也随即拉开了序幕。已

▲ 哈丁战役和"真十字架"

经不再年轻的神圣罗马帝国皇帝腓特烈一世首先率军出征。1189 年 5 月，号称 10 万的德意志诸邦军队浩浩荡荡地开赴东方。

1190 年春季，在拜占庭人的挑唆之下，德意志诸邦与塞尔柱人恶战连场。腓特烈一世虽然成功洗劫了塞尔柱人的首都以哥。但他本人却因极度疲劳，导致心脏病突发，死于萨列法河之中。急于赶回国内参与皇帝大选的德意志诸邦大军一时星散。只有不足 5000 人的德意志骑士继续南下，加入了随后抵达战场的英、法十字军的战斗序列，与萨拉丁在耶路撒冷展开激烈的攻防战。

志在必得的第三次十字军东征虽然最终未能收复圣城。但是却保住了相对富饶的叙利亚和巴勒斯坦沿海地区。按照论功行赏的惯例，许多德意志骑士就此在当地落地生根，并于 1198 年在巴勒斯坦的阿卡组建了条顿骑士团。作为三大骑士团之中的殿军，条顿骑士团虽然成立较晚，但却因此有了成功的范本可供模仿。根据教皇英诺森三世颁布的训令，条顿骑士身披与圣殿骑士相同的白色披风，上绣红色十字和宝剑。以黑色铁十字徽章为标记，执行与医院骑士团相同的团规。

条顿骑士团成立之时，十字军东征已经逐渐变成了一场闹剧。1202 年第四次十字军东征期间，本打算渡海直驱埃及的圣战大军，竟然因为不够钱雇佣威尼斯海军，而改道洗劫了君士坦丁堡。8 年之后更为荒唐的儿童十字军从欧洲出征，德意志北部大批失地农民怀着去东方捞一票的迷梦，被诱拐到了法国南部和意大利的各港口，随即被奴隶船主贩卖到突尼斯和埃及等地。

1213 年，在耶路撒冷周边不断与穆斯林展开小规模会战的三大骑士团终于等来了新的十字军东征狂潮。这一次十字军依旧以埃及为目标，试图从海路先在北非夺取一个桥头堡再收复圣城耶路撒冷。但结果是数以万计的十字军始终绕不开埃及沿海的要塞达米埃塔，每每费劲气力占领了登陆场，准备进军开罗之时又被穆斯林军队赶下了海。

尽管常常劳而无功，但是条顿骑士团为圣战大业积极奔走的身影还是引起了教廷和神圣罗马帝国的注意。1226 年，神圣罗马帝国皇帝腓特烈二世授予条顿骑士团团长赫尔曼·冯·萨尔扎一纸特许状，将整个普鲁士地区交由条顿骑士团管理。不过这并不是什么天上掉馅饼的美事，因为此时的普鲁士并不在神圣罗马帝国的版图之内。当地生活的原住民骁勇难治，不仅神圣罗马帝国的历次东扩铩羽而归，波希米亚、波兰也是一筹莫展。将这样一块三不管地区丢给条顿骑士团，可谓是"用心良苦"。

据说"普鲁士"一词在古波罗的语中意为"黑色、沼泽"。而从地理上看，毗邻第聂伯河源头——平斯克湿地的普鲁士也的确星罗棋布地点缀着诸多湖泊、小溪与泥沼。这些冰河时代的遗迹，与茂密的黑森林一起，保护了当地的原住民——古普鲁士人千年之久，直到条顿骑士团的铁蹄踏上这片土地。

征服普鲁士

古普鲁士人并非日耳曼一脉，其种群更接近于立陶宛人等操波罗的语的印欧移民，也就是日后被传得神乎其神的雅利安人后裔。尽管被20世纪初的一干无聊学者描绘成"最优秀"的民族，但雅利安人在人类漫长的历史中表现却实在乏善可陈。无论是在印度、伊朗还是中亚，其建立的所谓"文明"均最终为其他民族所吞没。迁徙至波罗的海的分支也在日耳曼、斯拉夫两大民族的包夹之下，日益衰弱，最终只能退守波罗的海沿岸苟延残喘。

古普鲁士人之所以能够长期在日耳曼和斯拉夫两大文明圈的夹缝中生存，除占据地利之便，很大程度还得益于其地处两大文明辐射的边缘。这种山高皇帝远的独特优势，使得古普鲁士人敢冒天下之大不韪，诛杀名满欧洲的波希米亚传教士——圣阿德尔伯特。这种拒绝开化的态度随即引来了基督教世界一波又一波的讨伐。但古普鲁士人却犹如遍布其家乡的泥沼一般，顽强地盘踞在脚下的土地上。当然神圣罗马帝国和波兰人之间的相互扯皮也是古普鲁士人历经磨难而不倒的关键因素之一。

为了彻底拔除波罗的海岸这些信仰异教的民族，1193年，罗马教皇塞莱斯廷三世授意发动"北方十字军"，要求神圣罗马帝国、丹麦、波兰等当地基督教国家携手并肩，一举铲除异端。口号喊得虽然响亮，但真正大举攻入波罗的海沿岸的却只有丹麦主教阿尔伯特一支孤军。面对散漫的骑士在春季抵达战场，在秋季就回家过年的局面，阿尔伯特只能在里加的市场招募平民参战。随着这支名为"利沃尼亚基督义勇军"的武装在战场上声名鹊起，阿尔伯特也终于从教廷要到了"宝剑骑士团"的番号。

事实证明，名字终究只是一个符号，宝剑骑士团虽然风风光光地在今拉脱维亚的首都——里加开张落户，但是其在战场上的表现却依旧难以摆脱骨子里的民兵习气。就在宝剑骑士团忙于征服爱沙尼亚时，条顿骑士团正式受命对普鲁士地区发动进攻。条顿骑士团名义上由教皇直接领导，对神圣罗马帝国"听调不听宣"。在与古普鲁士人的交锋中，神圣罗马帝国和波兰出于利益需求曾一度全力协助条顿骑士团。例如在1223年一次对普鲁士的远征中，神圣罗马帝国和波兰便各自动员了上万步兵，与条顿骑士团协同作战。这种组织形式无形中为未来普鲁上的归属埋下了影响深远的"股权之争"的种子。

1236年春季，条顿骑士团在普鲁士已经站稳了脚跟。罗马教廷随即策划以一场战略夹击，彻底终结波罗的海沿岸的异教民族。具体的行动方案是：由宝剑骑士团主力自爱沙尼亚出击，向西夺取立陶宛建立的萨莫吉希亚公国，打通与普鲁士之间的沿海通道。对于教皇格列高利九世的这一计划，宝剑骑士团起初并没有太大的兴趣，只是在吸收了一批来自神圣罗马帝国的十字军骑士之后，才极不情愿地踏上了征程。

▲ **虚有其表的宝剑骑士团**

起初宝剑骑士团的行动打了立陶宛人一个措手不及。但是向来军纪涣散的十字军骑士们只满足于四处劫掠，根本无心开疆拓土。在扫荡了一些村落之后，宝剑骑士团便准备打道回府了。但就在立陶宛和拉脱维亚接壤的穆沙河畔，十字军遭遇了大举赶来的立陶宛人的拦截。归心似箭的十字军被迫迎战，但来自神圣罗马帝国的骑士们却拒绝下马步战，无奈之下宝剑骑士团只能选择在名为"苏勒"的一片沼泽附近驻营，准备与立陶宛人长期对峙。

宝剑骑士团的团长沃尔克温显然打错了算盘，第二天清晨，立陶宛人便发动了进攻。立陶宛轻骑兵在短距离内投掷标枪的战术显然令身着重铠的十字军难以招架，宝剑骑士团在拉脱维亚和爱沙尼亚等地招募的土著步兵更是一哄而散。最终宝剑骑士团几乎全军覆没。基督教世界以武力打通里加至普鲁士道路的计划至此破产。此后，宝剑骑士团因财源紧张、精英凋零而在苏勒战役之后被迫接受条顿骑士团的领导。

虽然成功并吞了宝剑骑士团的据点和残余人马，但对条顿骑士团团长康拉德而言，这点滴力量的增长并不足以弥补苏勒战役的损失。并且，受到立陶宛人的鼓舞，波罗的海各民族均揭竿而起，一时间大有将条顿骑士团"淹没于人民战争汪洋大海中"的架势。好在此时一场名为"黄祸"的风暴正从古老的蒙古草原咆哮而来。

1235年春，蒙古帝国大汗窝阔台在和林召开的忽里台大会上，宣布了准备再度发动西征的决定。蒙古大军的西征，虽然令东欧各国一度同仇敌忾，结成了貌似紧密的圣战同盟，甚至连长期拒绝信奉上帝的立陶宛，也在盘踞于莫斯科的蒙古兵锋下，选择加入基督教的大家庭。但是随着拔都于1242年撤往伏尔加河流域，现实的利益冲突再度令圣战者们兵戎相见。匈牙利国王贝拉四世为了争夺达尔马提亚的几座城市与威尼斯作战，其后又为争夺奥地利和施蒂里亚而与波希米亚国王普什米塞·奥托卡二世进行过两次战争。而对于条顿骑士团来说，随着"黄祸"狂潮的褪去，通往东方的大门似乎已经为它洞开。

事实上蒙古西征大军尚未撤走，欧洲列强便宛如食腐动物一般急不可耐地扑向罗斯诸国的残骸。1240 年 7 月，身为维京海盗后裔的瑞典王国出动 100 艘战舰运载北欧诸国联军 5000 人直趋幸免于蒙古铁骑之下的罗斯公国——诺夫哥罗德。当然身为北欧联军主帅的瑞典驸马——亚尔·比耶尔，也深知这区区几千人不足以灭国，因此他将此次行动的目标定为：夺取诺夫哥罗德公国最主要经济来源——涅瓦河入海口。

面对北欧联军的突袭，兵少将寡的诺夫哥罗德公国一片慌乱。坚守不出的呼声一度甚嚣尘上。但身为国家领袖的亚历山大·雅罗斯拉维奇却深知，这一小股北欧联军背后是磨刀霍霍的天主教世界，自己一旦示弱，对手的援军必定会源源不断地涌入诺夫哥罗德。于是年轻的公爵不待各地的勤王之师汇集，便只带了自己的近卫军赶赴战场。在沿途吸收了一干民兵乡勇之后，7 月 15 日上午隐蔽接敌的罗斯军趁着大雾突袭瑞典军的营地。猝不及防的北欧联军兵败如山倒，在一番短兵相接之后，除了瑞典军队主帅比耶尔等少数人有幸跳上战船逃走之外，五千人马几乎全军覆没。

消息传回国内，诺夫哥罗德举国欢腾。民众随即改称亚历山大·雅罗斯拉维奇为"涅夫斯基"，意为"涅瓦河之王"。不过涅夫斯基虽然战功赫赫，却难以摆脱自己家族得位不正的原罪。毕竟涅夫斯基是弗拉基米尔大公的后裔，其父雅罗斯拉夫·弗谢沃洛多维奇在位时更多次兴兵攻打诺夫哥罗德。迫于弗拉基米尔公国的强大军势，诺夫哥罗德人才最终接受一个异国青年为自己的领袖。此时弗拉基米尔公国已经为蒙古西征大军所摧毁，诺夫哥罗德的贵族们自然想要夺回属于自己的王座。

1240 年秋，亚历山大·涅夫斯基被赶出了诺夫哥罗德。消息一经传出，早已对诺夫哥罗德虎视眈眈的条顿骑士团随即大举入侵其国土。来自普鲁士的骑士团主力跨越波罗的海的波涛，抵达昔日宝剑骑士团位于里加一线的城堡，随后会合来自丹麦的雇佣军、爱沙尼亚等地招募的轻装步兵浩浩荡荡地开赴战场。兵力雄厚的条顿骑士团，先克伊兹伯尔斯克，再陷普斯科夫城。1241 年初，条顿骑士团事实上已经攻占了诺夫哥罗德首都外围，俨然形成了合围之势。

走投无路的诺夫哥罗德的贵族们不得不选择向涅夫斯基求援。而离开诺夫哥罗德后，涅夫斯基的处境倒并不窘迫。在莫斯科近郊的佩列斯拉夫尔，涅夫斯基招揽了诸多昔日弗拉基米尔公国的旧部。因此在接到诺夫哥罗德的求援之时，涅夫斯基麾下已有数千精锐，足可一战。

涅夫斯基深知罗斯诸国刚刚为蒙古所破，其兵甲无力正面与条顿骑士团相抗衡，因此他没有直接率师前往诺夫哥罗德，而是直扑敌军兵力薄弱的后方据点——普斯科夫和科波列。涅夫斯基这一围魏救赵的战略果然打中了条顿骑士团的"七寸"。为了解除侧翼的威胁。条顿骑士团主力于 1242 年春大举回师，在楚德湖附近的塔尔图击败了涅夫斯基所部的一支偏师之后，条顿骑士团发现罗斯军主力正在楚德湖东面活动。自以为可以一举打垮对手的条顿骑士团，随即策马冲上了结着厚厚冰层的湖面，结果却遭遇了惨败。

汉萨同盟

兵败楚德湖对条顿骑士团而言固然是一次伤筋动骨的重创，但正所谓"失之东隅，收之桑榆"。在暂时无力东进的情况下，条顿骑士团将更多的精力投入到了对普鲁士的经营以及蚕食波兰和立陶宛的军事行动中去。至 1346 年，条顿骑士团已经控制了波罗的海沿岸的所有商业港口，沦为内陆国家的波兰和立陶宛被迫结为同盟才能与之抗衡。

条顿骑士团之所以能够以一个政教合一的军事组织迅速成为波罗的海东岸霸主，除了得益于当地原有势力——罗斯诸国、立陶宛和波兰均在蒙古西征后一蹶不振外，很大程度上还仰仗于其背后的"汉萨同盟"这一资本推手。"汉萨"来自哥特语"连队"一词，后来逐渐在德语中被指代为"会馆"和"团体"。"汉萨"最初指的是旅居伦敦、布鲁日等地的德意志人商团，这些商团形成了诸如"科隆汉萨""汉堡汉萨"等组织。这些海外的德意志商人集团出于共同利益的考量，逐渐趋向于联合，最终形成了以城市为单位横贯整个北海、波罗的海水域的超级商业集团——"汉萨同盟"。

1210 年，德意志城邦——吕贝克和汉堡，首先同意在商业事务中使用相同的民法和刑法，并彼此在本城中保护对方的商人。此事一般被视为汉萨同盟的滥觞。1241年，这两座城市又为了保护其商人抵御海盗的袭击结成了正式联盟。随后这一同盟又吸收了罗斯托克、维斯马，至此德意志地区北部最主要的 4 座商业城市构成了汉萨同盟的骨干。

汉萨同盟成立之后，其宗旨很快便从抵御海盗和取消不合理的通行税等贸易保护行为，转向在海外扩张商业势力，垄断商业利益，压制来自同盟外的德意志城市以及来自英国、俄罗斯和佛兰德本土的商业竞争。到 1300 年，从威悉河口的不莱梅到维斯杜拉河口的但泽，沿波罗的海的所有德意志港口城市都加入了汉萨同盟。条顿骑士团治下的普鲁士和波罗的海沿岸城镇自然也概不能外。

加入汉萨同盟对条顿骑士团而言，经济上的好处自然不言而喻。条顿骑士团在波罗的海沿岸所征服的土地，大多采取庄园制的管理模式，不仅产品单一，而且生产效率低下。加入汉萨同盟之后，其出产的各种低端产品可以以更高的价格在外国市场上出售，同时可以获得质量更优的外国进口货物。汉萨商人的进出口税还为骑士团提供了稳定而可靠的收入来源。但对条顿骑士团而言，更为重要的是军事和政治上的便利。

汉萨同盟鼎盛时期，其商站虽然只局限于波罗的海、北海和俄罗斯，但是其商船却远多于法国、西班牙和葡萄牙。为了保护其贸易航线，汉萨同盟建立了一支颇为强大的海军，这一点对仅有陆军的条顿骑士团而言可谓极有助益。而汉萨商人通过向神圣罗马帝国的封建领主和其他国家的君主提供借款也获得了一项又一项的特许权。在其全盛时期，汉萨同盟左右着丹麦和瑞典的王位继承人人选，而英国国王甚至不止一次地将王冠抵押给汉萨商人换取贷款，或向其央借舰队和海员。汉萨同盟积累了大量财富，并凭借商业和武力赢得了各国的尊敬。这些又恰恰是条顿骑士团在政治和外交上所欠缺的。

条顿骑士团和汉萨同盟长达一个世纪的蜜月期，为普鲁士引入了大量来自德意志的移民和资本。但也恰恰在这个过程中，坐拥大量财富的条顿骑士团逐渐失去了昔日的开拓精神和战斗意志，而另一股势力悄然在普鲁士崛起，那就是 1397 年成立的"蜥蜴同盟"。蜥蜴同盟起初只是一个商人和骑士阶层用于打击盗匪的民间组织，条顿骑士团对其的成立和发展也长期保持默许姿态。但进入 15 世纪后，条顿骑士团高层发现事态逐渐失去了控制。

应该说在条顿骑士团的统治下，普鲁士各城镇的确处于经济快速发展时期，但是这种结果更多得益于汉萨同盟的贸易航线，以及普鲁士周边地区的开发热潮。条顿骑士团虽然以金戈铁马打下了江山，但其高昂的关税政策和粮食专卖制度却无形中阻碍了当地的经济发展。与此同时，商贾、贵族渴望在乡村的发展中获得更多权利，手工业者也因为要与随骑士团而来的德国工匠竞争而心存不满。因此普鲁士各种社会团体逐渐与条顿骑士团离心离德，政治立场也逐渐倾向奉行世俗王权的波兰。

1386 年，立陶宛大公雅盖沃迎娶波兰女王雅德维加，至此，未来横行中欧数个世纪的波兰—立陶宛联邦正式合体。应该说在雅盖沃头戴波兰、立陶宛两顶王冠后的头 10 年里，条顿骑士团依旧维持着此前对这两个王国的压制姿态。利用立陶宛国内各派势力的内讧以及波兰贵族对雅盖沃的不满，条顿骑士团赢得了其军事史上的最后一次大胜，于 1398 年逼迫立陶宛割让了昔日宝剑骑士团未能夺取的萨莫吉西亚地区。但就在条顿骑士团心满意足地经营新疆域的同时，卧薪尝胆的雅盖沃正逐步建立起一个空前庞大的统一战线。

除了网罗立陶宛和波兰的各派贵族之外，雅盖沃在东线接纳了被"瘸子"帖木儿击败的金帐汗国末代可汗——脱脱迷失。尽管脱脱迷失东进复国的梦想最终被他的对手击败，金帐汗国也随着陷入分裂，但仍有相当一部分骁勇善战的鞑靼骑兵就此留在了雅盖沃麾下。而在波兰—立陶宛联邦的西部边境，雅盖沃也与神圣罗马帝国皇帝瓦茨拉夫四世举行了会谈。尽管这次会谈没有达成任何实质性的协议，但神圣罗马帝国此时诸侯并起的局面，雅盖沃却是看在眼里。于是在不用分心防御西里西亚方向的情况下，一场针对条顿骑士团的举国之战被提上了日程。

格伦瓦德战役

"这时候日耳曼大军正在慢慢地从高地上赶下来。大军经过格伦瓦德、坦能堡，完全以战斗的队形停驻在田野中。驻扎在下面的波兰军队清清楚楚地看到这一大片密集的披着铁战衣的马匹和骑者。眼光比较锐敏的甚至还可以看到一直飘扬的旗帜上所绣的各种各样的标记，例如十字架、鹰、格列芬、剑、盔、羊、野牛头和熊头。"这段文字出自波兰文豪显克维支笔下的《十字军骑士》，描写的是 1410 年 7 月 15 日于波兰格伦瓦德境内条顿骑士团和波兰—立陶宛联军决战前的景象。

事实上格伦瓦德战役之前，条顿骑士团与波兰—立陶宛联邦已经展开了长达一年的拉锯战了。战争的起因是 1389 年雅盖沃割让给条顿骑士团的萨莫吉西亚地区。作为立陶宛公国的膏腴之地，雅盖沃自然不甘拱手相送，因此 1404 年正式交割之后，波兰—立陶宛联邦便不断鼓动和支持当地人民揭竿而起，更有众多波兰骑士为了向条顿骑士团报复私仇或追逐荣誉，而以志愿者的身份前往萨莫吉西亚地区参战。小说《十字军骑士》的主角兹皮希科便是其中之一。

面对"身披狼皮，心里也像狼似的渴欲饮血"的立陶宛原住民的围攻，条顿骑士团在萨莫吉西亚地区的驻军不断遭遇重创。为了平息叛乱，条顿骑士团正式向雅盖沃发出警告，要求其停止对萨莫吉西亚叛乱者的资助，并将卷入其中的波兰、立陶宛骑士绳之以法。不过早已决心收复失地的雅盖沃不仅不为所动，反而要求条顿骑士团撤出萨莫吉西亚。

出于战略上的考量，条顿骑士团最终选择了撤离萨莫吉西亚。但是拳头缩回来是为了更有力地挥出，1409 年 8 月 14 日，条顿骑士团正式向波兰—立陶宛联邦宣战，并向欧洲各国骑士发出邀请，试图将这场战争演化为新的十字军东征。同时，条顿骑士团大举攻入波兰北部地区，一度攻入波兰北部重镇——比得哥什。

条顿骑士团在整个欧洲召集骑士的同时，雅盖沃也积极地展开外交攻势。神圣罗马帝国皇帝瓦茨拉夫四世二话不说便站在了波兰人这一边，因为他正与教廷交恶，乐见所谓的"异教徒"重创名义上效忠于教皇的武装。而身为雅盖沃连襟的勃兰登堡选帝侯西吉斯蒙德出于地缘政治的考量，则选择与条顿骑士团结为盟友。

条顿骑士团与波兰—立陶宛联军在比得哥什一线反复争夺，始终无法取得战略性的突破。眼前长期消耗对己方不利，条顿骑士团只能选择在 1409 年冬天到来前与雅盖沃签署有效期至次年 6 月 24 日的停火协议，以便收缩战线，召集更多来自西欧的雇佣军。

不得不说条顿骑士团此番停战，是战略上的一大败笔。作为一个中欧大国，波兰—立陶宛联邦的动员能力远远胜过仅仅占据波罗的海沿岸的条顿骑士团。1410 年夏，波兰和立陶宛两国的各路诸侯会师于维斯瓦河畔。通过雅盖沃暗中下令修造的浮桥，由波兰骑士、步兵、立陶宛人、鞑靼骑兵及数万武装民兵组成的联军，浩浩荡荡地开入了条顿骑士团的领地，兵锋直指骑士团总部所在地——马尔堡。完全陷入被动境地的条顿骑士团只能纠集所有兵力投入防御。

身为一名东欧君主，曾与金帐汗国多次交手的雅盖沃早已学会了蒙古骑兵圆滑的机动战术。虽然深入敌境，但他并不急于和骑士团交手，而是不断地向东迂回，直到认定条顿骑士团人困马乏才挥师进入战场。可以说未曾正面交锋，条顿骑士团便已经在战略上完败于进退从容的雅盖沃这只老狐狸了。

7 月 14 日，两军终于在卢本湖畔的平原之上展开队形。波兰—立陶宛联军以立陶宛、罗斯、鞑靼骑兵为右翼，波兰骑兵、捷克雇佣兵为左翼。与按国籍、民族编组的对手相比，条顿骑士团以"旗"为单位组成战阵。在相对注重形象的条顿骑士团治下，各自治市、主教区以及雇佣兵的参战单位均有自己的军旗，于是也就出现了前面那段彩旗招展的景象。

首先交锋的是立陶宛军团和条顿骑士团左翼由普鲁士督军瓦伦罗德指挥的 15 面

▲ **格伦瓦德战役中，双方为争夺王旗展开了殊死搏斗**

战旗组成的铁骑洪流。身披重甲的条顿骑士团的这次冲锋，可谓是中世纪骑兵战术的巅峰之作。即便是站在波兰人视角的显克维支也不得不感叹道："'天主与我们同在！'瓦伦罗德喊道。十字军骑士们放低了矛，开始踏步前进了，正像一块岩石从山上滚下来，每时每刻都在集聚着力量，他们也是这样，从慢步变为跑步，又变为奔驰，然后以可怕的速度向前挺进，像雪崩似地无法抑制，准会摧毁挡在路上的一切。"

　　装备和训练上的巨大落差，使得立陶宛军团在与条顿骑士团的正面交锋中很快便落于下风。显克维支感叹说："尽管顽强的立陶宛人用尽了力气，也伤不了日耳曼人的皮肤。矛、剑、枪和装着碎石或钉子的木棍，用力敲击着那些铁甲，但都给弹了回来，好像打在岩石上或城墙上一样。"然而在战场的另一侧，却是另一番景象：波兰人的马匹和武器虽然稍逊一筹，但波兰人所受的骑士训练却和条顿骑士团一样，因而波兰骑兵用重型枪矛挡住了骑士团的冲锋，甚至逼得日耳曼人后退。

　　经过一番鏖战，双方的战线形成了互相侵蚀的局面。两军交锋的轴线逐渐转移到位于战场中心的波兰—立陶宛联邦中军，条顿骑士团深信只要击溃了雅盖沃及其近卫军，对手必将陷于崩溃。围绕着那面绘有头戴王冠的雄鹰的王旗，双方展开了殊死搏杀。但事实上决定战争胜负的最终还是谁手中握有更多的预备队。失去耐心的条顿骑士团大团长容金决定投入其手中最后的 16 面战旗。但是他所要面对的却是数以万计如洪流般涌来的波兰武装农民，据说这支生力军出现在战场之上时，"整个田野上都闪烁着枪矛、连枷和大镰刀的光芒"。

　　庞大的战略预备队加上重整旗鼓的立陶宛骑兵，胜利女神的天平最后不可逆转地倾向了条顿骑士团的对手。陷入优势兵力合围之下的条顿骑士团，被迫以圆阵自卫，但这种被动战术只能换来波兰—立陶宛联军更为疯狂的围攻。不久愤怒的波兰人把条顿骑士团的大圆阵击碎成十几个小圆阵。最后，波兰人那种可怕而猛烈的攻击又把这些小圆阵打散了，战斗宣告结束，剩下的便是一面倒的追剿和屠杀。

到日落时分，条顿骑士团方面几近全军覆没。上午还在其头顶飘扬着的51面旗子，悉数落到了胜利者染满鲜血的手中。但是作为胜利者的雅盖沃却并没有感到轻松，虽然条顿骑士团的武装力量已经覆灭，但其所盘踞的辽阔疆域却并不能一口鲸吞了事，特别是波兰和立陶宛这对盟友失去了共同敌人后，随时可能分道扬镳。因此在战场上厚葬了老对手——条顿骑士团团长容金根之后，雅盖沃对进一步攻占条顿骑士团总部马尔堡并不热衷。

1411 年，堪堪守住马尔堡的条顿骑士团被迫与雅盖沃议和，签署了《第一次托伦和约》。为了维持立陶宛和波兰的权力平衡，雅盖沃并没有在领土问题上狮子大开口，仅仅是收回了此前割让给骑士团的萨莫吉西亚等地区。但是在经济上，条顿骑士团却不得不面临一场"大失血"，不仅被俘虏的将士需要用钱赎回，甚至连沦陷的村庄、城镇也需要用真金白银购回。为了筹措这笔巨款，条顿骑士团不得不向治下各贸易城镇和主教区开征重税。这种竭泽而渔的做法，最终激起了普鲁士商贾和骑士阶层的反弹，其秘密组织蜥蜴同盟开始暗中与波兰人接洽，寻求摆脱条顿骑士团统治的机会。

饥饿战争

1414 年，波兰—立陶宛联军借口条顿骑士团未能完全履行《第一次托伦和约》的相关条款，大举入侵条顿骑士团治下的普鲁士。联军所到之处，村庄被劫掠、农田被烧毁。元气未复的条顿骑士团不敢与对手野战，只能集中军队在库尔兰一线组织防御，坚守城堡，同时在各地采取"焦土政策"，企图切断波兰—立陶宛联军的物资供应。但这种丧心病狂的政策最终伤害的还是条顿骑士团自己。在波兰—立陶宛联军的围困之下，饥荒和瘟疫很快在整个普鲁士蔓延开来。

这场所谓的"饥饿战争"只不过是格伦瓦德战役之后，波兰—立陶宛对条顿骑士团领地连续数十年袭扰的序幕而已。不断遭遇劫掠和围困的普鲁士人，对无力保护自己生命和财产安全的条顿骑士团日益失望。

1440 年 2 月 21 日，长期以半地下组织身份活动的蜥蜴同盟正式以城镇为单位，组建了自治政体——普鲁士联盟。条顿骑士团起初并未在意,大团长鲁斯道夫甚至还承认了这一联盟的合法性。但很快回过味来的骑士们便意识到普鲁士联盟并非汉萨同盟那样的商业组织,其存在的目的就是要与骑士团争权夺利,于是乎条顿骑士团开始公开抵制普鲁士联盟。双方的官司终于在 1452 年打到了神圣罗马帝国皇帝腓特烈三世那里去了。

身为哈布斯堡王朝的成员,腓特烈三世起初选择站在条顿骑士团这边,于是 1453 年 12 月 5 日,腓特烈三世大笔一挥,敕令普鲁士联盟必须服从条顿骑士团的领导。可惜普鲁士人的反抗热情并不是一纸判决就能压制的。在神圣罗马帝国无法给予支持的情况下,普鲁士联盟转向波兰求助,甚至主动要求并入波兰—立陶宛联邦。波兰国王卡齐米日一心想找条顿骑士团的晦气,岂有拒之于门外之理。于是他巧妙布局,一方面让普鲁士联盟提交一份正式请愿书作为证据,另一方面则积极与哈布斯堡王朝联姻,切断条顿骑士团的外援。

1454 年 2 月 4 日,普鲁士联盟召开秘密议会,向条顿骑士团递交了一份宣告独立的正式文件。两天后,普鲁士全境除了条顿骑士团总部所在地马尔堡等少数地区外,相继爆发了反骑士团的起义。一时间普鲁士所有的城市都脱离了条顿骑士团的统治,起义者捣毁了他们所占领的城堡。6 天后,普鲁士联盟的正式代表团抵达波兰,邀请卡齐米日接收普鲁士。

1454 年 2 月 22 日,波兰—立陶宛向条顿骑士团宣战。在波兰和普鲁士看来,这场战争尚未开打便胜负已分,毕竟条顿骑士团在开战之初就失去了大多数的军械库,按照传统惯例,封建骑士们已经失去了作战的能力。同时,当时整个欧洲的政治局势对条顿骑士团空前不利:神圣罗马帝国一盘散沙;瑞典与丹麦正彼此对立,也只能严守中立;而骑士团最大的后台老板——罗马教廷此时也正在为君士坦丁堡沦陷后奥斯曼帝国可能的入侵担忧。条顿骑士团可谓孤立无援。但事实证明波兰人和普鲁士联盟的如意算盘未免打得太响了一些。条顿骑士团还有一个潜在的盟友,而正是借助他们的力量,普鲁士的独立之路足足走了 13 年。

条顿骑士团的崛起离不开汉萨同盟商业资本的支持,而在他们危如累卵之时,同样遭遇西欧强权压制的汉萨同盟也颇为仗义地伸出了援手。条顿骑士团为此许诺,一旦度过危机,将给予汉萨同盟更多的贸易特权,这成了商人们出手的一大动力。有了汉萨同盟的助拳,条顿骑士团可以凭借友军庞大的武装商船,从波罗的海源源不断地获得物资和兵员的补充。毕竟此时英法百年战争刚刚结束,整个欧洲到处都充斥着无

▲ 条顿骑士团总部所在地——马尔堡

所事事的退伍老兵，面对这样的"买方市场"，条顿骑士团凭借着早年的积蓄，不难迅速招揽到一支大军。

在成功击退波兰、普鲁士联盟军队对马尔堡的围攻之后，条顿骑士团随即将战火引向了对手的家园。面对来势汹汹的反攻，波兰国王卡齐米日被迫绕过贵族议会就地征召民兵参战，而一些普鲁士联盟的城市开始重新倒向骑士团。可就在局势一片大好的情况下，条顿骑士团的资金链却突然断裂了。1454 年 10 月 9 日，大团长不得不向愤怒的雇佣兵们保证最迟将于次年 2 月 19 日付清所有佣金，若未能按期支付，则雇佣军有权获得普鲁士境内城市、城堡及与之相关的权利。凭借着这张空头支票，1455年上半年，条顿骑士团收复了整个东普鲁士。但是由于依旧没有足够的现金支付给雇佣兵，骑士团被迫将包括总部马尔堡在内的三座城市进行了抵押，而雇佣兵们则盘算着将抵押物转手卖给波兰人。

条顿骑士团的胜利刺激到了摇摆不定的神圣罗马帝国、教廷以及昔日的老伙伴丹麦，这些战前袖手旁观的势力，不约而同地跳出来主持正义。腓特烈三世向普鲁士联盟颁发禁令，禁止其成员的一切对外贸易。教皇加里斯都三世发出警告，若普鲁士联盟及其盟友不与条顿骑士团和解，则将其开除教籍。丹麦国王克里斯蒂安一世则向波兰与普鲁士联盟宣战，正式成为条顿骑士团的同盟。不过丹麦王国此时正与瑞典交战，它的加入自然也将瑞典推到了波兰和普鲁士联盟一方。

条顿骑士团之所以能够在战场上以弱胜强，很大程度上还与波兰的内部矛盾有关。波兰本土贵族对来自立陶宛的卡齐米日缺乏好感，更不爽国王从他们的口袋里掏钱用于战争。因此条顿骑士团看似以一隅而抵大邦，反倒在战场不断攻城略地，占尽上风。不过随着瑞典国王查理八世兵败于丹麦，逃入波兰避难，卡齐米日很快便找准了条顿骑士团的"七寸"：只要切断汉萨同盟在波罗的海的贸易航线，条顿骑士团便将不战自溃。于是一支瑞典、波兰、普鲁士联盟共同参股的私掠舰队在但泽正式开张，虽然这支舰队刚一参战便误伤了中立国尼德兰的船只，一度引发外交纠纷，但最终这种海上破交战被证明具有极大的战略价值。丹麦首先招架不住，宣布退出战争。条顿骑士团的经济也濒临崩溃，其麾下的主要武装力量——雇佣军因为没获得足够报酬，拒绝参与军事行动。

1466 年，在双方打打停停折腾了 13 年之后，走投无路的条顿骑士团请出教皇庇护二世进行调停，当年 10 月 10 日双方最终签署《第二次托伦和约》，最终停止了长时间的敌对。条顿骑士团昔日的领地之中，西普鲁士成为波兰王国的一个自治省。瓦尔米亚大主教区亦归属波兰王国管辖。东普鲁士虽然仍由条顿骑士团控制，但是必须成为波兰国王的附属，骑士团的大团长要以波兰贵族议会的议员身份，前往波兰"共商国是"。

仅有东普鲁士弹丸之地的条顿骑士团自知无力对抗强大的波兰，但不甘就此沉沦的心态却令其不断尝试寻求外力支援。《第二次托伦和约》墨迹未干，瓦尔米亚大主教区便借口卡齐米日干涉主教选举，而于 1467 年再度与波兰兵戎相见。这场名为"教士战争"的地区冲突又足足打了 12 年，才以波兰接受瓦尔米亚自行推选主教并赋予大主教区若干特权为结束。

骑士团的没落

1492 年 6 月 8 日，波兰—立陶宛联邦国王卡齐米日去世。作为波兰历史上的一代雄主，在他的苦心经营之下，此时他的家族独占东欧四大主要政治体——匈牙利、波希米亚、波兰、立陶宛的王冠，可谓霸极一时。但波兰国内遏制王室权力的呼声以及莫斯科公国的崛起，却始终困扰着其继承者齐格蒙特一世。齐格蒙特一世的主要对手是莫斯科大公——瓦西里三世。

身为莫斯科大公和拜占庭公主的爱情结晶，瓦西里三世一出生便被寄托了无限的厚望。君士坦丁堡的陷落，令东正教世界一度情绪低落。为了鼓舞士气，人们逐渐相信一个有意编造的政治预言："莫斯科将成为第三个罗马，也是永久的罗马。"在这种躁动情绪的影响之下，莫斯科公国进入了扩张的快车道，最终兼并了梁赞、诺夫哥罗德等罗斯城邦。而莫斯科公国与波兰—立陶宛联邦的战争也围绕着要塞斯摩棱斯克的归属而反复拉锯着。

就在齐格蒙特一世为东线的战事不胜头疼之际，执掌神圣罗马帝国的哈布斯堡王朝正逐渐进入其巅峰期。腓特烈三世之子马克西米利安利用整个欧洲对强大法兰西的恐惧，与教皇国、西班牙、威尼斯、米兰结成同盟，成功于 1496 年将法国的势力驱逐出意大利。尽管在其统治期间，神圣罗马帝国失去了对瑞士的宗主权，但是凭借着与罗马教廷的良好关系，马克西米利安还是以"奉天主而讨异端"的名义在欧洲大陆肆意扩张。

考虑到马克西米利安随时可能以罗马教廷的名义挑起事端，齐格蒙特一世决定主动与其接触，而在这两位欧洲霸主之间充当桥梁的，正是出身勃兰登堡藩侯家族的阿尔布雷希特。阿尔布雷希特的母亲是波兰公主，齐格蒙特一世是其舅舅。同时他还是马克西米利安的贴身近侍，曾跟着这位君王鞍前马后地跑遍了大半个欧洲。1510 年，阿尔布雷希特被推选为条顿骑士团新任大团长，这一安排背后固然有波兰和神圣罗马帝国的推动，但是条顿骑士团本身也希望由这位八面玲珑的人物来化解东普鲁士随时有可能被波兰吞并的危机。

长袖善舞的马克西米利安在 1515 年与波兰缔结同盟，齐格蒙特一世则以匈牙利和波希米亚的王冠作为回报。但在普鲁士问题上，波兰却力主维持现状。马克西米利安一心急于将自己的孙子查理五世推上西班牙国王的宝座，一时也无心关注条顿骑士团的死活。深感被放弃的条顿骑士团铤而走险，于马克西米利安逝世的 1519 年向波兰发动了自杀性的进攻。好在阿尔布雷希特在波兰宫廷还有几分薄面，在波兰大举反击，彻底毁灭东普鲁士之前，与自己的舅舅签署了一份为期 4 年的停战协定，算是暂时保住了条顿骑士团最后的生存空间。

深知东普鲁士危如累卵的阿尔布雷希特于 1522 年前往家族昔日的龙兴之地——纽伦堡，试图寻求掌握大半个欧洲的皇帝查理五世的支持。不过此时的哈布斯堡王朝正忙于和法国争夺意大利的霸权，扩张西班牙在美洲的殖民地。查理五世抽空还要应付国内宗教改革的声浪，根本无暇理会条顿骑士团。不过就在阿尔布雷希特四处碰壁

◄ *波兰国王齐格蒙特一世将普鲁士公国的统治权授予阿尔布雷希特及其后人*

之际，一位名叫安德烈亚斯·奥西安德尔的教士为他打开了一条扇新的大门。

　　真正令安德烈亚斯清史留名的并非是给予阿尔布雷希特以指引，而是他曾以校对者的身份参与了波兰天文学家哥白尼《天体运行论》的刊印和传播。此时的欧洲正处于名为"文艺复兴"的解冻期。人文主义的萌芽从文学、美术、音乐等领域逐渐渗透到科学、政治乃至宗教。不仅纽伦堡的神学家和高层教士安德烈亚斯暗中参与"歪理邪说"的传播，甚至连哥白尼本人也是波兰天主教的重要人物，一度在弗隆堡以教产总管的身份对抗条顿骑士团的围攻。

　　在安德烈亚斯的引荐下，阿尔布雷希特与德意志地区炙手可热的宗教改革领袖——马丁·路德建立了联系。

　　阿尔布雷希特前往维滕贝格面见路德之时，恰逢这位风云人物刚刚在著名的沃尔姆斯会议上对来自神圣罗马帝国的大小诸侯慷慨陈词，人望、声势均一时无双。对于阿尔布雷希特所面临的困局，路德建议其以改革条顿骑士团入手，抛弃宗教骑士禁止结婚的陈规，把普鲁士从教皇名下的骑士团领地变成由阿尔布雷希特家族统治的世袭公国。在这种形势下，条顿骑士团基本放弃了军事任务，把注意力集中到管理自己的产业上，此后它仅作为一个宗教组织而存在。但当波兰国王齐格蒙特一世将普鲁士公国的统治权授予这位"最后的骑士"阿尔布雷希特之时，他或许永远不会想到未来的普鲁士将一次次地埋葬波兰，险些将其推入万劫不复的深渊……

创作团队简介

指文烽火工作室，由众多资深历史、战史作家组成，从事古今历史、中外战争的研究、写作与翻译工作，通过严谨的考证、精美的图片、通俗的文字、独到的视角为读者理清历史的脉络。旗下目前主要作品包括《战争事典》《战场决胜者》《透过镜头看历史》《信史》等，以及多部战争事典特辑。

原廓：资深记者，电视纪录片策划及撰稿人，音速及北朝论坛古战版块资深版主，现任指文烽火工作室主编，长期致力于军事历史研究及相关图书的策划、编审工作。

张青松：近现代中国历史研究者，对甲午陆战、抗战史、空战史有较深入的研究。曾在《突击》杂志上发表过多篇关于甲午陆战、抗战史的文章，并撰写有《芷江保卫战》《芷江空军基地》等多部学术论著。

李海宁：大学教师，对欧美军事历史有深入研究，作有《断头台上的白玫瑰——德国"白玫瑰"反纳粹运动》《真实的谎言——萨拉热窝事件的背景、内幕和真相》《维多利亚的秘密——一战英国王室秘史》《疾病改写历史——一战俄国沙皇秘史》等多篇文章，并著有《刺杀希特勒档案解密：1932—1945》一书。

常山日月：专职作家，精通中国古代史，并致力于日本古代史、欧洲中世纪史的研究。曾 担任凤凰网历史版主、TOM 网渔樵耕读版版主。在《中华遗产》《百家讲坛》《国际展望》等刊物发表过多篇文章。

赵恺：江苏苏州人，生于鱼米之乡，求学于燕赵之地。寒窗十载，混得经济学学士学位，自知无才经邦济世，唯能以相关理论谋一温饱而已。大学时代，无其他嗜好，只爱出没于图书馆中，故虽未到而立之年，已是书虫一只。专好于近代历史，常自诩略有小成，现出版有《一言难尽：全元历史现场》《军国凶兽：日本战史》《猛禽崛起：美国战史》《军部当国》等历史科普读物。

它是欧洲从中世纪走向近代社会的转折点之一，
它敲响了十字军运动的丧钟，
它是火器时代全面来临之前的一次预演：
胡斯战争！

指文浴火
工作室 著

MOOK
026
16/12

WAR STORY

战争事典

五败十字军骑士的车堡
胡斯战争与15世纪捷克宗教改革简史

龙与熊的较量
17世纪黑龙江畔的中俄战争

白高初兴傲宋辽
党项人的西夏立国记

致谢

在《战争事典》的编辑、出版过程中，得到了诸多军事历史研究者、爱好者以及相关文化机构、团体的大力支持，在此特表示由衷的感谢（排名不分先后）！

个人：

董治	刘欣怡	王雨涵	陈焱
杨超	杨英杰	周鹏	寇通
孙斯特	王诗涛	刘斌	张伟
张晓	陈凌	胡洁	张泊
查攸吟	刘啸虎	陈亮宇	章毅
陈修竹	朱茜	王珑润	杨青烨
梁晓天	朱秀明	陈峰韬	陈翔
廉震	景迷霞	付晓宇	叶俊人
赵开阳	安晓良	孙朔铣	孙玲玲
陈正午	童轶	黄如一	魏锦
赵振华	郭大成	王东	魏博
耿煦文	董振宇	李商龙	刘润之
卫世良	李瑜	蔡传亮	徐冈威
王勇	危巍	陶金	史效
季庆丰	江圣翀	俞思佳	赵易星
沃金方	张锋	白晨光	席治通
秦思奕	王一峰	廖茂宇	张宇翔
马凯	孙喆	刘润之	顾皓
姜文韬	马千	白宇辰	荣毅德
叶平	杨志民	朱恽昀	张立飞
张磊	梁伟斌	吴畋	赵恺
李煜	周家汉	许天成	郑礼添
许文强	付洪君	孟驰	杨逸杰
宋春晓	郑志新	文峰	

单位：

铁血网	冷兵器研究所
北朝论坛	战甲军品资料网
军武次位面	War Drum Game战鼓游戏
看鉴	

往辑回顾

战争事典 001

征服罗马——1453 年君士坦丁堡围城战
焚身以火——妖童天草四郎之岛原之乱
名将的真相——揭开战神陈庆之的真面目
通向帝国毁灭之路——日本"二·二六"兵变
莽苍——西风漫卷篇

战争事典 002

枪尖上的骑士——勃艮第战争详解
三十八年终还乡——郑成功平台之役
海上霸权的末路悲歌——郑清澎湖海战始末
初伸的魔爪——1874 年日本征台之役
罗马苍穹下——欢拉蒙之战解析
大炮开兮轰他娘——张宗昌和他的白俄军
砥柱东南——记南宋最后的将星孟珙

战争事典 003

最后的十字军——1396 年尼科波利斯战役
东国之关原——庆长出羽合战探本
"日不落帝国"的雏音——布伦海姆会战浅析
点爆世界的"火药桶"——"一战"前的巴尔干
战火
"一战"在中国——记 1914 年日德青岛之战
太平军之末路杀劫（战争文学）

战争事典 004

维多利亚的秘密——英国王室一战秘史
进击海洋——沙皇俄国海上力量发展史
被遗忘的战争——记一战中的意大利战场
晚清将帅志
大唐西域之高昌绝唱（战争文学）

战争事典 005

英法百年战争
决胜江淮——唐末江淮藩镇战争
猛鹰长啸猎头鱼——金太祖完颜阿骨打

战争事典 006

海上马车夫与西欧海盗的较量——第一次
英荷之战
李定国"两蹶名王"——南明桂川湘大反攻
岛津袭来——1609 年庆长琉球之役始末
从开始到未来——因弗戈登兵变前后的"胡
德"号
齐柏林的天空
斩颜良诛文丑过五关斩六将之关羽

战争事典 007

辗转关东武开秦——细述秦赵争霸中的军
事地理学
战神的竞技场——拜占庭统军帝王传
罗马的噩梦——汉尼拔

战争事典 008

巨蟹座的逆袭——亚历山大大帝
大象与古代战争
甲申遗恨——崇祯十七年元旦纪事
挑战宿命——后唐灭后梁之战复盘
胡马败古城——南北朝宋魏盱眙攻防战记
沉寂——殷民东渡记

战争事典 009

日不落帝国崛起的先声——1588—1667 年
英国海军战术演进
天崩地裂扭乾坤——侯景之乱与南北朝格局
之变
骏河侵攻——武田家谋攻的顶点
孙膑的奇谋决断——全新解析桂陵、马陵之战
由扎马至比提尼亚——汉尼拔与阿非加
那·西庇阿的后半生

战争事典 010

将军大师扫狂童——唐武宗平定昭义刘稹之战
孤独的枪骑兵——拿破仑时代的波兰流亡英雄
大洋彼岸的白鹰——美国独立战争中的波兰将
领小传
魁星云集护武川——见证宇文氏兴起与陨落的
北周名臣良将
独冠三军武周公——南齐朝将军周盘龙小传
鏖战低地——法王腓力四世统治时期的佛兰德
斯战争

战争事典 021

争夺蛮荒——欧洲列强在北美的殖民扩张与七年战争较量

刘备家的人——蜀汉群臣小传

艺术到技术——拿破仑、普奥、普法战争中的普鲁士总参谋部改革史

皇权与天下的对抗——南齐朝"检籍"与唐寓之起义

战争事典 022

从罗马的利剑到诺曼的铁蹄——不列颠被征服简史

铁铸公侯——威灵顿公爵的人生传奇

八千里路云和月——岳飞与岳家军抗金史

战争事典 023

日不落的光辉岁月——大不列颠崛起和祸乱欧洲史

屡败屡战的不屈斗将——立花道雪战记

热兵器时代的先锋——中世纪晚期的欧洲火门枪

突袭红盐池——明帝国中期边防史与文官名将王越传略

燕山胡骑鸣啾啾——《木兰辞》背后的鲜卑汉化与柔然战争

战争事典 024

浴血的双头鹰——哈布斯堡王朝的近代兴衰与七年战争

黄金家族的血腥内斗——从蒙古帝国分裂到元帝国两都之战

倒幕第一强藩—岛津氏萨摩藩维新简史

铠如连锁,射不可入——中国传统山纹、锁子、连环铠辨析考